新启丛书·法律

正当法律程序的早期发展

徐震宇 著

商务印书馆

图书在版编目（CIP）数据

正当法律程序的早期发展 / 徐震宇著. -- 北京：商务印书馆, 2025. -- (新启丛书). -- ISBN 978-7-100-25040-5

I. D915.180.4

中国国家版本馆 CIP 数据核字第 2025GB2817 号

权利保留，侵权必究。

新启丛书
正当法律程序的早期发展
徐震宇　著

商　务　印　书　馆　出　版
（北京王府井大街 36 号　邮政编码 100710）
商　务　印　书　馆　发　行
南京鸿图印务有限公司印刷
ISBN 978-7-100-25040-5

2025 年 6 月第 1 版　　开本 880×1240　1/32
2025 年 6 月第 1 次印刷　印张 10½
定价：65.00 元

高磊:《M-275》 铝,链条,铜制把手 330厘米×120厘米×180厘米 2012年

(蒙允准使用)

目　录

导　论 / 1
　　一、李尔本的英雄故事 / 1
　　二、沮丧的法官 / 7
　　三、断裂的"正当程序"历史 / 13

第一章　错位的观念 / 20
　　一、"正当程序"在制定法中的渊源 / 20
　　二、历史语境 / 37
　　三、小结 / 52

第二章　激进观念的来源：关于教会审判的论辩 / 55
　　一、莫尔与圣杰曼 / 56
　　二、圣杰曼对教会司法的批评 / 59
　　三、莫尔的辩解 / 65
　　四、圣杰曼提出的"正当程序"问题 / 75
　　五、莫尔关于程序问题的考量 / 84
　　六、小结 / 93

第三章　良心问题的宗教渊源 / 98
　　一、异端 / 98
　　二、克吕尼与民间宗教情感 / 105
　　三、纠问制 / 113

四、补赎 / 124

五、十字军 / 130

六、新教：失控的良心 / 135

七、"迫害性社会" / 142

第四章 控制良心的国家政治与审判形式 / 145

一、莫尔受审 / 146

二、国王的良心 / 154

三、国王控制良心的措施：立法与宣誓 / 163

四、臣民的抵抗 / 172

五、清教徒的良心 / 179

六、审判查理一世 / 183

七、共和国的难题 / 191

第五章 正当程序的现代基础：权利观 / 195

一、新教法学家对权利的论证 / 197

二、爱德华·柯克爵士 / 204

三、柯克的方法与目的 / 208

四、普通法权利观 / 218

五、一种史学 / 222

六、小结 / 230

第六章 正当程序的现代基础：主权与宽容 / 232

一、霍布斯对柯克的批评 / 232

二、霍布斯论异端 / 240

三、异端问题与霍布斯的主权 / 250

四、宗教宽容 / 259

第七章　正当程序的现代基础：作为体制的科学 / 266
　　一、霍布斯与波义耳 / 267
　　二、法律与科学文化的关系 / 277
　　三、英格兰科学文化的发展 / 284
　　四、科学体制与正当程序 / 287
尾　论　"正当法律程序"在现代世界的意义 / 295
　　一、新资源解决老问题 / 295
　　二、对"正当程序"性质的一种解释 / 298
　　三、"体""用"问题 / 302
参考文献 / 306
后　记 / 321

导 论

一、李尔本的英雄故事

1649年10月26日，星期五，下午。伦敦市政厅（Guild-Hall）的法庭里挤满了人，前来旁听的市民一直挤到了门外的大街上。针对平等派领袖约翰·李尔本（John Lilburne）中校的叛国罪审判已经持续了两天。

被告席上的李尔本先生绝非无名之辈，也不是第一次经历审判。他生于1614年，出身乡绅阶层，后来到伦敦做学徒，接受了清教徒的信仰和思想，进而成为清教徒政治活动中的积极分子。

当时正是斯图亚特王朝的第二位君主查理一世统治时期，国王与议会的关系每况愈下，其中夹杂着复杂的宗教冲突和政治分歧，和解之道日益狭窄幽暗。清教徒是一些对英国国教的宗教形态不满的少数派群体，他们认为英国宗教改革之后国教的各种礼仪仍然保持了与天主教类似的错误方式，因而不愿服从以国王为"元首"的国教，要求在教义和礼仪方面作更彻底的改革，彻底清除天主教残留。清教徒属于宗教上的激进派，但由于英国国教与国王密切相连，宗教与政治也就密不可分，当国王试图控制宗教激进主义时，清教徒必然演变为政治上的激进主义者。

年轻的李尔本加入清教群体后结识了当时的领袖巴斯特威克

(John Bastwick),并很快牵涉一宗违禁书籍走私案。当时清教徒常常从尼德兰向英格兰输入涉及宗教和政治内容的印刷品,其中很大一部分是带有煽动性的小册子。李尔本因参与走私这类书籍在1637年受到星宫法庭的审判。星宫法庭是当时国王制裁激进分子的主要工具,其刑案审理程序将被告置于中心施以重压,不容被告保持缄默。李尔本在这次审判中拒绝宣誓,否认一切指控,并保持沉默。他最终被判藐视法庭罪,处以罚金和身体刑。李尔本在伦敦接受公开处刑,一路向围观市民陈述审判不公,大获支持。1640年国王不得已召集了长期议会,时任议员的奥利弗·克伦威尔(Oliver Cromwell)在议会中慷慨陈词,要求释放李尔本。1641年,议会重审了该案,推翻了有罪判决,下令释放李尔本,并在数月后趁势废除了星宫法庭和宗教事务高等法庭。

李尔本获释后以更大的热情投入了政治活动,在伦敦领导了数次激进运动。1642年英国内战爆发,李尔本加入议会军作战,在战斗中的表现异常英勇,获得了很高的声望。在此过程中,李尔本逐渐显露出了写作政治性小册子的才能。他在政治上同样秉持清教激进主义立场,主张人人平等和言论、出版自由,要求取消教会特权,实行民主政治,等等。他在政治上的态度非常激进,以至于国王被议会压倒后,他转而继续表达对议会统治的强烈不满。1645年他与此前共同进退的巴斯特威克等人发生冲突,后因诽谤议长的罪名入狱,依靠大量伦敦市民联署请愿才得以获释。1646年他又因辱骂自己原来的指挥官曼彻斯特伯爵被捕,后按轻罪处理后释放。

李尔本在伦敦塔中撰写了大量政治性小册子,很快成为广受群众欢迎的政论作者,他那些充满激进思想、呼吁彻底平等的作品在伦敦城中读者甚多,受到中下层市民的热烈支持。进而,李尔本很自然地成为平等派(levellers)的领袖之一。1649年1月，查理一世被议会审判后处决，英国成为共和国，而在混乱的政治局势下，实际掌握统治权的是克伦威尔。于是，李尔本把笔锋指向克伦威尔，表示此人无非取代国王做了独裁者，对他大加批判。克伦威尔得知后勃然大怒，嘱咐按照议会新通过的叛国法制裁平等派，平等派的几位领袖随即被捕。

1649年10月，约翰·李尔本在伦敦市政厅设立的刑事法庭接受重叛国罪(high treason)审理。授权组织此次审判的刑事审判委任状(Commission of Oyer and Terminer)列出了四十多位参与审理者的名字，其中包括伦敦市市长、主审法官基布尔(Richard Keble)、上座法院法官杰明(Philip Jermin)，以及三所普通法法院的多名法官，另有若干爵士和资深律师等，阵势颇为雄壮。

鉴于李尔本得罪的是克伦威尔，后者明显有所指示，且依据议会立法给被告挂上了重叛国罪之名，李尔本的前景显然相当凶险。据说常为李尔本制鞋的师傅吩咐不需要再为这位顾客备料，因为看起来他难逃一死。然而，从庭审记录来看，李尔本在以一己之力与众多法律精英搏斗了两天之后，也并未露怯。

这一天，受审的犯人李尔本正在庭上滔滔不绝地为自己辩护。他特别引用英国法权威爱德华·柯克(Edward Coke)的论述，试图论证对自己的这场审判不符合"法律的正当程序"(due process of law)。一方面，他举出了一系列自认遭受不公的待遇，比方不能事先得知指控自己的罪名和证据，不能与证人面对面质证，不能得到律师的帮助，等等。[①] 另一方面，他备述自己如何在议会军中服务，如何被王

---

① See Howell, T. B., ed. *A Complete Collection of State Trials and Proceedings for High Treason and Other Crimes and Misdemeanors from the Earliest Period to the Year 1783*. London: Longman et al., 1816, v. 4, 1392-1393.

军俘虏、遭受苦难、命悬一线,如今又如何遭到不公正的待遇,被关押在伦敦塔中,不得见妻子儿女……此前声称自己愿意"听取意见直到半夜"的基布尔法官变得不耐烦起来,打断李尔本的发言。李尔本则毫不示弱,直言:"大人真是奇怪的法官,不让律师为我辩护,难道还不许我自己辩护吗?"他越说越激动,以一种近乎布道的方式慷慨陈词:①

> 我希望我的陪审团注意,我确证庭上劫夺了我在法律上的权益,是要谋害我,实属违法;因此,作为一名生来自由的英格兰人,也作为一名真正的基督徒,现在站立在上帝的目光和临在之中,带着正直的心和良心,带着镇定自若的态度,把我的生命,以及一切诚实的英格兰自由人的生命,投在上帝的手中,倚靠他恩典的护佑,也投在我诚实的陪审团和公民伙伴的照看和良心之下。……各位陪审团的绅士,你们是我唯一的法官,我生命的保护者,若你们把对我起诉书中的任何部分留给那些残酷嗜血的人处置,那就是上帝借你们的手要取我的性命。因此我希望你们明白自己的权力,思索你们的责任,对上帝、对我、对你们自己、对你们的国家的责任。愿满有恩惠、帮助人的圣灵,我们的主全能上帝的帮助随着你们,他是天、地和其中万物的掌管者,愿他赐你们智慧,指引你们,行正义的事,这都是为了他荣耀的缘故。

---

① Howell, T. B., ed. *A Complete Collection of State Trials and Proceedings for High Treason and Other Crimes and Misdemeanors from the Earliest Period to the Year 1783*. London: Longman et al., 1816, v. 4, 1394-1395.

大厅里的人群爆发出一阵响亮的"阿门，阿门"，并伴随着低沉的附和之声。见此情景，法官命负责安保的斯基彭少将加派三名士兵警戒。此时，从早上七点开始的庭审看来终于接近尾声。李尔本继续精神抖擞地在法庭上提出各种权利主张，还不时发出一些情绪性的表达。主审法官基布尔尝试对陪审团作总结，而李尔本的插嘴令他不胜其烦。上座法院的杰明法官接过主审法官的工作，向陪审团解释法律，作出指示，处理完最后一点细节，包括拒绝了一名陪审员要求获得雪梨酒解乏的请求。五点，十二名陪审员退席，法庭宣布休庭到六点，犯人被暂时押到旁边的爱尔兰庭等候。

四十五分钟后，陪审团回到法庭。书记官依例问道："你们是否得出了裁决？"陪审团说"是"。传令官高声道："约翰·李尔本，举起手来。你们如何裁决？关于他被指控的叛国罪名，或其中任何一项，他有罪还是无罪？"陪审团主席答道："所有罪名，都无罪。"书记官接着依例问："他是否逃避审判？"主席答："无。"

随着这声"无"，法庭内外旁听的群众爆发出巨大的欢呼声，据说持续了半小时之久，令庭上的诸位法官大感窘迫，被告席上的李尔本则神色淡然。等人群终于安静之后，书记官向陪审团再次确认裁决，宣布解散陪审团，犯人暂时被押回伦敦塔，闭庭。①

这当然不是李尔本遭遇的第一次审判，此前此后，他都遇到过对自己而言十分凶险的法庭审判。然而，每一次李尔本都能全身而退。1649年和1653年，他在法庭上的表现都令陪审团作出无罪判决，最终在围观群众的欢呼声中走出法庭。考虑到当时刑事案件，尤其是政

---

① See Howell, T. B., ed. *A Complete Collection of State Trials and Proceedings for High Treason and Other Crimes and Misdemeanors from the Earliest Period to the Year 1783*. London: Longman et al., 1816, v. 4, 1404–1406.

治性的叛逆案件的定罪比例,李尔本在法庭上的"业绩"近乎天神下凡。这一点实际上对后人理解李尔本的历史地位产生了不小但容易被忽视的影响。

从李尔本经历的历次审判来看,除了反复诉诸激进政治观念,以此影响旁观民众及陪审团的情绪,以及借用柯克等普通法法学家塑造的"英格兰古老宪法"的理论之外(这两点后文还会涉及),他有一项一以贯之的具体诉讼策略,那就是"拒绝说话"。因此,后世的法律史家往往据此(尤其是李尔本因此脱罪)把他列入推动英国法"正当程序"原则发展的人物序列,特别是赋予他"沉默权"首创者的奖章。

与此相关,我们就不难发现这样一种历史叙事:英国法上有所谓"正当程序"原则,此原则具有诸多古老渊源;但在相当长的一段时期内,刑事审判程序与此不合,存在诸多不公、偏狭甚至可以说是野蛮残忍的操作(某些作者还将这类操作归于大陆传统的纠问程序,提示普通法更高明);不过,随着历史的发展,普通法日益重视正当程序,发展出或借助于一系列具体的制度,比如沉默权、对抗制、陪审团、"排除合理怀疑"、排除非法证据等等,极大地促进了司法的昌明及对人权的保护;最终,此古老的英国法原则进入了《美国宪法》的文本与实践,在某种意义上成为美国之先进性的证据之一。

这并不是一种缺乏依据的历史叙事。当我们按照这种叙事来观看李尔本1649年的受审时,有可能会看出:李尔本代表了先进的平等思想,反抗特权阶级,反抗专制统治;对他进行审判的法庭是不公正的,那些审判者代表了落后和不正义的势力;而人民显然认可李尔本,并且依靠人民的力量,李尔本最终取得了胜利。以上是一个极度化约的描绘,甚至有些故意简化,为的是突出此种大叙事落实到具体案件时造成的情绪性观感。

然而，我们这些现代人很容易带着某种"后见之明"去观看李尔本案。我们当然知道美国繁荣昌盛，因此其制度和文化都成为效仿的对象，成为"好"和"进步"的标准；那么，作为美国法制源头的英国法，也是好的；在美好事物的进步历史中，当然需要找到"里程碑"和"英雄"，李尔本就很符合现代人的口味。这类"后见之明"并不显明，而是因我们生活于如此的世界之中而"天然"地吸收，成为某种"思维的前见"。

如此，我们自然也有理由在谨慎的反思之后，尝试回到现场，去发现另一种历史叙事。存在多重叙事，并不意味着不同的叙事之间构成彼此矛盾或对立的关系，也不表示"真相"难以发现；相反，恰恰是对多重叙事的充分观照，才令我们有更大的机会获得深入而有价值的理解，尤其是对当下有意义的理解。

二、沮丧的法官

《国家审判实录》(State Trials)收录了李尔本几次审判的庭审情况记录。鉴于当时还没有可靠的判例报告，有些庭审记录需要小心甄别。比如1637年李尔本在星宫法庭受审，留下的记录只有当事人自己的叙述。当然，这样的材料也为我们提供了一个特别的观察视角。

在所经历的数次审判中，李尔本的首要策略看起来是坚持拒绝正面回答法官的问题。而当时的刑事诉讼程序并没有为被告提供这样的应对方式。当时的审判方式是被告必须开口说话。总体的精神气质倾向于被告必须"老实交代"，以供法庭"查明真相"，而非被告可以运用多种手段抵抗控方；控方必须证明被告所涉罪行，法庭"检验控方的证明"。因此,在那个时候,如果有被告拒绝说话,很可能令自己陷入极为危险的境地,按兰博约(J. H. Langbein)的说法,在此情况下,"被告拒绝回应被指证犯罪的证据是自杀性的做法"①。

按照李尔本关于1637年受审的自述,12月11日,他与同伴因输入煽动性书籍被捕。1月14日,国王的检察长对他进行了讯问。在回答了一些问题之后,李尔本可能意识到如此问答对自己不利,于是反复拒绝回答检察长的进一步提问,同时要求检察长说明自己被指控的罪名及细节。李尔本被关押,1月24日或26日,他被送到星宫法庭受审。书记官要求李尔本宣誓对被问及的问题作诚实的回答,李尔本拒绝宣誓,表示自己不清楚具体的誓词内容,不能宣誓。法庭因此不能推进程序。此后,李尔本在2月9日、12日、13日接连在星宫法庭受审。即便在李尔本的自述中,我们都不难看出法庭程序进行得相当艰难,在第一项惯常的宣誓上就纠缠了很久,因为李尔本反复诉诸"神法与本国法"(law of God and law of the land)拒绝宣誓。整个审理过程都被宣誓问题困住,以至于最终的处罚包括了对"拒绝作法庭宣誓"构成貌视法庭的惩罚。其间,由于李尔本的回应,法庭曾爆发若干次"大笑"。尽管李尔本被定罪受罚(示众鞭打),但法官们在面对这个年轻人的回应时有些哭笑不得(即便从李尔本的自述来看)。②

如果我们先不把李尔本的"拒绝说话"与嗣后发展起来的现代英美法刑事程序联系起来看,而是从庭审参与者的情感角度观察,就

---

① Langbein, John H. "The Historical Origins of the Privilege against Self-Incrimination at Common Law." *Michigan Law Review* 92, no. 5 (1994): 1047-1085, at 1048-1049.

② See Howell, T. B., ed. *A Complete Collection of State Trials and Proceedings for High Treason and Other Crimes and Misdemeanors from the Earliest Period to the Year 1783*. London: Longman et al., 1816, v. 3, 1316-1341.

不难发现，最突出的一点，是主持审理的法官面对李尔本时所流露出的深深的沮丧感。这在1649年的庭审记录中同样显露无遗。

庭审一开始，法庭命令带上被告，全体肃静，传讯员(cryer)大声宣布："约翰·李尔本，举起你的手来。"这是句惯常的法庭开场白，通常被告确认自己的身份即可，然而这却引来了李尔本一番长篇大论，从"每一个生而自由的英国人的自由"，谈到《圣经》中使徒保罗在罗马帝国法庭上被允许自由发言，回顾自己以往受审的情况，引用爱德华·柯克，要求公开庭审(法官立刻请他回头看看，法庭的大门是打开的，旁听者甚众)，引用《大宪章》和制定法提出法庭的组织召集不合法，称自己被捕的过程不合法，自己遭到如此起诉和审判不符合正当程序，最后则质疑了法庭的合法性。

检察官和法官只好向他解释，这个法庭系根据刑事审判委任状设立，按照大陪审团的指控审理刑事案件，该委任状并非李尔本所说的"特别委任状"，法庭和程序也不是什么特别的司法，而就是普通法下惯常的做法。①

基布尔法官说："李尔本先生，请听我一言，因为你现在的说法既不符合理性也不够慎重：你已经获得了公平的尊重和审理。你谈论的自由权和法律，我们到这里来就是要为了所有人，也为了你，保护它们。我们也要证明自己的行为。至于你提到委任状的问题，我必须告诉你，这个委任状已经被英格兰法律批准使用了五百年，不，事实上比五百年还要长。"②

随后，李尔本又回到传讯员的措辞，开始质疑为何要"举起手

---

① See Howell, T. B., ed. *A Complete Collection of State Trials and Proceedings for High Treason and Other Crimes and Misdemeanors from the Earliest Period to the Year 1783*. London: Longman et al., 1816, v.3, 1284-1287.

② Ibid., 1285.

来"。基布尔法官只好向他解释,在刑事案件庭审开始之前呼召被告举手,是为了提请他确认,自己就是那个被传召的人;杰明法官补充说,请被告举手,是为了提醒他注意这是一宗重罪案件,同时,举手也表示"手洁心清",表示被告内心纯良。① 李尔本这才表示满意。

接着,法庭向李尔本宣读了他被起诉的罪名,询问被告对此罪名如何答辩,"有罪,还是无罪"(plea guilty or not guilty)。这同样是刑事审判的惯常做法,直到如今,英美法庭上还在照样发生,当被告作出答辩选择后,才可以进行下一步程序。然而,李尔本拒绝回答,表示答辩就可能对自己不利,导致自己被定罪。一位法官说:"李尔本先生,按照英国法(laws of the land),你需要对被指控的罪名作出答辩,说'有罪'或'无罪'并不构成对你自己的指控。"② 这个时候,法官们的沮丧情绪越来越浓重。李尔本继续反复申辩,诉诸"英国人的自由权""正当程序"和《权利请愿书》等,总之,拒绝作出有罪或无罪答辩。

事实上,李尔本在此处提出的问题,更多涉及被告的受辩护权,而非沉默权。李尔本提出,他的答辩可能带来对自己不利的后果,所以他需要先咨询律师。法官们则反复申明,按照英国法规定,只有发生法律问题时,方可引入律师,对于事实问题无须律师介入。此问题当然可以探讨,然而按照当时的英国法规定和惯常操作,从未有被告在这个细节上如此质疑。一名书记官甚至忍不住说话:"你必须说这

---

① See Howell, T. B., ed. *A Complete Collection of State Trials and Proceedings for High Treason and Other Crimes and Misdemeanors from the Earliest Period to the Year 1783*. London: Longman et al., 1816, v. 3, 1289-1290. 我觉得李尔本有可能从这一点受了启发,后来在1653年的庭审中,他提出抗辩说,法庭无法证明他就是原来被处罚的那个人。

② Howell, T. B., ed. *A Complete Collection of State Trials and Proceedings for High Treason and Other Crimes and Misdemeanors from the Earliest Period to the Year 1783*. London: Longman et al., 1816, v. 3, 1293.

话,以上帝和你的国家之名;这就是法律的形式(form of the law)。"① 李尔本继续不断质疑,要求律师咨询,要求更长时间研究起诉书,等等。第一天的庭审在被告尚未对罪名作出惯常答辩的情况下就不得不宣布休庭,隔天再审。

10月26日,庭审继续,李尔本继续精神抖擞地战斗,法官则愈加沮丧。场面一度是这样的:②

> 李尔本:亲爱的阁下,我就请求再说一句。我的生命处于危险之中,如果您拒绝给予我法律给我的东西,而且还是那些骑士党法官许可成为法律的内容,您的同事所许可的,他们现在还身居高位;那么,上帝会把我从使您做我辩护人的需要中拯救出来。
>
> 基布尔法官:我们的生命也在危险中,跟你一样。
>
> 李尔本:并不,恕我冒昧,不像我的情况那么危急。
>
> 基布尔法官:我们在永恒里的生命和灵魂在危险中啊。
>
> 李尔本:阁下,请求您再听我一言。
>
> 基布尔法官:我不听。
>
> 普里道(Prideaux)检察官:大人,我希望法庭继续审理案件,不要再拖延时间了,就视为他答辩无罪,承认了吧。
>
> 李尔本:不,阁下,您冤枉我啊,苛待我啊。我可从来没有承认任何东西,我也没有答辩无罪;因为我的答辩是有条件的,

---

① Howell, T. B., ed. *A Complete Collection of State Trials and Proceedings for High Treason and Other Crimes and Misdemeanors from the Earliest Period to the Year 1783.* London: Longman et al., 1816, v.3, 1295.

② Ibid., 1317.

以你们的允诺为前提,就是不利用我对你们那些程序的无知。

基布尔法官:继续;李尔本先生,安静。

李尔本:如果你们不给我法律规定的益处,就夺去我的生命,我无辜的鲜血就算在你们头上。

基布尔法官:先生,这些激动的话对你没好处,你最好克制一点。

李尔本:那就请听我说。

基布尔法官:你说我们要夺去你的性命吗,先生?如果我们违背法律,夺去你的性命,我们要为此负责;但我们要对你所做的事作出裁决。[李尔本要求说话,被禁止]先生,我给你个建议,先生,用耐心控制你自己,听法庭说。

杰明法官:安静,先生。

从庭审情况来看,李尔本固然大谈"自由""权利",但造成的效果是令法庭从上到下陷入某种困惑。我们看到,法官们并非一副气势汹汹的专制打手形象(况且 1649 年时,国王已经受审被杀,议会掌握主权);相反,表现出了相当的宽容,非常努力地依照当时的司法程序履行职责。而李尔本则几乎在每道诉讼环节上抛出难题,令程序瘫痪,无法进行。这样的状况不能简单地用"李尔本是位超越时代的思想家"来解释。

我们有必要思考的问题是:法官为何沮丧?为何法官、检察官、书记员与李尔本的对话像是鸡同鸭讲?他们两边都表示要公平合理地执行法律,为何找不到寻求一致的基础?在这个过程中,究竟发生了什么?

三、断裂的"正当程序"历史

历史研究的意义，在于记忆与理解。通过历史研究，我们尝试记住过往，同时也尝试理解过往如何成为特定的过往。又鉴于我们所有人都不可逃避地站在时间之流中作如此尝试，因而，历史研究又不得不追问，站在当下的我们为何记住了如此的过往，我们所理解的过往之形成方式，又如何影响我们对于当下和自身的理解。研究者在开展研究历史的过程中，必然带有许多当下的"前见"，这些预设的前见由过往造成，又常常隐而不彰。因此，在历史研究中，好的研究者不得不时刻保持一种"反思"的态度，不但要考察作为研究对象的材料，还必须考察处理这些材料的方式，以及研究者如此处理的（历史性）原因。历史研究是一种深陷于时间之流中具有内在规则的美丽舞蹈，一面是科学，一面是艺术。

每一项历史研究，终究会呈现为某种叙事，而各种叙事交汇在一起，为我们编织了属于当下的意义之网。关于法律的历史，又有一些特别之处。因为法律本身就是人们追寻特定生活秩序和意义的集中体现。这样，一种关于法律的叙事，就承载了高密度的涉及当下的意义。一个令人振奋和信服的法律史叙事，往往反映了当下的生活秩序，并且实际上也参与了对这种秩序的塑造；反之，如果人们开始觉得某个关于法律的故事令人厌烦，则可能是当下的生活秩序发生摇晃的一种征兆。

"法律的正当程序"（due process of law）是英美法上的一个概念，大致是指英美法刑事诉讼程序中的一系列机制，这些机制定义了"好的""正义的""公正的"或"恰当的"审判。在现代，这套机制包括：被告有权聘请律师代理、陪审团审判、不得要求被告自证其罪、对抗制、证据开示、非法证据排除等等。

在此，我并不想把重点放在"法律的正当程序"的概念上，而希望观察关于此"原则"的历史叙事（或者说"故事"）是怎样的，它的内容如何，又是如何讲述的。

《元照英美法词典》"due process of law"条提供了一个叙事范例：（1）"正当程序"的定义；（2）其英国法源头可追溯到《大宪章》；（3）进入《美国宪法》，以第五修正案为集中体现；（4）嗣后在美国的发展。① 基本上，一个关于"正当程序"的堂堂正正的叙事由这几部分内容连缀而成是不错的。②

对于一个历史叙事，大约可以从"连续"和"断裂"两个角度去观察。"连续"在历史叙事中自是理所当然，因为历史叙事不可能没有连续性，不可能以彼此之间毫无关联的事件、人物或文本堆积而成。但与此同时，历史叙事也必定具有某种"断裂"的性质。叙述者在诸多事件、人物、文本中，为何选择这个或那个使之成为叙事的一部分，主要不是因为这些内容存在共性，而恰恰是因为它们存在某种个性，有特别之处，构成了叙事中的某个关节点，在这个关节点的前后是有所不同的。所有的"历史分期"都隐含了关于某种特殊性的解释。因此，一个好的历史叙事，常常会呈现为"在连续中找到断裂，在断裂中发现连续"，并在二者的往复互动中找到更深刻的历史理解。

以此观察"法律的正当程序"的标准历史叙事，我们可以提出

---

① 参见薛波主编：《元照英美法词典》，法律出版社2003年版，第448页。
② 例如，[美]约翰·V. 奥尔特：《正当法律程序简史》，杨明成、陈霜玲译，商务印书馆2006年版。

一些有意义的问题。比如,"法律的正当程序"一词在英国法律文献中老早就有,其含义的稳定性如何?词条首先给出了定义:"正当程序是个多义的宪法概念,既指法治、法律程序的公正,也指一项基本权利。"至少,其中的"宪法"与"基本权利"是相当现代的词汇,为何我们今日要用这些词汇来定义正当程序?另外,在这个叙事中,正当程序的渊源,向上诉诸《大宪章》之后,下接《美国宪法》,中间有数百年空白,其间发生了什么?或者,换个问题,为何《美国宪法》下的"正当程序"需要联系到古老的英国法原则?总之,这样一个关于"法律的正当程序"的历史叙事,构建了一种长期的连续性,却留下了明显的不恰切之处。

这就需要有进一步的解释。当然,也就意味着更多的工作。

我们现在所说的"法律的正当程序",并不是空泛的口号,从刑事诉讼的角度来看,它由一系列具体制度或操作构成,例如被告必须有律师代理和帮助,在诉讼之前了解被指控的罪名和相关证据,被告不自证其罪,陪审团审判,等等。美国学者兰博约在深入考察刑事讼案记录之后指出,这类制度或操作,大致成型于18世纪。在此之前,英格兰的刑事诉讼并不具备我们今日寻常以为的"正当程序"。例如,当时的刑事诉讼程序,其设计的方向是要促使被告开口说话,他在法庭上的表现和提供的信息往往成为定罪的依据。认为英国司法制度坚守"正当程序"、追求公平,而大陆的"纠问制"审判方式不利于公平审判,英国体制抵御住了大陆程序的"入侵",成为保护个人权利和自由的港湾,这样的故事并不成立。[①] 兰博约认为,一系列现代人所熟悉的"保护被告"的程序性制度之形成,主要推动力并非

---

① See Langbein, John H. "The Historical Origins of the Privilege against Self-Incrimination at Common Law." *Michigan Law Review* 92, no. 5 (1994): 1047–1085, at 1072.

17世纪的英国革命,不是清教徒对"基本权利""自由"的激烈追求,而是18世纪辩护律师在法庭上不断奋斗的结果。是律师们不断累积的个案操作,令刑事审判模式发生了重大的转变,从以被告当庭陈述为中心,转向了双方律师的对抗,由此则进一步发展成大大小小的具体制度。[1] 同时,这一历史遗产并非没有缺点,而是造成了英美诉讼程序的某些内在缺陷,尤其是对发现案件真实情况的不利影响。[2]

从兰博约对英国刑事诉讼程序历史的具体研究来看,显然否定了"正当程序"具有某种跨越数百年的连续性。相反,在18世纪之前,按照现代标准,英格兰的刑事审判有许多违背"正当程序"的做法。而这种状况的改变,其"断裂点"发生在18世纪,在辩护律师的大力推动下,才形成了朝向现代"正当程序"发展的诉讼形态。

兰博约的同事惠特曼提出了另一个与此不同的叙事。在追溯刑事审判中"排除合理怀疑"原则的起源时,惠特曼认为兰博约和其他学者走错了方向。他指出,中世纪到近代早期刑事审判的许多程序设计,其主要目的并非"确定案件事实",而是缓和裁判者的道德负担。因为,按照基督教的教义,错误裁判与故意杀人等同,都是"流人血的犯罪",而犯此罪者显然会对灵魂能否进入天堂产生怀疑。对当时的人而言,这是一项巨大的道德压力。由此造成的影响是,参与裁判者(法官、陪审团、包括证人)可能对作出裁判迟疑不决。如果经过某种特定的程序即可解除裁判者的道德疑虑,"血罪"引起的道德疑虑就可以得到大大缓解,程序是一种"合法杀人"的措施。

---

[1] 参见〔美〕兰博约:《对抗式刑事审判的起源》,王志强译,复旦大学出版社2010年版,第4—6页。

[2] 同上书,第311—313页。

惠特曼直接反对兰博约的观点，表示："排除合理怀疑规则的诞生与律师化并没有关系，或者至少没有任何直接关系。如果说有什么不同的话，那就是发生在老贝利法庭的这些案件比波士顿惨案的审判更清晰地呈现了道德神学的更安全之道。这一深藏背后的焦虑根本不是如何保护被告的，它要保护的是陪审员。"①

尽管惠特曼在结论部分表示赞同兰博约的观点，即英美法的刑事诉讼程序需要改革，尤其是向大陆程序学习，但从总体上看，惠特曼的历史叙事与兰博约显著地不同。兰博约的重点在于指出了英美法刑事程序（或者说"正当程序"原则及其配套的制度）发展历史中的重大变化（即在18世纪发生的"断裂"）；而惠特曼则强调"连续性"，尤其指出此种连续性的根基在于基督教神学。

两位学者提供了各自的论证，也都各成其理。在我看来，兰博约的论证主要从刑事诉讼程序的制度一面出发，在18世纪观察到了显著的变化，故指出其"断裂"；而惠特曼的论证则主要从其思想的一面出发，认为英美的刑事诉讼程序始终有一条一以贯之的思想线索，即基督教神学，故强调其"连续"。两下互勘，颇有启发。一方面，兰博约以法庭记录为基本材料，认为英国刑事诉讼程序从近代早期向现代的发展，主要推动力在于出庭律师，显得略为浅薄。刑事程序如此大的变动，甚至已经明显进入文化层面（兰博约也指出法庭风格从"争吵式"转向以各种规则引导），若其动因只能落在作为这个体系一部分（还未见得是最受尊敬的那部分）的人群在日常工作中的努力，

---

① 〔美〕詹姆士·Q. 惠特曼：《合理怀疑的起源——刑事审判的神学根基》，佀化强、李伟译，吴宏耀校，中国政法大学出版社2016年版，第326页。另外，佀化强教授也以"血罪"观念的影响为基础对刑事审判中被告沉默权在中世纪的发展做了极为详尽的梳理，参见佀化强："'禁止倒果为因'原则：以沉默权的起源、功能为视角"，《法学》2003年第5期，第139—158页。

显然对背后深层的社会及思想根源解释不足。另一方面,惠特曼指出基督教信仰的"血罪"观念在理解英美刑事审判程序中的重要意义,确实颇有洞见。但他对此种思想连续性的强调也有过度的可能,以至于在涉及英美刑事审判程序从中世纪和近代早期向现代的转变时,就显得解释力不足。

若我们观察上文所引李尔本在1649年审判中的表现,他最后向陪审团所作的类似"结案陈词"的话,确实如惠特曼所指出的,诉诸基督徒对于错判的道德责任。庭上的法官显然也与李尔本共享了关于这一问题的知识,并理解其话锋所指。但同时,我们应当注意到,李尔本的法庭表现已经显然超出当时的常规,不断打破当时法律规定的程序,其行动也近乎后来的辩护律师,这恰恰是令那几位经验丰富的王室法庭法官陷入沮丧情绪的原因。法官们完全不同意他们处置李尔本的方式可能危及自己的灵魂,反而认为这位被告越过了法律的边界。最终,李尔本由陪审团开释,接受围观群众的欢呼,其原因究竟在于陪审员听到这位被告诉诸"血罪"观念,背负了沉重的道德压力(看起来法官们对此并无压力),还是由于他们接受了李尔本关于程序"不公"的论辩呢?(或者还有其他原因?)

就总体的历史叙事而言,尽管惠特曼列举了许多证据,但他的故事因连续性过强而显得可疑。因为按照他的说法,似乎英美法刑事审判程序目前被观察到的弊病,乃是来自古老的中世纪版本的基督教。而兰博约的论证,尽管丰富翔实,也抓住了制度史发展脉络中的关节点,但忽略了背后深层的思想动因,尤其对构成当时社会底色的基督教不置一词,不能不说是一种缺漏。

因此,本书的出发点是,一方面接受兰博约的大致观察,即英国刑事诉讼程序,尤其是"法律的正当程序"原则及其相关制度和操作,在近代早期向现代发展的过程中发生了某种实质性的变动;但另一方面,希望从诉讼程序原则背后的思想线索入手,找到引发前述变动的原因。我并不反对惠特曼强调基督教神学的重要意义,但基督教神学和实践同样也不是一成不变的,尤其是,这个大变动时期恰恰是基督教本身发生重大改变和重组的时期。为此,我把研究的主题称为"法律的正当程序"原则的早期发展史,或者说,也就是大词典词条中在《大宪章》到《美国宪法》之间语焉不详的那部分历史。

第一章
错位的观念

如果我们并不天然地接受一种略有辉格史学或进步主义风格的历史叙述,把"正当程序"视为"现代"对"前现代"的某种胜利,而是回到历史现场,把参与者设定为与我们性情类似的行动者。那么,我们很容易在李尔本案的庭审记录中注意到被告与法官之间的紧张关系,一种"鸡同鸭讲"的对话。我们也可以观察到,双方共享了一些观念(比如"血罪"),但也有一些截然对立的理解(比如对于正在进行中的审判是否有导致灵魂受罚的危险)。因此,我们也有理由认为,在这双方之间,很可能存在某种思想观念上的"错位"。

本章的目的是尽力分辨这种"错位"。

以下我首先考察几乎所有关于"法律的正当程序"的历史叙述都会引用的中世纪(14世纪)法律条文;其次考察近代早期(17世纪)的一个重要案件;最后再来回顾一下,李尔本与审讯他的法官之间究竟有怎样的错位观念。

一、"正当程序"在制定法中的渊源

我们惯常所见有关"正当程序"的历史叙述,其基础是爱德华·柯克爵士奠定的(后文会考察他的论述及其意义)。柯克将"正当程序"上溯到《大宪章》,借助的跳板则是爱德华三世时期的议会立法,因为这是第一次出现"法律的正当程序"这个措辞的存世法律文献。

1354 年立法的第 3 条这样规定:①

> That no Man of what Estate or Condition that he be, shall be put out of Land or Tenement, nor taken, nor imprisoned, nor disinherited, nor put to Death, without being brought in Answer by due Process of the Law.
>
> 任何人,无论属于何等级或身份,未经法律的正当程序出庭答辩,不得被剥夺土地或保有物,不得抓捕,不得关押,不得取消其继承权,亦不得处死。

初看起来,这个法条的表述并不难解,而且似乎与我们对"正当程序"寻常的印象高度匹配,例如更加著名的美国宪法第五修正案:"……在刑事案件中,不得迫使任何人作证控告自己,没有正当法律程序,不得剥夺任何人的生命、自由和财产。"② 可是,我们也应当同样容易理解,18 世纪的北美与 14 世纪的英格兰,政治、经济、社会状况大相径庭,不可能仅仅以字面相似为由就在两个文本之间建立联系,当然也就不能遽然认定两个文本中相似的字词具有同样的含义。

甚至,两份文件虽然都可称为"议会立法",但其性质却有很大

---

① 28 Ed. III, ch. 3 (1354). Luders, A., ed. *The Statutes of the Realm*. London, 1810-1828, vol. 1, 345.
② 〔美〕汉密尔顿、麦迪逊、杰伊:《联邦论》,尹宣译,译林出版社 2016 年版,第 640 页。

差异。很简单的一点是：中世纪立法的总体方法和目的，就不是要阐述某种相对抽象的原则，使之能够应用于大量（眼前尚未发生甚至尚未想到的）具体情形，中世纪的立法几乎总是在处理具体、当下的问题。

比方，1354 年立法中，紧邻前引条款的上一条，规定了"全体威尔士边区领主永远臣服于英格兰国王"。这条法律与当时的政治行动直接相关。爱德华三世 1327 年登基时年方十五，当时由王太后伊莎贝拉与宠臣罗杰·莫蒂默(Roger Mortimer)摄政。莫蒂默正是威尔士边区贵族，在当地势力很深，他与伊莎贝拉联手推翻了统治不力的爱德华二世，并谋害了后者。爱德华三世稍长后，联合贵族推翻了摄政，以一次类似康熙杀鳌拜的军事伏击行动抓捕莫蒂默，并处死了他。而到了 1354 年，爱德华三世把当初没收的土地归还给莫蒂默的孙子，恢复了其爵位，并因此在议会立法中加入了这条"效忠条款"。①

又比如，同一部立法的下文第 5 条规定禁止将铁器带出英格兰，亦不得以高价贩售铁器，目的显然是满足当时战争所需。

我们不能简单地认为中世纪立法的这种现象证明了当时立法技术落后。考虑到当时社会的农业和土地属性，国家、人口和政府的规模、交通、计量以及通信条件等因素，一种以抽象原则为特征的立法恐怕反而会被民众和贵族认为不切合实际，没有提供充分的救济。类似地，我们还可以观察到中世纪立法的另一特征，即并不讲究根据立法主题和内容分类，很少有我们今日处理特定法域的"单行法"，中

---

① 参见〔美〕克莱顿·罗伯茨、戴维·罗伯茨、道格拉斯·R. 比松：《英国史（上册）》，潘兴明等译，商务印书馆 2016 年版，第 188—189 页；Musson, A. and W. M. Ormrod. *The Evolution of English Justice: Law, Politics and Society in the Fourteenth Century*. Basingstoke: Macmillan, 1999, 103.

世纪的某部立法可能包含了当期议会讨论的许多主题差异极大的事务。1354 年的立法既包括对以往法律的重申、封建土地问题、刑事案件的处理方式，也包括商人纠纷的处理、鼓励贸易、设立市场之类的规定。像这样的立法内容，恰恰体现了国王正在忠实地履行他作为"人民牧者"的职责。

由此可见，对于中世纪的法律文本，我们有必要更加注意其历史处境和特别的针对性。爱德华三世的此项立法发生于 1354 年，这时英格兰正处于非常严峻的政治军事状态之中。一方面，英法两国的"百年战争"正处于英国的进攻期，爱德华三世与黑太子在此前的征伐中已经获得了巨大的军事荣誉。而到了 14 世纪 50 年代，战争进入一个相对平静的间歇期。1354 年法国国王约翰二世签署协约，同意了爱德华许多重大的领土诉求。而两国在此期间保持相对平静，也是因为另一方面的事态，即 1348—1349 年发生的"黑死病"。这是欧洲历史上的一场重大灾难，海峡两边都遭受了巨大的人口损失，经济和社会遭受重创，因此不得不缓和军事行动。[1]

与现代相比，中世纪的战争烈度要低很多。很重要的原因当然是封建主义下的王国并不具备现代国家的战争能力。长期的、强度较高的军事行动很可能耗尽资源，进而导致王国内政的败坏。英法战争开始以后，尽管爱德华在战场上取得了史诗般的胜利，但战争的压力也很快造成了国内治理的问题。首先，边境地区的秩序不易维持，包括威尔士、苏格兰以及因攻击法国而成为前线的东部沿海地区，在战时都需要中央政府的特别关注。其次，地方治理也遇到了困难。为了支持战争，国王不得不向地方派出官员，执行各种战争动员的任务，比

---

[1] 参见〔英〕德斯蒙德·苏厄德：《百年战争简史》，文俊译，四川人民出版社 2017 年版，第 61、66 页。

如招募士兵、采购物资等。这些持有国王委任状的官员,在地方上开展工作时,通常会依赖一批下级甚至是临时性质的胥吏,而这些人很可能并没有官方支付的工资。换句话说,他们必须从自己的工作中获得收益养活自己,如此便很容易导致滥用权力。而民众的逆反情绪一旦形成趋势,就会倾向于集体抵制下乡的官员。于是,一边是民众对官员腐败的投诉,另一边则可能是官员对履职困难的抱怨。同时,国王和重要贵族及官员外出征战,长期不在国内,也很自然地引起地方权贵坐大和专权的问题,这同样会引发民众向国王请求救济。最后,由于国王对兵源的需求,常常以赦免令换取军事服务,降低了部队军兵回乡后的犯罪成本,由此造成犯罪率上升。[①] 这类问题,对进入战争状态的封建王国造成了不小的压力,而这些压力最终则纷纷表现为司法案件。

因此,战争就不仅是对外作战的问题,同时也带来了内政尤其是法律问题。对此,国王也很快安排了有针对性的司法调整措施。例如:若国王的直属封臣战殁,其保有的土地并不复归国王,而是为其继承人作信托保有。[②] 另外,针对地方秩序问题,国王派出了特别委任的官员,负责地方上的"和平"(peace),尤其是国王外出期间的特别司法保障。而这一类的委任状和官员,正是治安法官的起源。[③] 同时,民众向国王要求救济的呼声,也导致了英格兰议会尤其是下院权力的扩张。当然,更显然的原因在于,国王要从事大规模战争活动,自有领地的收入已经不能支撑,不得不通过议会获得金钱资助。为了获得战争经费,也为了回应民众的诉求,国王便通过了相当

[①] See Musson, A. and W. M. Ormrod. *The Evolution of English Justice: Law, Politics and Society in the Fourteenth Century*. Basingstoke: Macmillan, 1999, 78-80.
[②] Ibid., 81.
[③] Ibid., 104 ff.

多的议会立法以满足贵族和民众的要求。因此，我们可以发现，在爱德华三世统治时期，一边是热火朝天的对法战争，而另一边则是频繁的立法活动，立法几乎成为战时国家治理的一种方式。

在这一时期，法律还开始承担另一种特别的功能，那就是作为一种实施国家经济政策的手段。[1] 在"黑死病"爆发之前，英格兰已经遭受了大范围的农业歉收，经济状况不佳。而"黑死病"在短时期内就造成了人口大幅减少（根据近来的研究，死亡比例有可能高达50%）。[2] 由此带来了一系列的社会困境：劳动力短缺、暴力犯罪案件增多，进一步引发民众恐慌，而工资上涨也造成了雇主的担忧。在中世纪王国，并没有现代国家那些专门的经济部门和经济政策，国王事实上通过立法和司法实施经济政策。例如，在"黑死病"发生后，1349年发布了《劳工条例》(Ordinance of Labourers of 1349)，试图把工资水平维持在瘟疫发生之前的水平，而1351年制定的《劳工法》(Statute of Labourers of 1351)则规定了工资的上限。这些法律都需要执行，而且相比以前需要更有力的执行；而当国王不断向地方上派出官员执行法律，也就意味着在不断地塑造一种地方治理的模式。[3]

另外，我们也有必要思考这一时期英格兰议会的发展状况。毕竟，英格兰宪制在14世纪尚未形成牢固的制度，仍然在不断地调整和变动中。在爱德华三世之前和之后，英格兰都曾经陷入王权的动荡。爱德华二世有暴政之名，引起了贵族的反叛，最后遭谋杀。而爱德华三世本人也是随着母亲带来的法国军队一同进入英格兰，事后还

---

[1] See Musson, A. and W. M. Ormrod. *The Evolution of English Justice: Law, Politics and Society in the Fourteenth Century*. Basingstoke: Macmillan, 1999, 91.

[2] 参见[美]约瑟夫·P. 伯恩：《黑死病》，王晨译，上海社会科学院出版社2013年版，第60—64页。

[3] Musson, A. and W. M. Ormrod. *The Evolution of English Justice: Law, Politics and Society in the Fourteenth Century*. Basingstoke: Macmillan, 1999, 95-96.

不得不以伏击的方式推翻权臣莫蒂默，才得以掌握权力。因此，如何通过一些常规的方式协调国王与贵族的关系，本身就是重要的问题。正是在通过议会探索具体操作的过程中，议会机制也随之发展了起来。在1352年的立法中，国王同意收窄了重叛国罪的范围，以此维护与贵族之间的和好关系。① 上文也已提到，爱德华于1354年向莫蒂默家族归还了此前没收的土地，这一点也体现在议会法律文本中。如此，我们也就不难理解，为何爱德华三世时期的议会立法中，常常会插入"《大宪章》及以往的良好法律应一律遵守"这样的表述。② 这类议会立法措施，都在努力塑造一种有秩序且和平的君主-贵族关系。同样，我们也需要注意到，在此背景下，爱德华三世时期的议会，并不是一幅各方势力彼此对立的图景。当时的议会通常表现得相当谦恭，只是向国王提出"请愿"，而国王则乐意给予迅速、具有针对性的回应，这样的关系也同样体现在立法之中。

因此，总体上来看，当1354年的议会立法提到"法律的正当程序"时，英格兰正在一位典型的深孚众望（符合骑士理想）的中世纪国王带领下，努力回应相对极端的政治经济形势（战争与瘟疫），尤其是通过法律机制处理内部治理问题。在这一时期，各阶层都面临重重压力。民众在地方上很可能遭遇各种各样的损害，原因通常是治理不力、权力真空、地方贵族滥用权力、犯罪案件增多、农业歉收、瘟疫等等。民众的压力通过议会机制向国王传达，而国王则倾向于设计和运用一些短期的有明确目标导向的机制来处理地方上的秩序问题。

---

① 25 Ed. III, st. 5, ch. 2 (1352). Luders, A., ed. *The Statutes of the Realm*. London, 1810-1828, vol. 1, 319-320.

② 28 Ed. III, ch. 1 (1354). Luders, A., ed. *The Statutes of the Realm*. London, 1810-1828, vol. 1, 345; 37 Ed. III, ch. 1 (1363). Luders, A., ed. *The Statutes of the Realm*. London, 1810-1828, vol. 1, 378.

在这一时期，国王与贵族的关系也倾向于合作。所以，虽然整个国家的政治和法律体系遭受了相当大的压力，但社会各阶层之间的关系并非简单的对抗和仇视。在如此的上下层互动之中，一些法律机制慢慢发展起来，比如议会的成长、治安法官的出现、巡回审判重启等等。这也表示，在国王和议会的行动议程中，甚至在民众的请愿中，整体的取向不是剧烈的改变和长期的改革，而是相对微小的调整和注重当下具体问题的处理。

我们需要在这个背景之下，再回过头来看这个关于"正当程序"的法条文本。

需要询问的第一个问题，大致还是"立法目的"。也就是说，这个条文是在针对什么情况？或者说，针对谁？

如果我们因为这部立法的第1条提到《大宪章》，就把第3条与《大宪章》直接关联起来，这并不是严谨的做法。因为，上文已经提到，爱德华三世时期的政治形势，与约翰和亨利三世颁布《大宪章》时的背景很不一样。我们比较有把握说，《大宪章》第39条主要是针对国王，因为这份文件的背景是贵族针对国王的政治行动。但1354年的立法并非如此，当时国王与贵族之间并无冲突，而是整个王国需要应对战争和瘟疫带来的严峻局势。这部法律中关于禁止铁器出口、规制地方官员、整顿刑事案件处理方式、鼓励商业等一系列条款也可作为旁证。爱德华三世统治时期，未曾出现约翰甚或亨利三世时期那种贵族与国王互不信任的状况。

在爱德华三世时期的其他立法中，我们发现了一些条文，能够帮助进一步理解这个问题。

第一处是1363年立法的第18条:①

Though that it be contained in the Great Charter, that no Man be taken nor imprisoned, nor put out of his Freehold, without *Process of the Law*; Nevertheless divers People make false Suggestions to the King himself, as well for Malice as otherwise, whereof the King is often grieved, and divers of the Realm put in [Damage,] against the Form of the same Charter; wherefore it is ordained, That all they that make such Suggestions, be sent with the same Suggestions before the Chancellor, Treasurer, and his Grand Council, and that they there find Surety to pursue their Suggestions, and incur the same Pain that the other should have had if he were attainted, in case that this Suggestion be found evil; and that then *Process of the Law* be made against them, without being taken [and] imprisoned against the Form of the said Charter and other Statutes.

虽然《大宪章》规定,未经**法律程序**,任何人不得被逮捕或监禁,也不得被剥夺其自由保有土地;然而,有许多人向国王本人提出了错误的告发,有些是出于恶意,也有出于其他原因,为此,国王经常感到忧伤,王国中的许多人违背了前述宪章的规定,造成了[损害]。有鉴于此,兹规定,凡是提出此类告发的人,都应将同样的告发提交到大法官、财政大臣及大咨议会,他们应提供担保,方可继续提出他们的告发,并在此告发被认定为恶意的情况下,应承担与若遭定罪的对方可能承担的同样的痛

---

① 37 Ed. III, ch. 18 (1363). Luders, A., ed. *The Statutes of the Realm*. London, 1810-1828, vol. 1, 382.

苦；然后，对他们执行**法律程序**，但不得采取违反上述宪章和其他法律的形式实施逮捕[和]监禁。

这个条文出现了多处与 1354 年立法相近的措辞，但此条进一步解释了立法的目的。同样，这一条更明显地体现了"立法回应当下问题"的特色。从内容推测，当时引起立法关注的问题是发生了不实诉讼。在英法战争期间，参与作战的人员往往有相当长的时间离开英格兰。而在这些封建贵族（自由保有土地者）离开时，可能有外来者入侵土地，并通过一定的行政或诉讼程序造成原保有者难以追回土地的局面。为此，这条立法设计了一个救济方式，即在原告提出告发时要求他提供担保，同时也规定了相当严厉的惩罚措施。显然，在这个条文中，国王保持了"正义来源者"的形象，在发现弊端后，会同议会两院着手补正，设定了明确的机制，而议会对此表示赞同，即便从制度角度来看，国王的咨议会又把一点司法权力收入了囊中。

另一个条文是 1368 年立法的第 3 条：①

> At the Request of the Commons by their Petitions put forth in this Parliament, to eschew the Mischiefs and Damages done to divers of his Commons by false Accusers, which oftentimes have made their Accusations more for Revenge and singular Benefit, than for the Profit of the King, or of his People, which accused Persons, some have been taken, and [sometime] caused to come before the King's Council by Writ, and otherwise upon grievous Pain against the Law: It is assented

---

① 42 Ed. III, ch. 3 (1368). Luders, A., ed. *The Statutes of the Realm*. London, 1810-1828, vol. 1, 388.

and accorded, for the good Governance of the Commons, that no Man be put to answer without Presentment before Justices, or Matter of Record, or *by due Process and Writ original*, according to the old Law of the Land: And if any Thing from henceforth be done to the contrary, it shall be void in the Law, and holden for Error.

鉴于下院向议会提交了请愿书，以此提出请求，要求补正虚假指控者造成的诸多伤害和损害，这些人往往是出于复仇以及得利的动机才提出指控，而不是为了国王或者他的子民的好处。而被指控的人，有些遭到逮捕，有时被令状拘传到国王的咨议会，以及遭受了其他违背法律的重大痛苦。有鉴于此，兹同意规定如下：为良善治国之目的，若无依照本土古老法律诉至法官面前的起诉书、法庭记录事项或**依正当程序和起始令状**，任何人均无须答辩指控。自此以后，若发生任何与此规定相反之情形，在法律上均属无效，按错案处理。

如上所述，前一个条文处理的问题是封建地产纠纷，对策是增加了担保的要求，而这个条文看起来则是针对更广泛的民事或刑事诉讼。在同一部法律的最后一条，我们看到了一项更具体的调整，即试图纠正地方上组织巡回法庭审判时，不能及时确定陪审员、让当事人知晓，从而造成审判不公的弊端。具体的做法也是严格规制令状的运用。[①] 而在第3条中，议会要处理的问题也是虚假诉讼的问题。看起来，有不少人因虚假指控被令状拘传到国王的咨议会应诉，造成了各种损害。而立法补正的方式，是强调这类诉讼不得偏离固定的程序。

---

① 42 Ed. III, ch. 11 (1368). Luders, A., ed. *The Statutes of the Realm*. London, 1810-1828, vol. 1, 389-390.

在这里，我们仍然可以发现爱德华三世统治时期普遍发生的治理问题：地方上的不法行为增多，要求中央系统加强管制；国王设计新的治理措施，比如扩大咨议会的司法管辖、重开巡回审判等；但新的治理措施也可能被不法之徒用于实现不良目的，比如提起虚假诉讼，由此造成新的损害；于是，议会向国王提出请愿，国王在咨商后通过立法实施补正措施。

结合以上这些条文来看，我们有理由认为，议会在拟定1354年立法的条文表述时，确实想到了《大宪章》，也采纳了一些相关的表述形式，但背后要处理的问题与13世纪并不一样。我们也有很好的理由认为，1354年立法没有"限制王权"的意图，其立法目的主要是纠正地方治理的弊端。而在此过程中，议会（下院）代表民众，恭顺地向国王提出请求，国王则很乐意地回应议会，提供具体的救济。在此过程中，国王的权力甚至略有扩张。如此，所谓"法律的正当程序"，也不是与国王对抗或者限制国王的某种政治性原则，反而是国王与议会共同认可的用于补正弊端的具体措施。

这样，我们就有必要继续问：这个用来补正地方治理弊端的具体司法措施，是何种性质？

按照1354年立法第3条的规定，重点在于诸如剥夺土地保有、逮捕和监禁、剥夺继承权这类重大制裁措施，必须经过"法律的正当程序"。在上文的探索中，我们已经大致探明，爱德华三世时期若干提到"正当程序"的立法条文，其主要目的往往是国王与议会在合作之下尝试设计一些具体（甚至细小）的机制回应地方治理中的问题。这样，我们也容易理解，在这些法律条文中的"正当程序"，首先不应作为一种普遍原则来理解，而是应当理解为具体的操作。尽管1354年立法的第3条看起来好像是对原则的表述，但在同一部法律的第 10 条,也出现了"正当程序"这个措辞。

并不令人意外,这条法律同样是针对具体的治理弊端。看来,负责治理伦敦城的市长和其他官员工作不力,以至于议会以立法形式要求他们纠正自己在治理中的错误,并规定了高额的罚款,以及由周边各郡派出人员进行查证的监督机制。然后:①

> And if the [Mayors,] Sheriffs, and Aldermen be by such Inquests [thereto assigned,] indicted, they shall be caused to come *by due Process* before the King's Justices, which shall be to the same assigned, out of the said City, before whom they shall have their Answer, as well to the King as to the Party.
>
> 如果在该等[为此指定的]查证中,[市长、]司法官、市政官遭到起诉,则应**通过正当程序**,使之到伦敦城外,在他们应当向其作出答辩的人面前(包括向国王和当事人提出答辩),接受国王法官的审理,法官亦应为指定人员。

在这里,伦敦城的市长及官员遭到相当严厉的问责,他们有可能因自己在行政或司法管理中的错误受到惩罚。换句话说,他们成了被告。不过,在此详细规定了进行这场审判的程序。伦敦城的官员们必须通过"正当程序"被传召到法庭应诉。

法条下文继续规定了这个程序的细节:

> And because that the Sheriffs of London be Parties to this Busi-

---

① 28 Ed. III, ch. 10 (1354). Luders, A., ed. *The Statutes of the Realm*. London, 1810-1828, vol. 1, 346-347.

ness, the Constable of the Tower, or his Lieutenant, shall serve in the Place of the Sheriffs to receive the Writs, as well Originals of the Chancery as Judicials, under the Seal of the Justices, to do thereof Execution in the said City; and *Process* shall be made by Attachment and Distress, and by Exigent, if need be.

鉴于伦敦城的司法官在本案中成为当事人,故应由伦敦塔守备或其副官,代替司法官送达令状,包括文秘署开出的起始令状,以及加盖法官印鉴的司法令状,使之在伦敦城得以执行;并且,**程序**应由拘禁令和财物扣押令执行,如有必要,也可动用催告出庭令。

在这里,我们看到法条文本确实解释了何为"正当程序"。在一个相当具体的司法处境中,遭到起诉的伦敦城官员必须经由令状开始正式的诉讼程序,而令状的种类是有明确规定的。因而,"正当程序"也就是已确立的由令状发起的诉讼程序。

在 1352 年的另一部立法中,我们也可以获得另一个证据:①

Whereas it is contained in the Great Charter of the Franchises of England, that none shall be imprisoned nor put out of his Freehold, nor of his Franchises nor free Custom, unless it be by the Law of the Land; It is accorded assented, and stablished, That from henceforth non shall be taken by Petition or Suggestion made to our Lord the King, or to his Council, unless it be by Indictment or Presentment of

---

① 25 Ed. III, st. 5, ch. 4 (1352). Luders, A., ed. *The Statutes of the Realm*. London, 1810–1828, vol. 1, 321.

good and lawful People of the same neighbourhood where such Deeds be done, *in due Manner*, or *by Process made by Writ original at the Common Law*; nor that none be out of his Franchises, nor of his Freeholds, unless he be duly brought into answer, and forejudged of the same *by the Course of the Law*; and if any thing be done against the same, it shall be redressed and holden for none.

鉴于涉及英格兰之各种特许权的《大宪章》有如此规定，即除非依照本地之法，否则任何人均不应遭到监禁或被剥夺自由保有土地，也不丧失其特许权或自由之习俗，兹规定如下：自此以后，不得以申诉状或告发状将人拘传至我们的国王陛下或其咨议会面前，除非通过事发当地乡邻中良善守法之人，**以正当方式**，提出起诉状或起诉报告，或者**依普通法起始令状之程序**；同时，当事人不得被剥夺特许权或自由保有土地，除非经过适当答辩，或者**依法律程序**被逐出法庭；如有任何违反本法之事，均属无效，并应予以补偿。

在这个法条中，我们同样可以清楚地看到，议会希望纠正的弊端是某些不正当剥夺当事人土地保有或人身自由的情况。而补正的方式是禁止运用申诉状或告发状启动诉讼程序，而必须以普通法的起始令状启动诉讼。显然，其中所谓的"正当的方式"，也就是依照普通法惯常的起始令状程序启动诉讼。在上文所举的几个立法条文中，提到"虚假的诉讼"或"错误的告发"，在这里显示得更清楚：看起来当时有不少人尝试绕开普通法法院和普通法程序，通过某些新方法直接向国王寻求司法救济，而议会的立法试图阻止或限制这样的诉讼方式。

我们有必要略微回溯一下英格兰司法制度在中世纪的发展。事实上，当我们谈论这一时期的"司法制度"时，就有些不符合当时的历史语境。现代国家的制度，往往通过主权性的立法行动创设，先有某个享有主权的代议机构，制定一部宪法，设定行政、立法、司法机关并划分它们的权限，以下再有各种程序法和实体法。但中世纪的情况并非如此，当时并没有如此清晰的政府机构及权限的区分。在理论上，国王享有最高且完整的权力，其中当然包括了维护王国和平，施行正义。而英格兰的各个法院，都是从与国王密切联系的"王廷"（Curia Regis）中逐渐分化而出的。三所普通法法院即普通诉讼法院（Court of Common Pleas）、财政署法院（Court of Exchequer）、王座法院（Court of King's Bench），都是在政府治理的实践中逐渐形成的。相比封建制下的各种庄园法庭和地方法庭，作为中央司法系统的国王法院更有效率。在《大宪章》中，我们甚至看到贵族们也十分欢迎国王的法院和司法，并希望法院进一步固定。当几所普通法法院带着各自的管辖权分离后，国王并非失去司法权，按照中世纪的理论，人民依然可以向正义的源泉国王呼求救济。因此，作为王廷直系后裔的咨议会（Council）也享有司法权（事实上，英国议会也享有司法权，同样是从早期王廷继承而来）。这样，我们就不难理解，如果普通法法院发生效率降低的状况（这在历史上经常发生），或者国王有意愿运用其并不那么清晰的权力提供司法救济，就会导致当事人直接向国王提出诉请，有时甚至间接导致新法院的出现。日后大法官法院和衡平法的发展，背后的原理也在于此。因此，当爱德华三世尝试回应地方治理的需要时，他的咨议会一定会变得更加活跃，也必然发生司法活动。这类司法活动就离开了已经形成固定程式的普通法系统。

到爱德华三世的时候，普通法的程序已经稳固地发展了起来，那就是诉讼程式（forms of action）。一个诉讼须凭借特定的令状启动，各种令状有附随的一套程序，当事人需要非常谨慎地选择令状的种类，选定了令状不可更改，如果出现错误，则可能导致败诉。令状由国王的大法官签发。大法官（Chancellor）本来是国王的文秘长官，负责处理各种政府文书。令状本身的形式是一种政府文书，通常是以国王的名义致信地方官员（郡长），加盖国玺，要求他传召被告到国王的法院应诉。

因此，严格说来，在普通法上，所谓"process"并不是泛指的"程序"，而始终是与特定令状相关联的特定的程序。同样，所谓"due"，指的也就是适当的令状。若是抛开令状，或者误用令状，就不能称为"due process"。事实上，在早期罗马法的发展中，也可以观察到类似的现象，即特定的诉讼需要以特定的程序（包括特定的言辞、动作）来进行，若程序出现错误，有可能导致权利的丧失。按照早期普通法及罗马法的观念，一种严格执行的程序，会对实体权利造成决定性的影响。所以梅因才会说，在早期的普通法，"实体法是在程序法的缝隙中发展起来的"[1]。至于早期的法律为何如此重视程序，尤其是大量采用象征的方式、近乎仪式和"表演"性质的程序，我们有理由认为，这是与当时社会状况相关。在一个并没有权力机构和技术手段确定无疑地登记、查询各种信息的社会中，人们倾向于以严格执行的"表演"建立神圣性，通过象征诉诸共同体久远的记忆和习俗，由此建立权威和服从，同时也通过这些能够给在场众人留下深刻印象的操作来标记权利的变动。[2]

---

[1] 转引自〔英〕梅特兰：《普通法的诉讼形式》，王云霞等译，商务印书馆2009年版，第33—34页。

[2] 参见〔英〕亨利·萨姆纳·梅因：《早期制度史讲义》，冯克利、吴其亮译，复旦大学出版社2012年版，第124—125页。

到这里，我需要作一个小结。

我们在爱德华三世的立法文本中发现了现代人熟悉的"法律的正当程序"这个措辞。但是，回到当时的历史语境，就会发现当时的人们对这个词的理解，基本上等同于普通法上的令状程序。当时所谓的"正当"并不具有某种"普遍权利"意义上的含义(这种含义太"现代"了)。同时，这些立法文本反映了当时英格兰的社会状况和政治运作：一位乐意回应人民具体需要的国王，在面临战争和瘟疫的重大困难时，尽力改善地方上的治理，并且与贵族和民众(议会)一起，通过惯常方式作出细节的和矫正性的调整，并以立法的方式公布。

问题是，如果换成另一种语境，比如近乎"民众反抗国王暴政"的状态，"法律的正当程序"是否因此而具有了新的内容呢？

二、历史语境

这样的语境有一个突出的例子，那就是斯图亚特王朝。

詹姆斯一世在苏格兰治理得很不错，当他南下继承伊丽莎白的王位时，当然不会想到自己开创了一个充满斗争甚至爆发内战的王朝。事后来看，他可能对两方面的情况估计不足。一是经济方面。自15世纪以来的通货膨胀，导致英格兰的经济状况持续低迷。[①] 自有土地产出的收入大幅缩水，加上王室不知节制的花销，令国王的债务在短短几年间迅速膨胀。如此，一旦出现战争的财政需要，国王就不得不尽力满足议会的要求，或者另辟财源。另一方面则是思想观念。即便

[①] 参见[英]阿萨·布里格斯：《英国社会史》，陈叔平等译，商务印书馆2015年版，第168—169页。

新近的研究显示"乡绅崛起"并不意味着土地财产差异构成了内战的主要动力,① 但至少,大量乡绅进入下院,成为议会思想观念的塑造者。同时,伊丽莎白一世运用女王身份和怀柔政策刻意躲避的宗教分歧,到此时也开始不断孕育出冲突性的思想观念。这些隐藏在深处的危机,詹姆斯一世都没有察觉,并且,他带着一种"上帝受膏者"的旧式封建君主心态,异常自信地实践他的神权政治论。由此,社会矛盾不断累积,议会日益不满,国王则继续陷入错误知觉。

1625年,查理一世继位。由于宠信白金汉公爵,他很快犯下了一系列错误:欧陆远征失败,娶法国公主为妻,帮助天主教法国镇压新教徒。议会本来就对他心存疑虑,而所有这些政治决定都加重了不信任感。出于不信任,议会拒绝给予国王充足的拨款。在另一边,议会的这类举动在国王看来显然极为不敬,自然也加重了国王对议会的不信任,最终在没有达成任何共识的情况下解散了议会。双方的不信任如同滚雪球般增长。第二年,国王为了获得军费,不得不再次召开议会。当时欧洲大陆正在三十年战争期间,战况激烈,查理的姐夫普法尔茨选帝侯腓特烈五世在斗争中失败,头衔和土地均遭皇帝剥夺,而查理的舅舅丹麦国王克里斯蒂安四世正作为新教一方的领军者向天主教阵营发动攻击。因此,对查理而言情况紧急,他当然十分渴望得到议会拨款。但议会一旦召集,原先积蓄的不信任就继续喷薄而出,首先提出弹劾白金汉。在此形势下,从国王的角度看,臣子在他面临重大战争需要时,并不尽快拨款,而是攻击他的宠臣,令他颇有受辱之感。于是国王在激愤之下再次解散了议会。②

---

① 参见〔英〕阿萨·布里格斯:《英国社会史》,陈叔平等译,商务印书馆2015年版,第172页。

② 参见〔美〕克莱顿·罗伯茨、戴维·罗伯茨、道格拉斯·R. 比松:《英国史(上册)》,潘兴明等译,商务印书馆2016年版,第394—395页。

第一章　错位的观念　　　　　　　　　　　　　　　　39

查理不能通过议会获得拨款，不得不另外寻找资金来源，他决定征集强制贷款（forced loans）。这倒并不是非法的措施，传统上属于国王专有权（prerogative），先王詹姆斯也曾经动用过。国王向各郡派出专员，按照预先确定的指示评估当地应贷款者的贷款金额，也有还款日期和相关安排。强制贷款的措施并非不成功，在短期内就筹集了267 000英镑，表明各地愿意顺服王权的人并不少。当然，也有一部分乡绅决定采用各种方式进行抵制。有人故意离家，令国王专员无法评估贷款额，有人抗议贷款额度，有人在拒绝支付贷款后逃避抓捕。国王为了控制拒绝贷款的乡绅在地方上发挥影响力，先后监禁了76人。就当时的形势而言，这更多是国王为了收集贷款而采取的临时措施，那些躲避贷款的人通常并未遭到缉捕，而在贷款到手后国王也释放了先前被关押的人。事实上，在这些人中，也只有5人向法院申请人身保护令（Habeas Corpus）。这几位乡绅当然很勇敢，但同时，他们所做的也比较有可能是一种经过了深思熟虑的政治行动。他们希望通过申请人身保护令，把涉及国王专有权的问题提交到王座法院由法官审理。[①] 事实上，我们在庭审记录中，也能发现主审法官对该案的政治背景有清楚的认识。[②]

1627年11月，王座法院开庭审理了该案，即著名的"五骑士案"。可以说，这个案件直接引出了1628年议会的《权利请愿书》（Petition of Right）。而《权利请愿书》的第4条直接重申了爱德华三世

[①] See Kishlansky, Mark. "Tyranny Denied: Charles I, Attorney General Heath, and the Five Knights' Case." *The Historical Journal* 42, no. 1 (1999): 53–83.
[②] 在庭审中，法官反复表示，本案关系重大，所以不能着急裁判，需要双方提供相关依据，法官也需要仔细研究与案情相关的法律和判例。参见 Howell, T. B., ed. *A Complete Collection of State Trials and Proceedings for High Treason and Other Crimes and Misdemeanors from the Earliest Period to the Year 1783*. London: Longman et al., 1816, v. 3, 50–51。

28年的立法中关于"正当程序"的条款。因此，在"五骑士案"中，我们或许能够观察到，在一种并不相同的社会、经济和政治处境中，人们(尤其是法律专业人士)对"法律的正当程序"的理解。

11月3日，因总检察长签发的逮捕令，被关押于弗利特监狱的托马斯·达内尔爵士(Sir Thomas Darnel)由布拉姆斯顿(Bramston)律师代理，向王座法院申请人身保护令，要求典狱长向法庭说明关押的原因，然后由法庭裁决该等监禁是否合法。法庭于11月8日发出令状。监狱方面于11月15日将达内尔移送到王座法院，并就令状的要求作出回复，表示当事人系因"陛下的特别命令予以关押"。

有趣的是，达内尔的律师得知监狱回复的内容后，当庭表示回复中陈述的理由超出了他的预料，并且，当事人提出，向法院提起本案并非其本意。达内尔与律师商议后，尤其是请法庭再次宣读回复之后，要求继续考虑，并在法官询问是否正式登记人身保护令时作了否定回答，事实上也就撤回了申请。因此，所谓的"五骑士案"或"达内尔案"，真正进入庭审辩论的只有四人，而原先领头提出申请的达内尔退出了本案。按照达内尔本人在法庭上的解释，他说："我原本以为自己仅仅是按照总检察长的逮捕令而被关押，基于此，我确实希望获得人身保护令，各位法官也确实签发了；但是，现在我了解到，我是通过另一种措施而被监禁，所以希望有时间考虑。"[①] 我们不清楚达内尔爵士是否接受过法律训练，但从后来庭审的过程和结果来看，他似乎对本案的关键问题有相当敏锐的把握。

11月22日，庭审正式开始。赫文宁汉(John Heveningham)由布

[①] Howell, T. B., ed. *A Complete Collection of State Trials and Proceedings for High Treason and Other Crimes and Misdemeanors from the Earliest Period to the Year 1783*. London: Longman et al., 1816, v. 3, 4.

拉姆斯顿律师代理，厄尔（Walter Earl）由诺伊（William Noye）律师代理，汉普顿（Edmund Hampden）由塞尔登（John Selden）律师代理，科贝特（John Corbet）由凯尔斯罗普（William Calthrop）律师代理。从律师名单我们也可以看出这个诉讼极有可能是反对国王的议员们认真计划好的。因为诺伊和塞尔登当时就是下院中反对国王的领袖，与他们并肩作战的还有国王的老对手爱德华·柯克。塞尔登同时也是非常重要的法律史学者，他的著作在英国宪制史上也发挥了独特的作用。①

布拉姆斯顿首先陈词，代表当事人向法庭提请保释，因此，本案的焦点也就在于"按照（监狱的）这份回复，当事人可否保释"。接着，律师开始阐述理由如下。

首先，质疑监狱的回复，认为这份回复在形式和内容上都存在瑕疵。最大的问题是，它并没有说明当事人被拘捕的理由，而只是笼统地说"按照国王的特别命令"予以关押。

其次，提出了最主要的论辩理由，即当事人的人身自由遭到了损害，"按照本王国的法律，臣民不得无理由被拘禁"，而人身保护令则是唯一可以保护臣民的途径。为此，律师举出了爱德华三世时期的几部立法作为论据，并进一步指出，不说明理由而维持监禁可能导致臣民遭到永久关押，也不能获得救济，尤其是不能得到《大宪章》以及爱德华三世28年立法的保护。

再次，注意到了本方在法律上的一个很大的困难，就是1275年的《威斯敏斯特第一制定法》第15条规定了几种"不得保释"的情形，包括：因杀人案被拘捕者，由国王命令被拘捕者，由国王的法官命令被拘捕者，以及因违反森林法被拘捕者。布拉姆斯顿提出这项规

---

① 参见〔英〕J. G. A. 波考克：《古代宪法与封建法》，翟小波译，译林出版社2014年版，第273—275页。

定不适用于人身保护令。

复次,举出了若干先例,以证明在"由国王命令拘禁"的情形下当事人也可以获得保释。

最后,总结诉请,要求法庭判决当事人从拘禁中释放。①

诺伊律师接着发言,他也向法庭表明,当事人的请求是获得保释。随后,他也指出监狱所作的回复未明示拘捕理由,是一个重大的瑕疵。接着,他引用了《大宪章》第29条,并这样解释:②

> For these words 'per legem terrae', what 'Lex terrae' should be, I will not take upon me to expound, otherwise than I find them to be expounded by acts of parliament; and this is, that they are understood to be the process of the law, sometimes by writ, sometimes by attachment of the persons.

> 至于"本土之法"这几个字的含义,我不是由自己来解释,而是通过议会立法中的文字来解释;那就是,这个措辞被理解为"法律的程序",有时以令状发起,有时以对人的拘押发起。

诺伊略微委婉地向法庭表示,"国王的特殊命令"并不属于恰当的"法律程序"。接着,他也举出了一些制定法和案例作为证据。最后总结诉请,请求法庭判决当事人可以保释,或者直接予以释放。

塞尔登随后出场。他在陈述中同样指出问题是当事人是否可以获得保释,并类似地指责监狱的回复存在形式和内容的瑕疵,甚至表示

---

① See Howell, T. B., ed. *A Complete Collection of State Trials and Proceedings for High Treason and Other Crimes and Misdemeanors from the Earliest Period to the Year 1783*. London: Longman et al., 1816, v.3, 6-11.

② Ibid., 14.

第一章 错位的观念　　43

这份回复无效。接着,他也引用了《大宪章》第 29 条,并以制定法加以解释:①

> The Law saith expressly, 'No freeman shall be imprisoned without due process of the law;' out of the very body of this act of parliament, besides the explanation of other statutes, it appears, 'Nullus liber homo capiatur vel imprisonatur nisi per legem terrae.' do leave the question where it was, if the interpretation of the statute were not. But I think under your lordship's favour, there it must be intended by due course of law, to be either by presentment or by indicment.
>
> 此项法律明确地说"未经法律的正当程序,不得监禁任何自由人";撇开其他制定法不论,正是从这部议会的立法来看,"未依本土之法,任何自由人不受逮捕或监禁"这句话如果不按照这部制定法来解释,其意义就颇成问题。但是,我想,在各位法官大人的赞同之下,这句话的意思一定就是法律的正当过程,要么以起诉报告发起,要么以起诉状发起。

塞尔登如何理解"法律的正当程序"呢?他很快就作了进一步的澄清:

> So that I conceive, my lords, these words, 'per legem terrae,' must be here so interpreted, as in 42 Eliz. The bill is worth observ-

---

① Howell, T. B., ed. *A Complete Collection of State Trials and Proceedings for High Treason and Other Crimes and Misdemeanors from the Earliest Period to the Year 1783*. London: Longman et al., 1816, v. 3, 18.

ing. It reciteth that divers persons without any writ or presentment were cast into prison, &c. that it might be enacted, that it should not be so done hereafter. The answer there is, that as this is an article of the Great Charter, this should be granted. So that it seems the statute is not taken to be an explanation of that of Magna Carta, but the very words of the statute of Magna Carta.

故此我以为，各位大人，"依本土之法"这个措辞在这里必须以伊丽莎白42年的制定法来解释。这个法案值得考察。它提到许多人在没有任何令状或起诉状的情况下就被投入监狱，兹规定，自此以后不得再有如此做法。在那里回答说，因为这是《大宪章》中的一条，因此应当这样规定。所以，看起来这部制定法不应该理解为是对《大宪章》的解释，而就是在引用《大宪章》的原话。

塞尔登一方面把《大宪章》里的"本土之法"等同于"法律的正当程序"，另一方面也引用了制定法，表明所谓"正当程序"，就是以令状或起诉状启动的程序。在总结中，塞尔登呼吁法庭保护当事人的"古老权利"，准许保释。

由此看来，前三位律师的辩论策略大体上一致，主要理由包括：监狱回复存在瑕疵；英格兰臣民享有人身自由，除非经过正当程序，否则不受逮捕；国王的特殊命令不属于正当程序。只是塞尔登的说法更明确和简单一些，将《大宪章》、正当程序与依令状发动诉讼完全等同。而最后，他们的诉请都是希望法庭准许当事人保释。

有趣的地方又在于，最后一位发言的凯尔斯罗普律师在论辩中提出了与之前三位律师很不一样的重点。

第一章 错位的观念

凯尔斯罗普首先同样表示监狱的回复不够充分,但解释的理由不同。他认为,尽管回复的内容说当事人因国王的特别命令而受监禁,但这份文件系由枢密院成员签署,由此,并不能证明当事人之前遭到逮捕是出于国王的特别命令,反而在形式上有理由推断是出于枢密院的命令。随后,凯尔斯罗普列出了许多案例,试图证明自己的观点。①

接着,凯尔斯罗普也同样引用了爱德华三世时期的几部制定法,认为当事人遭到逮捕和监禁并不合法,但接下来的论证也与之前几位律师有所不同。他的论证步骤大致是:②

(1)国王无权以他的命令监禁人,除非有"法律的正当程序"(due process of the law);

(2)有反例证明,国王确实以命令执行了监禁,但方式是加盖国玺的令状(by his writ under the great seal);

(3)有若干制定法规定,在对人诉讼中,拘捕令(capias)即被认为是国王的命令;

(4)所谓"特别的国王命令"应当解释为(拘捕)令状;

(5)本案中,监狱的回复没有说明"特别命令"的性质;

(6)因此,一份没有清楚说明性质的国王命令,是不够充分的,意味着它并不构成令状,也就不是正当程序。

最后,凯尔斯罗普总结的诉请也与之前三位律师不同,他提出的

---

① See Howell, T. B., ed. *A Complete Collection of State Trials and Proceedings for High Treason and Other Crimes and Misdemeanors from the Earliest Period to the Year 1783*. London: Longman et al., 1816, v.3, 19-22.

② Ibid., 23-26.

要求并不是保释，而是请求法庭依照法律判决释放当事人。① 从接下来总检察长的回应以及法官最终的裁判来看，申请人律师论辩重点的差异是有意义的，我将尝试在总结时一并探讨。

四位律师发言完毕，总检察长希斯(Robert Heath)作了简单回应，法官要求律师向法庭提供论辩中提到的制定法和判例，宣布休庭。

11月26日，总检察长针对申请人律师提出的各项理由作了非常详尽的回应，并且他的回应次序分明，总体上按照问题从小到大、论据从弱到强排列。希斯首先处理监狱回复的形式和内容问题。他表示，典狱长恰恰是针对他所收到的令状，作了非常谨慎小心、有针对性的答复，因为法院发出的人身保护令要求他说明当事人被拘禁的理由，他就没有提到起初被捕的原因，这个回复是合法的，也是清晰的。至于内容，即当事人在此情况下可否保释的问题，希斯逐点回应了律师的主张，认为国王有权发出特别命令暂时关押臣民，在这种情况下，按照普通法一贯的先例，是不可以保释的。希斯指出，如果文件说明了理由，并且法院认为属于法律事务，可以管辖，若否，则不可管辖。因为，国王的特别命令，已经超出了法院管辖的法律事务范围，进入了政治事务范畴。②

随后，希斯谈到了制定法(包括《大宪章》和律师引用的其他制定法)。他的论点是，制定法提到"未经正当程序不得监禁、剥夺财产"，是指当事人未经法律程序不得被定罪。国王以特别命令拘禁某人，并不意味着排除法律程序，也不意味着此人已经被定罪。也就是

---

① See Howell, T. B., ed. *A Complete Collection of State Trials and Proceedings for High Treason and Other Crimes and Misdemeanors from the Earliest Period to the Year 1783*. London: Longman et al., 1816, v.3, 29-30.

② Ibid., 32-37.

说，在许多情况下，当事人因为某些原因，以国王特别命令遭到拘捕，未必立即审理，国王也没有长期关押的意图，之后将会进入法律程序，而在此之前，当事人不能被释放。以往有许多案件如此处理，本案的当事人也没有理由立即释放。[1]

接着，希斯提出了两个非常有力的论据。其一是《威斯敏斯特第一制定法》所规定的"不可保释"的情形。实际上，在律师们此前的发言中，我们已经能够看出这一点对申请人一方构成的困扰。希斯举出若干判例，证明在此种情况下拒绝保释的先例。进一步，他引用了《令状登记册》，证明在若干令状中载明了因国王命令被拘押者不得保释。最后，希斯举出了另一个非常有力的论据。就是在伊丽莎白一世34年，普通法法院全体法官的一个意见。当时，有一些法官抱怨，郡长和其他官员无法执行"法律程序"（process of the law），因为执行对象被女王咨议会的命令拘传走了。为此，法官们向大法官提出请求，希望女王改变这一做法。在法官们的论证中，谈到了不可保释的几种情况，其中就包括因女王或其枢密院的命令监禁之人。[2]

希斯并非不知道该案背后的政治问题，他坦率地承认，问题的难点在于国王特权的界限究竟在哪里，但他同时表示，这并不是本案要处理的问题。最后，希斯反驳了律师们提出的一些判例，对案情作了清晰的归纳：按照英格兰法律以及长久以来的惯例，国王可以命令关押臣民；臣民当然可以向法院申请人身保护令，如果对令状的回复说明了关押理由，并且相关事务属于法院管辖范围，法院就可以提走被关押者并进行审理；但若对令状的回复没有说明理由，或者相关事务

---

[1] See Howell, T. B., ed. *A Complete Collection of State Trials and Proceedings for High Treason and Other Crimes and Misdemeanors from the Earliest Period to the Year 1783*. London: Longman et al., 1816, v.3, 38-40.

[2] Ibid., 44.

不属于法院管辖，则法院就不能提走犯人，犯人也不可保释；不过，此时被关押者可以向国王提出请求（petition），要求释放，国王也可以主动发出命令释放之。

法官在同样要求总检察长提供所引用的判例之后宣布休庭。

11月28日，王座法院再次开庭，首席法官海德（Robert Hyde）解释了理由并作了判决。

首先，我们看到法官们对于本案的重要性有清楚的认识，他们意识到这个案件有可能引起政治风波。因此，海德法官在一开始就表明，对于双方引用的制定法，包括《大宪章》、爱德华三世时期的几部制定法以及《威斯敏斯特第一制定法》的具体条文含义，均不作解释。法庭把需要裁判的问题识别为：因国王命令遭到拘禁的人，在命令没有说明拘禁原因的情况下，可否保释？[1]

法庭认为，枢密院大臣代表国王发布命令，即被视为国王本人的命令，形式上并无不当。典狱长回复依国王特别命令拘禁当事人，确实依照令状内容作了答复，也已经足够。法庭进一步指出，律师提出的案例不足以证明其论点。在他们提出的案例中，有的情况是国王的命令注明了理由，法院就着手处理，释放了当事人；有的情况是国王命令未注明理由，法院就不作处理，当事人依然收监；在国王命令未注明理由的情况下，也有当事人被释放，但同样是依据国王或枢密院的命令予以释放。[2]

法官非常仔细地逐一分析了律师提供的案例，最终得出的结论是：申请人律师的主张缺乏先例支持。首席法官海德说："所有的先

---

[1] See Howell, T. B., ed. *A Complete Collection of State Trials and Proceedings for High Treason and Other Crimes and Misdemeanors from the Earliest Period to the Year 1783*. London: Longman et al., 1816, v. 3, 51.

[2] Ibid., 53.

例都与你方的主张相悖，而在本案中唯一被提出作为理由的也就是先例，那么，我们据以裁判的标准是什么呢？如果[回复]没有说明拘禁的原因，就必须推定为属于国家事务(matter of state)，我们就不能处理；你们看到了，我们没有找到哪怕一例，在类似情况下当事人被保释的，凡是释放的，都是经由国王之手或依从他的指示。……我们可以向你们展示支持对方观点的先例；我相信为此目的可以引用的先例可能会有 500 个。"① 接着，法官提供了他们找到的先例，向申请人律师作了解释。

最后，法官总结道："我们相信他[国王]在重大事务上的判断，并且，他受到法律的约束，他命令我们依法处理(proceed by law)，我们也宣誓要如此行，国王也是如此。……如果依照正义我们应当释放你们，我们会如此行；但是根据我们看到的理由，以及那些案例记录、先例和判决，我们不能释放你们，而只能将你们交回拘押。"②

现在，我需要对"五骑士案"作一个小结。

与爱德华三世时期相比，查理一世治下的君臣关系显然恶劣了许多。国王与臣民之间的不信任感与日俱增，双方的关系在互相猜疑和不友好的举动中日益恶化。"五骑士案"的直接起因是国王征收强制贷款，这个措施本身在政治上并非出轨，国王确实有如此特权，尤其是在面临战争的情况下。而遭到监禁的五位绅士，有很大的可能早就做好了准备，这是一个设计好的政治策略，为的是把国王特权范围的问题凸显出来，可以在法庭上辩论一番。

---

① Howell, T. B., ed. *A Complete Collection of State Trials and Proceedings for High Treason and Other Crimes and Misdemeanors from the Earliest Period to the Year 1783*. London: Longman et al., 1816, v. 3, 57.

② Ibid., 59.

不过，到 17 世纪时，英国普通法已经发展得相当成熟，一旦开庭，首先需要仔细考量的是法律上的技术问题。法官们显然对案件可能导致的政治后果有清楚的知觉，因此，他们的处置方式实际上是尽量把法律的技术细节做实。国王方面的法律专家显然也做足了准备。当法院向监狱长发出人身保护令时，首先，国王并未直接阻止（发出令状需要国王的大法官盖印，若国王意图强行阻挠令状发出，至少可以指示大法官拖延）；其次，在提交回复时，有意注明"依照国王特别命令关押"，这实际上是深思熟虑后采取的法律步骤。所以，这很有可能也是为什么领头起诉的达内尔爵士在听到回复的内容后表现得相当意外，并且在考虑之后事实上撤回了申请。我们有很好的理由推测，达内尔或者他的律师知道，如果国王不说明关押理由，他们在法庭上很难占据上风。同样，这也是为什么，最后发表意见的凯尔斯罗普律师采用了与其他三位律师截然不同的法律策略。他把重点完全放在试图否认令状回复乃是由"国王的命令"作出的，为此他提出了一些其实并不那么牢靠的理由，但换句话说，提出这些理由却是他认为若非如此必定败诉的策略。或者，也有可能，几位申请人的律师作了分工，采用不同的法律策略。

无论如何，从本案的庭审情况、最终裁决以及律师、总检察长和法官在庭上的表现来看，所有这些法律职业者对本案法律问题的认识基本上是一致的。尽管双方努力为自己的立场论辩，但对于论辩的方式、论据的评估标准和强弱享有共识。因此，法官在明知本案政治重要性的情况下，最终通过法律论证和推理，作出了按照当时的法律确实能够成立的裁决。

当然，我们也可以说，双方是在法庭上，以法律专业的技术性方式进行了一场政治博弈。但是，至少大家能够对这场博弈所依据的规则有共同的认识。在当时的政治处境下,"五骑士案"的判决引起了一场风波,但从事后看来,法庭的裁决在法律上还是站得住脚的。

有趣之处在于,当我们就本项研究的目的仔细检视法庭记录,会发现双方对所谓"法律的正当程序"并没有很大的分歧,甚至并没有以此为论辩的焦点。无论是律师、总检察长还是法官,都把"法律的正当程序"基本等同于普通法的令状程序。他们最终一致认同的案件焦点,也是一个十分细小的技术性问题。按照法官的裁决,国王关押了这几位绅士,并没有违反普通法的程序。申请人的律师经过努力未能证明本方论点更占优势。因此,这个技术性的"正当程序"观念与我们在爱德华三世时期制定法的文本中所看到的基本一致。

当然,在本案进行的过程中,我们也可以观察到一些变化。最大的变化在于,申请人的律师越来越多地把"正当程序"与《大宪章》相联系。尤其是塞尔登,甚至在陈词中引用了编年史(不过,他遭到了总检察长的无情驳斥,被指出史书在法庭论辩中并不构成论据)。我们可以隐约地看出,一种与历史叙事相关联、倾向于"普遍权利"观念或意识形态的论辩开始出现了。在这种观念下,"正当程序"就不仅仅是普通法上的技术词汇,而转变成了一种相对激进的政治观念。当臣民诉诸此种观念时,想要获得的并不是一个普通法上的技术性处理,而是国王的政治承诺。或者,更明确一些,是在要求国王放弃某些原本一直享有的特权(专有权)。

无论如何,这是两种很不一样的观念。在法庭上,人们未必立刻意识到两种观念之间存在错位。但错位带来的进一步冲突迟早会把二者的重大差异凸显出来。

三、小结

在上文的探索中，我们发现了一些颇为有趣的现象。从"五骑士案"和李尔本案的庭审记录来看，英格兰的职业法律人对于"法律的正当程序"保持着相当稳定的理解。不可否认，自《大宪章》以降，无论从制定法文本，还是庭审记录所表现法律人的共识来看，确实有一个被职业共同体接受的"法律的正当程序"概念。不过，这个观念并没有脱出英格兰法律的整体发展。或者，换句话说，如果我们同意，《大宪章》在颁布之初具有某种不同寻常的性质——这一点从逼迫国王签字的贵族设置难以执行的二十五人监督委员会，教宗英诺森三世对此文件表示出的愤怒，以及亨利三世再次颁行时对条文所作的修改，都不难看出。但是，在此后的历史发展中，英格兰法律表现出了一种"将非同寻常的事物融入寻常轨道"的能力。在爱德华三世的制定法文本中，我们就能够看到，一方面，"正当程序"构成了一种国王向臣民保证良善治理的表达；另一方面，"正当程序"在具体的法律技术上也被纳入正在不断巩固的令状系统，而后者正是职业法律人保持司法日常运作的基础。通过职业法律人实现某种精细的技术性治理，又是中世纪英格兰国家治理的特征之一。

在寻常的印象中，"五骑士案"似乎是斯图亚特君主暴政和法庭不公的一个例子。然而，当我们考察庭审记录，却可以发现一种以琐碎的技术性话语支撑起来的冷静气氛。我们看到，包括主持庭审的法官、作为国王代理人的总检察长以及当事人的律师（甚至可能包括首先提出申请的达内尔本人），都对案件的性质有相当清醒的认识。法官不止一次表示，他们很清楚本案可能引发的重大政治后果，为此特别谨慎小心地进行处置。

我们当然不能否认国王的律师和法官带有倾向性,在那个时候,他们的身份是忠于国王的官员。他们也很可能为了帮助国王赢得诉讼,或者赢得一个在政治上有利的结果动足了脑筋。但是,他们所做的,同样也是在当时的法律框架和规则内所允许的操作。

从事件的进程看,提起申请的当事人本来也是有意为之,希望在王座法庭公开辩论国王特权的界限之类的宪制问题。而在另一边,很可能,总检察长希斯为国王设计了最有利的法律方案:第一步同意法院发出人身保护令,第二步则指示弗利特监狱的典狱长作出不说明理由,只表示服从国王命令的答复。这样一个策略,按照当时的法律,事实上是难以攻破的。我们可以设想,达内尔等人已经做好了一套法庭策略,但国王一方的策略很可能令他感到意外,并且意识到了法律技术上的困难,遂放弃了诉讼。可以作为旁证的是,凯尔斯罗普律师在法庭辩论中表现出的策略,在法律上已经是最有力的攻击方式,但仍然未能奏效。

在整个庭审过程中,法官、国王的律师、当事人的律师,都在当时英格兰法律的范围内辩论和说理。尤其是,他们基本上都认同,"法律的正当程序"应当在令状系统的范畴内加以理解。因此,在这个具体问题上,法庭的参与者在情绪上没有表现出敌意。或许,塞尔登在其中略微显得有些不同,这位下院议员和法律史理论家暗示了某种"权利"的可能。但他在法庭辩论中引用编年史的做法被对方很轻易地驳回了。不过,尽管国王的法官和律师做成了一个在法律技术上靠得住的裁定,却并没有避免重大的政治后果。而此案裁判后,在议会引起了很大的风波,大部分人并不理会法律上的细节,把矛头指向国王,也表现出强烈的敌意。到这个时候,我们已经能够发现,出现了一种相当激进的政治观念，令"正当程序"脱出惯常的普通法技术范畴，进而成为某种权利话语。

而到了李尔本案，我们看到的是权利话语和敌意的进一步发展，以及李尔本这样深受激进观念影响的被告日益脱离法庭技术控制的场景。与其说李尔本自学了英国法，不如说他自学的是柯克和塞尔登用普通法词汇构建的权利观。因此，尽管当我们检视李尔本案庭审记录时，可以看到法官们很努力地尝试保持法律人的职业操作和技术性标准，在法庭上维持礼仪、给予李尔本发言的机会、向他解释法律规则，但是，他们面对李尔本日益脱离普通法技术规范的热情辩论和群众的欢呼显得手足无措。

也就是说，到了李尔本这里，职业法律人与部分臣民（以清教徒为突出的代表）在涉及"法律的正当程序"的观念上发生了相当严重的错位，以至于彼此难以理解和对话。李尔本表现出的对"暴政"的深深忧虑，尤其因"暴政下的司法不公"产生的针对政府的敌对情绪，在大众中引起了很大的共鸣。而且，这种情绪在表达的过程中也显著地攀附英国普通法。那么，我们不禁要问，这样的观念错位和敌对情绪，有没有可以追溯的来源？尤其是，为何这些内容与普通法关联在一起，但是看起来却并没有立即获得英格兰职业法律人的同意？

这是下一章探索的主题。

第二章
激进观念的来源：关于教会审判的论辩

在上一章中，通过观察李尔本案和"五骑士案"的庭审过程，尤其是注意到参与者在法庭论辩中的情绪变化，我们发现，在这一时期，对于"法律的正当程序"逐渐开始产生不同的观念。原来那种强调普通法技术细节的理解，开始与一种代表了激进政治观念的理解发生错位的冲突。而这种观念上的错位也是论辩中导致职业法律人出现沮丧情绪的主要原因。

从属于某种激进政治思想的"正当程序"观念可能有两方面的来源。一方面，来自一些法律学者的理论论述。比如李尔本在法庭中反复引用的爱德华·柯克，还有在"五骑士案"中以编年史为论据的约翰·塞尔登。另一方面，则是大众的情绪。李尔本和五骑士都受到了群众的支持，他们所代表的观念显然在当时与大众有更强的共鸣，职业法律人的正当程序观则并不为大众熟悉和接受。同样，很合理的观察是，一种司法原则或制度，要形成具有实效的司法实践，通常并不是先发生在立法领域，而是在更为广泛的思想观念形成之后，才有条件付诸实践。

因此，在此处，我希望首先探寻大众情绪的线索。我们无法忽视，在17世纪的政治性审判背后，有强烈的宗教动因。英国内战与宗教改革有非常强烈的联系。因此，我们并不难找到，在英国宗教改革时期，大众在司法问题上的情绪变化。有一种针对"司法不公"，特别是不仅针对个案结果而且针对审判形式的大众观念，首先出现在关于教会审判形式的论辩之中。有趣的是，关于这一点的论辩恰恰是普通法法学家发起的。

在 16 世纪 30 年代，两位法律专家就教会审判形式的正当性问题发生了一场辩论。这是本章希望进一步探索的内容。

一、莫尔与圣杰曼

宗教改革时期，欧洲论战成风，学者们在神学、政治、法学等领域不断展开论辩。事实上，作为宗教改革发动标志的《九十五条论纲》就是马丁·路德提出的一份辩论题清单。大学兴起和文艺复兴以来积累的学术资源，再加上印刷机发明后机印书的大规模生产和传播，一时间令学者们的论战呈现为一种爆发式的景象。

在英格兰，情况也是如此。到 16 世纪，伦敦的书籍市场已经非常发达。[①] 新教改革爆发后，宣传新教观点的书籍从大陆不断输入，教会屡禁不止。同时，像丁道尔(William Tyndale)这样的英国新教人士，也转移到海峡对岸，以佛兰德斯和尼德兰为写作和刊印书籍的基地。而在英国本土，论战也进行得如火如荼。在为数众多的论战中，有一场交锋在宪制和法律方面具有特别的意义，即 16 世纪 30 年代托马斯·莫尔与克里斯托弗·圣杰曼的交锋。

托马斯·莫尔(Sir Thomas More, 1478—1535)，早年在牛津大学接受人文主义教育，与伊拉斯谟过从甚密，所著《乌托邦》在当时欧

---

① Hellinga, Lotte, and J. B. Trapp, eds. *The Cambridge History of the Book in Britain*, Vol. III, *1400-1557*. Cambridge: Cambridge University Press, 1999, 139 140.

洲的人文主义圈子享有盛誉,是当时英国最著名的人文主义学者。莫尔的父亲是一位成功的律师,后来担任王室法院法官。托马斯·莫尔也进入律师会馆学习,成为律师,并且业务相当成功。莫尔年轻时在坎特伯雷大主教兼王国大法官约翰·莫顿(John Morton)家中服侍,后来进入宫廷,在亨利七世统治时期担任过议会议员、伦敦市政官员、枢密院成员。亨利八世继位后,与莫尔的关系非常亲密。莫尔曾承担各种外交任务,也为国王从事秘书工作,1523年被选为下院议长,1525年担任兰开斯特公爵领地大法官(Lord Chancellor of the Duchy of Lancaster)。1529年托马斯·沃尔西下台,亨利八世考虑再三,任命莫尔为大法官(Lord Chancellor)。1532年5月,在改教风潮中,坚守天主教的莫尔辞去了大法官职务。[1]

克里斯托弗·圣杰曼(Christopher St. German, 1460—1541)出身并不显赫,早年的生平很难考证。按照与他同时代的传记作者的说法,加上一些间接的资料,可以基本确定他属于乡绅阶层。他年轻时的求学经历不可考,从后来所获的"博学"名声看,可能不仅学习法律,而且积淀了相当的人文知识。与当时许多乡绅子弟一样,他走上了法律职业的道路。到16世纪初的时候,记录表明他是中殿律师会馆的资深成员。圣杰曼显然有律师执业资格,但史家没有找到关于他执业情况的资料。他很可能于1511年从中殿退休,彼时已经年过五十。退休之后,圣杰曼曾经担任律师会馆的讲师(reader),参与过王国制定法摘要的编纂工作,并且作为特别顾问参与了亨利七世的咨

---

[1] 关于托马斯·莫尔的生平,可参见 Chambers, R. W. *Thomas More*. London: Jonathan Cape, 1938; Marius, Richard. *Thomas More: A Biography*. New York: Knopf, 1984; Guy, J. A. *Thomas More*. London: Arnold, 2000; Guy, J. A. *The Public Career of Sir Thomas More*. Brighton: Harvester, 1980。

议会。① 此外，他专心著述。1523 年，他出版了一部《神学博士与英国法学生的对话》。这部著作很快流行开来，重印数次；1530 年第二部《对话》出版，1531 年又出版了一部《新补篇》。在《对话》第一部中，圣杰曼论述了"衡平"（equity）及其与王国法律的关系，他也由此被认为对衡平法的理论化作出了贡献。圣杰曼的《对话》也是当时律师会馆流行的普通法教材，作者后来被认为是普通法法学发展史上的重要一环。

1529 年 8 月，亨利八世召集议会，启动了英国的改教进程。国王招揽各领域的学者为己所用。圣杰曼在普通法上的造诣，也直接运用于支持国王的事业。他在《新补篇》中极力论证"王在议会"的主权，这一时期他的著作均由皇家印书人（King's Printer）出版，显然加入了国王的顾问团队。到 1531 年，圣杰曼甚至直接参与了议会法案的起草工作。

1532 年年底，圣杰曼出版了一部《论属灵界与世俗界之分裂》（*A Treatise concerning the Division between the Spiritualty and Temporalty*），其中对教会的司法提出了批评。1533 年春，已经辞去公职的莫尔出版了《申辩》（*Apology*），回应圣杰曼，为教会辩护。1533 年夏末，圣杰曼出版了《撒冷与拜占士》（*Salem and Bizance*），作为对莫尔前书的回

---

① 关于克里斯托弗·圣杰曼的生平，可参见 Saint German, Christopher. *St. German's Doctor and Student*. Edited by T. F. T. Plucknett and J. L. Barton. London: Selden Society, 1974, xi-xiv; More, St. Thomas. *The Yale Edition of the Complete Works of St. Thomas More*, Vol. 9, *The Apology*. Edited by J. B. Trapp. New Haven & London: Yale University Press, 1979, xli-xliii; Guy, J. A. *Christopher St German on Chancery and Statute*. London: Selden Society, 1985, 3-55; 以及 More, St. Thomas. *The Yale Edition of the Complete Works of St. Thomas More*, Vol. 10, *The Debellation of Salem and Bizance*. Edited by John Guy, Ralph Keen, Clarence H. Miller and Ruth Mcgugan. New Haven & London: Yale University Press, 1987, 393-418。

应，并进一步批评教会司法程序。两人的论战继续升级。莫尔很快在秋天就出版了《驳〈撒冷与拜占士〉》，继续驳斥圣杰曼的观点。圣杰曼在 1534 年出版两本小册子，继续阐发自己的观点。但莫尔很快因拒绝按照议会新近通过的《王位继承法》宣誓而被捕入狱，无法再作回应。[1]

莫尔与圣杰曼都是当时英国最优秀的学者，两人都学识渊博，受过人文主义教育，也精通普通法。因此，他们就教会司法展开的论战，能够作为我们分析和理解相关问题合适的切入点。

二、圣杰曼对教会司法的批评

1532 年，皇家印书人出版了一部小册子《论属灵界与世俗界之分裂》。该书虽然是匿名出版，但根据其中的法律论证以及后来作者与莫尔在论战中的表现，可以确定作者是克里斯托弗·圣杰曼。[2]

该书共有 26 章。在短小的"引言"部分，作者解释写作目的是"揭示属灵界和世俗界发生分裂的各种原因，并提出如何使双方恢复和好的方法"[3]。首尾两章分别是概论和总结，中间的主体部分则分别论述了作者认为存在的若干问题。

开篇，作者在哀叹中描绘了国家当前的悲惨状态，以往的和平安宁不再，各种分裂和纷争大行其道，不仅世俗人士之中争吵不断，属

---

[1] 关于这场论战的概述，可参见 Guy, J. A. "Thomas More and Christopher St. German: The Battle of the Books." *Moreana* XXI 83-84 (Nov. 1984): 5-25。

[2] See More, St. Thomas. *The Yale Edition of the Complete Works of St. Thomas More*, Vol. 9, *The Apology*. Edited by J. B. Trapp. New Haven & London: Yale University Press, 1979, xlvii.

[3] Ibid., 177.

灵人士之间也爆发矛盾。接着,作者指出,国家内部分裂的部分原因在于教士们的骄傲,他们鄙视其他等级,对他人恶言相向;而与此同时,世俗人士则对教士的权力(包括司法管辖权)提出了挑战,由此造成了属灵界与世俗界之间的"巨大分裂"。

接着,作者提到教士们贪爱此世的虚荣和物质享受,僭取上帝的荣耀,通过各种方式(例如安魂弥撒、朝圣、赎罪券等)为教会积聚了大量财富。于是,有人对此提出异议,认为教士不应该享受此世的财富,甚至不应占有任何财产;并对赎罪券、炼狱、朝圣等问题提出疑问,要求进行改革,双方由此发生分裂。作者进一步表示,民众对于教士们的压迫十分不满,而教士一方却拒绝改正,因此民众对教士产生了极大的恶感,认为教士们出于恶意苦待人民。尤其是教会刑法,对民众造成的损害尤甚。面对民众的呼吁,属灵界方面却无动于衷,傲慢地认为自己的一切权力直接来源于上帝,拒绝听取意见,也拒绝改革,依旧我行我素。在此情况下,民众的态度也不可能改变,双方的分裂和对立无法化解。[1]

在第 2—15 章中,作者进一步举出了造成王国内部重大"分裂"的原因。事实上,他主要是在"教会法制"的名下对教士们发起了攻击。

在第 2 章中,作者"回忆起以前教会为属灵人士的良好秩序制定的许多优良法律",并一一列举,诸如严格的授职条件、不得乱收费、不得贪恋世俗、勤勉任职、常常学习《圣经》、认真巡察教区等等,最后引用让·热尔松对教会的种种批评。在第 3 章中,作者指责

---

[1] See More, St. Thomas. *The Yale Edition of the Complete Works of St. Thomas More*, Vol. 9, *The Apology*. Edited by J. B. Trapp. New Haven & London: Yale University Press, 1979, 178-180.

教会有诸多立法,其作用只是供教士压制世俗人士,由此引发双方互相攻讦,应设法阻止此种不利于合一的状况。第 4 章简单地提出教会刑法的不公,世俗人士伤害教士将承受严厉的制裁。第 5、6 章继续指出教会法制遭到教士的败坏,以及教士普遍的生活堕落,并要求进行"改革"。①

这部著作的第 7、8 章后来成为双方论争的中心,即关于教会法庭的刑事诉讼程序。作者将矛头对准教会法庭处理异端案件时经常使用的"依职权"(ex officio)程序,提出若干项"导致民众认为教会法官存有极大恶意和偏向"的做法。尤其是,被告在不知道何人提出指控的情况下进入诉讼程序,于是不得不在法官的主导下尽力洗清自己的嫌疑。另外,在异端案件中,教会法庭允许可信度有瑕疵的证人指控异端嫌疑人。作者认为这是"一项危险的法律",很可能引起虚假指控。因而,这是一项"无法充分证明为合理的法律"。作者提出的解决方案是求助于王室法庭,并公开指控者的身份。另外,鉴于教会法庭的程序与法官个人的裁量密切相关,可能引起民众怀疑教士在遭到指责的情况下,就以异端程序制裁那些提出异议者,比方有人要求教会改革,即以此法治之。在第 7 章最后,作者认为需要通过"国王陛下和他的议会"对教会法的这类程序进行改革。②

在第 8 章,作者首先提出一个论点,即"无知的错误不构成异端",进而指责教士常常倾向于追求嫌犯被定罪,不仔细查验或考虑被告可能是出于单纯的无知或一时冲动说了某些话。作者在这一章后半部分重申应当由王室法院依照议会制定的法律处理逮捕异端的事

---

① See More, St. Thomas. *The Yale Edition of the Complete Works of St. Thomas More*, Vol. 9, *The Apology*. Edited by J. B. Trapp. New Haven & London: Yale University Press, 1979, 181-188.

② Ibid., 188-191.

务,且必须有确实的证据。①

在第 10 章和第 11 章,作者表示民众对教会的感受是饱受压迫,为此继续呼吁教会改革。而教士的敛财行为尤其令人愤怒。

作者在第 12 章又提出了一个极其重要的问题,即教会的诸多立法存在越权的情况,与国法相悖(agaynste the lawe of the realme)。② 作者列举了继承和什一税方面的例子,又引出教士不受世俗法庭传召的问题。对于教士不受国王法庭的管辖,作者表现出了相当大的愤怒,认为这一点亟须改革。最后,作者回到立法,认为教会的许多立法与国家法律相悖,是严重的越权行为。③

在第 13—15 章,作者指出教士履职和生活中的问题,包括对教区的巡察不力、滥发特许、耽于享受等等。最后,作者在第 16 章作了总结。

总体而言,这本书的篇幅不大,以教会法制为主要切入点,但涉及了教会治理的各个方面,尤其是教士的生活。作者表示,王国目前呈现出一种教士与民众之间的分裂对立状态,这种情况是十分危险的。而解决之道,是需要对教会作大幅度的改革,尤其是对教会法制的改革。

在这本书中,第 1 章概述了"分裂"的状况及其形成的总体原因,结尾时将矛头指向教士;最后一章则以宗教劝谕式的措辞表达消除分裂的主要途径在于教会和教士的改革。在主体部分的第 14 章中,作者提示了教士们存在诸多问题,并将关注点放在了教会的法制上。

---

① See More, St. Thomas. *The Yale Edition of the Complete Works of St. Thomas More*, Vol. 9, *The Apology*. Edited by J. B. Trapp. New Haven & London: Yale University Press, 1979, 192-193.

② Ibid., 197.

③ Ibid., 202-203.

第二章　激进观念的来源：关于教会审判的论辩

这些章节长短不一，有的只有寥寥数行，讨论的问题也不是同等重要。无论从篇幅还是从所涉问题的性质看，其中最重要的部分，应该是第 12 章。

在这一章，作者直截了当地指出，教会有许多法律是越权的，违反了国法。接着，他举出了几个例子，比如关于妇女遗嘱的法律、木材征收什一税的法律、遗嘱执行人收取费用的法律。① 然后，他转向更重大的问题，即涉及教士的刑事案件不能由世俗法院处理。教会方面的理由是：教士受世俗人士的审判违反神法。对此，作者予以否认，认为教士的此项特权乃是虚假的。随后，作者貌似后退半步，指出教会方面还有另一个理由，即认为教士刑事案件不受世俗法庭管辖的特权或许并非由神法直接规定，但却来自"古老的习惯"。对于这个说法，作者指出，在英格兰并没有这样一个习惯，一切犯叛逆罪的人，哪怕是教士，也要接受国王法律的制裁，并举出爱德华三世时期的相关法律为证。②

由此，就产生了一个非常重大的问题：教会法与普通法的关系。尤其是，当涉及叛逆和重罪这些重大的刑事案件时，教会法可否排除普通法的适用？作者提出的论证是，哪怕存在这样一种习惯，但是，鉴于国王加冕誓词中承诺"维护王国的一切和平"，因此，违反"国王和平"的习惯就是邪恶的，均属无效：

> 他可以依照他的王国的法律和习惯，惩罚那些破坏他的和平的人。并且，他所有的属灵和世俗贵族，都有义务协助他，因为

---

① See More, St. Thomas. *The Yale Edition of the Complete Works of St. Thomas More*, Vol. 9, *The Apology*. Edited by J. B. Trapp. New Haven & London: Yale University Press, 1979, 198.
② Ibid., 199.

他乃是他们的君尊之主(soueraigne lorde)。并且,由于谋杀和重罪特别破坏了国王的和平(the kynges peace),因此,如前所述,该等习惯带来的后果表明,这种习惯有悖于他的和平。因此,看起来,他就有权在他的议会之中(in his parlyamente)打破该习惯,因其危害了他的和平以及人民的安宁(quyetenes of his people)。①

随后,作者又提供了一些实践上的理由,指出教士犯罪受国王法庭管辖,并不会伤害好教士,无非只是惩罚那些邪恶的教士,如此便可消除属灵界与世俗界之间的分裂。最后,作者又重申,教会的立法有许多是越权的,这些法律正是造成分裂状态的重要原因之一。

不难发现,《分裂》对教会法制的攻击,在第12章达到了顶峰。作者从涉及教士的刑事案件不受世俗法庭管辖出发,首先否定此项教会法的神法根据,随后以国王加冕誓词这一具有"根本法"性质的规则压倒"习惯",并以国王的议会为废止该"习惯"的实践手段。

因此,这里对教会法制的攻击,就不仅仅停留在抱怨教士们个别或普遍的滥用权力、不尽职或者生活不够圣洁,而是指向了整个教会的法权。作者不仅将造成教俗分裂的责任放在教会一边,还设定了国王和他的议会为统摄教俗两界的权力机构。相比其他章节对教士的批评,这一章关于教会立法权的论述构成了最大的威胁,甚至超过第7、8章对教会刑事案件审理程序的批评。

总体而言,《分裂》虽然篇幅不大,但其中蕴含着对教会相当严厉的攻击,特别是对教会法权的攻击。在中世纪,教会之所以能够在民众生活中发挥很大的实际控制力,与教会法和教会的司法活动密不

---

① More, St. Thomas. *The Yale Edition of the Complete Works of St. Thomas More*, Vol. 9, *The Apology*. Edited by J. B. Trapp. New Haven & London: Yale University Press, 1979, 202.

可分。正是通过教会的立法和司法活动，教会才深入民众的生活。在中世纪英格兰，世俗的普通法与教会法、国王法院与教会法院之间长期存在矛盾，双方在长期斗争中划定了一些"边界"，这些边界往往通过立法和司法活动加以固化。看起来，圣杰曼作为一名普通法法学家，在英格兰的宗教改革气氛越来越浓烈的时候，以他的法学论证，试图突破一些教会法与普通法之间长期以来的边界，而在此方面的突破则必定影响整个国家的宪制架构。

不过，另一方面，当时正处于议会对教会发起攻击的高峰期。"改教议会"通过各种手段试图限制教会原有的特权，国王则操纵议会寻求离婚另娶，教会无依无靠，只能节节败退。在这一时期，攻击教会的印刷品非常多。圣杰曼作为当时著名的普通法法律家，很可能参与了大量的议会工作，并且与国王组建的私人顾问圈子走得很近。他撰写出版这样一本从法律角度攻击教会的作品顺理成章，但是，他未见得设想过一场与莫尔之间的论战。论战的爆发，总是由第一个提出批判的人引起的，那就是《申辩》的作者莫尔。

三、莫尔的辩解

莫尔的《申辩》出版于1533年春，全书共50章，篇幅大大超越《分裂》的规模。该书的结构也令人颇感疑惑，前13章与《分裂》基本无关，而是主要驳斥新教人士丁道尔的观点，第14—39章则极为详细地回应了《分裂》第1章的内容，最后在第40—49章专门回应了《分裂》第7、8章关于教会异端案件审理程序的论述，第50章是结论。

莫尔于1532年5月16日辞去大法官职务，他选择的这个时机清楚地表达了他辞职的原因。5月14日,改教议会第三期会议闭会,15日,与议会同期召开的教士大会(convocation)在压力之下同意放弃教会立法权,莫尔遂于次日辞职。由此可见,莫尔担任公职的目的,很大部分在于维护教会,当这个目的无法达成时,他就认为担任大法官对自己而言就没有太大意义了。①

另外,自新教之风愈演愈烈,逐渐侵入英国之后,莫尔就付出了大量精力投入与新教人士的论战之中。在1531—1533年,他与丁道尔之间的论战是两派重要学者之间的正面交锋。在《申辩》出版之前,莫尔正在与丁道尔大打笔仗。丁道尔在1525—1526年出版了他的《圣经》英译本,莫尔于1529年出版《关于异端的对话》(Dialogue concerning Heresies),严厉指责丁道尔的《圣经》译本采纳的就是路德的教义。1531年丁道尔以《答莫尔〈对话〉》(Answer to More's Dialogue)回应,莫尔在1532年上半年出版《驳丁道尔〈答复〉》(Confutation of Tyndale's Answer)第一卷,1533年继续出版了第二卷。②

所以,莫尔与圣杰曼的论战和他跟丁道尔的论战实际上在同时进行。如此,我们便可以理解莫尔在《申辩》第一部分中的展开方式。在第1章中,莫尔解释写作目的,在一番谦辞之后表示,在与丁道尔论战中受到一些批评,有必要加以回应。莫尔列出了若干项对他的批评,其中有一项是,有人认为他的论辩方式不够温和,显得缺乏爱

---

① See Guy, J. A. *The Public Career of Sir Thomas More*. Brighton: Harvester, 1980, 107-112.

② See More, St. Thomas. *The Yale Edition of the Complete Works of St. Thomas More*, Vol. 8, *The Confutation of Tyndale's Answer*. Edited by L. A. Schuster, R. C. Marius, J. P. Lusardi and R. J. Schoeck. New Haven & London: Yale University Press, 1973, 1254-1256.

心，批评者表示《分裂》一书的论辩风格比莫尔更好。① 不过，这只是有待回应的批评意见之一，莫尔并没有立即就此展开论述，而是先处理其他问题，涉及他与丁道尔论战中的论辩方式，以及"过于冗长"的问题等。从第 4 章开始，莫尔仍然执着地开始批评丁道尔翻译的《新约》英文本，指责他毒害民众。接下来几章讨论一些重大的神学问题，如释经的权威问题、教会教导的重要性、自由意志问题等等。尤其是关于《圣经》和教会权威的先后次序，莫尔花费了很大的篇幅论证教会权威高于《圣经》。在第 10 章，莫尔似乎回应了某些针对他个人在担任大法官期间司法公正性的质疑，他表示在异端案件中并无不公。

莫尔在第 11—13 章引入关于《分裂》的讨论，针对有人认为该书的表达较莫尔的论辩温和的说法，他直截了当地表示，相比自己的著作，该书绝非温和公正，反而是不公正地挑起教会人士与世俗人士的矛盾，声称调解分裂，实则制造分裂。② 尤其是，莫尔指出该书作者常常以传闻（"有人说"［some say］）而非确实的证据为基础，将少数教士的不端行为归给全体属灵界，是一种相当恶劣的做法。③

从第 14 章起，莫尔表示，他开始逐段回应《分裂》第 1 章的内容。④

在第 14—23 章，莫尔首先指出，《分裂》的作者夸大了所谓"属灵界与世俗界"之间的矛盾，当作者说要"弥合二者之间的裂痕"

---

① See More, St. Thomas. *The Yale Edition of the Complete Works of St. Thomas More*, Vol. 9, *The Apology*. Edited by J. B. Trapp. New Haven & London: Yale University Press, 1979, 5-6.
② Ibid., 52-54.
③ Ibid., 56-57.
④ Ibid., 61.

时，实际上预设了一个不牢靠的前提，即二者之间确实存在分裂。莫尔指出，英国并没有出现过如《分裂》作者描述的那种教俗人士之间巨大的对立，有一些个别的矛盾冲突，但不构成总体上的对抗。① 其次，针对《分裂》中提到的教士贪腐、耽于享乐、压榨民众等，莫尔再次提出，作者始终没有举出足够的证据证明，而是不断采用传闻和印象，很不严谨。② 事实上，近几十年来英格兰教士阶层的表现相当不错。③ 同时，少数人的不良品行，并不能证明整个群体要被定罪。莫尔认为这在任何时候、任何地点，在任何群体中，都是类似的，假设将现有的教士换成世俗人士来担任，未必有更好的表现。教士中有少数不合格者，并不表示教俗之间就必然产生分裂。④

接着，从第24—28章，莫尔论及教会处理异端的司法程序。其中提出的观点包括：教会法庭的"依职权"程序是惩治异端所必需的（第24章）；惩治异端是整个大公教会的共同法和英格兰王国法律共同的规定，如果说存在滥用的情况，需要提出实例来讨论（第25章）；不宜随意改变法律（第26章）；教会的权柄直接来自上帝，且异端法是整个基督教世界（the whole corps of Christendom）共同的法律（第27章）；等等。

莫尔明确表示这一部分是要回应《分裂》的第1章，且论述十分细致，在每一章中，通常都以引用《分裂》第1章的某段文本开始，然后作回应和辩驳。但是，不难发现，莫尔在第24—28章提出关于异端案审理程序的讨论时，所引用的《分裂》第1章的文本，却并不

---

① See More, St. Thomas. *The Yale Edition of the Complete Works of St. Thomas More*, Vol. 9, *The Apology*. Edited by J. B. Trapp. New Haven & London: Yale University Press, 1979, 64.
② Ibid., 74.
③ Ibid., 68.
④ Ibid., 69, 82.

与他论述的内容准确匹配。例如：第 24 章是从一句论到大公信仰的句子开始，引申到异端的危害，进而论到"依职权"程序；第 25 章从教俗官员的合作引入异端法的普遍有效性；第 26 章从一段责备教士缺少爱心、骄傲的文本引入不宜随意改变法律；第 27 章从批评教士专权的段落引入异端法的有效性问题。因此，当论到异端案件程序时，相比之前的论述，莫尔对《分裂》第 1 章文本的引用相对不太严谨。也就是说，在这一部分，莫尔主动地将论述的中心引向异端案件的审理程序。

在第 29—35 章，莫尔讨论的内容又回到教士的品行、履职上，并表示《分裂》的指控不实，缺乏证据。到第 36 章，莫尔指责《分裂》的作者听信谣传，随后开始回应一些针对他个人担任大法官期间审理异端案件的质疑。与《分裂》多依据传闻不同，莫尔在这几章中提供了实际的案例，表明实践中的异端案件程序是有效的，也并没有造成不公。[①] 莫尔在第 39 章对这一部分作了小结，重申《分裂》作者所说的教俗分裂并不确实，如果有分裂，造成的原因并非教士，而是异端。

从莫尔的论述来看，他一以贯之地关心异端问题，因此，在这本《申辩》中，以与丁道尔的辩驳开场，随后颇有选择性地与《分裂》的作者对话。在论述过程中，莫尔一方面指出对方论证中的弱点（例如证据不足以及夸大"分裂"的形势），另一方面则逐渐将论辩的焦点引向了异端案件处理。所以，在表示对《分裂》第 1 章的内容回应完毕后，顺理成章地，莫尔在第 40—49 章特别对《分裂》中论及异端案件审理程序的第 7、8 章作出了回应。这部分内容值得我们特别的注意。

---

① See More, St. Thomas. *The Yale Edition of the Complete Works of St. Thomas More*, Vol. 9, *The Apology*. Edited by J. B. Trapp. New Haven & London: Yale University Press, 1979, 116-127.

圣杰曼在《分裂》的第 7、8 章中批评了教会法庭的异端案件审理程序,矛头主要指向"依职权"程序中常有的向被告隐藏指控者和证人身份,使用声誉不佳的证人,教会法官过于严厉、有追求定人罪的倾向等问题。同时,圣杰曼认为解决的途径应当是更多借助国王法庭,以普通法审理异端案件,尤其需要严格案件审理的程序。

在《申辩》中,莫尔基本上依然采用逐段引用《分裂》中的文本,然后进行反驳的做法,前后会有一些重复。不过,随着论辩的不断进展,有一些关键的问题逐渐显露了出来。莫尔在第 40 章几乎把他的论点都摆了出来,在后文中则结合《分裂》的文本对其中一些作更深入的论述或者重复。

其一,关于"依职权"程序的必要性。在第 40 章的一开始,莫尔就声明将对"依职权"程序作讨论的范围限定于异端案件。这显然是一个谨慎的限定,因为莫尔的主要观点之一就是异端案件相比普通案件有很大的特殊性,导致有必要采用特殊的程序,否则无法达成司法目的。在莫尔看来,异端是对国家和平安宁的巨大威胁,而异端案件的特别性质决定了,如果不使用更有效率的"依职权"程序,将很难惩治异端,并导致异端的快速泛滥。

莫尔提到,根据他在司法实践中的经验,对于异端,许多人愿意秘密地提供信息,但不愿公开提出指控。由于私人在教会法庭提出指控本身具有风险,如果被告最终脱罪,可能导致指控者受罚,因此,即便在一般案件中,以主动指控方式启动诉讼的情况也并不普遍,而在异端案件中这种现象更明显。[①] 同时,由于异端本身是对人内心信

---

① See More, St. Thomas. *The Yale Edition of the Complete Works of St. Thomas More*, Vol. 9, *The Apology*. Edited by J. B. Trapp. New Haven & London: Yale University Press, 1979, 130-131.

念的判定，周围邻居对于一个人的异端嫌疑，通常无法达到在良心上完全确信、公开宣誓提出指控的程度，但确实认为此人有很大嫌疑，因而只能以匿名方式向法庭提供信息。① 另外，由于许多异端分子巡游各地，时常处在移动中，若本地法庭大张旗鼓地适用公开指证程序，很可能打草惊蛇，令异端分子逃走，这种情况在实践中很普遍。②

因此，莫尔指出，异端法程序并非教会无端创制，而是由于异端案件本身性质在实践基础上形成的，这个惩治异端的程序并非建立在教会专权之上，而是以众人的同意为基础。③

其二，关于教会法与普通法的关系。《分裂》或明或暗地表示，教会法庭的异端案件程序与普通法多有不合，会造成司法不公；隐藏指控者和证人身份，使被告"自证其罪"，采纳声誉不佳的证人证言；从普通法的角度来看，教会法是一种"无法证明其合理性的法律"④。

对此，莫尔指出，在普通法上，法庭程序本身也未必是首要追求的目标。普通法在惩治犯罪时，也有类似的程序，很多时候，法庭会向居民发出令状，调查嫌犯在当地的声誉和品行。⑤ 世俗法院为了保证司法的有效性，有时也不得不在缺少陪审团和指控人的情况下启动程序。⑥ 另外，在回应教会法庭采信"声誉不佳的证人"时，莫尔提

---

① See More, St. Thomas. *The Yale Edition of the Complete Works of St. Thomas More*, Vol. 9, *The Apology*. Edited by J. B. Trapp. New Haven & London: Yale University Press, 1979, 132.
② Ibid., 134, 159–160.
③ Ibid., 131.
④ Ibid., 190.
⑤ Ibid., 132.
⑥ Ibid., 133–134.

出了一个重要的论辩。他指出，教会法上的异端案件，与世俗法上的叛逆案件是很类似的。异端就是"对上帝的叛逆"（treason to God）。而世俗法院在处理叛逆案甚至谋杀案时，都会接受声誉有瑕疵的证人。接受这类证人与犯罪的严重程度和应惩罚性有联系。同时，教会法庭采纳这类证人时，也不是毫无规则。[1] 普通法确实有一些刑事诉讼程序，是教会法所没有的，但在两种法律体系之间并没有性质上的差异，对某些严重的犯罪同样都要考虑惩罚的有效性。[2] 如果废除教会法的"依职权"程序，很可能无法有力地处置异端。[3]

另外，关于教会法院在异端案件中是否应当在证明阶段求助于世俗法院，莫尔认为，惩治异端的法律乃是整个基督教世界（Christendom）的共同法，是各个王国的司法机构理应执行的，并且英国也已经有议会制定法规定了世俗法院如何配合教会法院执行对异端的惩治。二者之间并无矛盾。[4] 鉴于异端案件本身强烈的属灵性质，将之交予世俗法院处理并不能保证案件得到公正审理。[5] 因此，在异端案件中，教会法院主导、世俗法院密切合作执行仍然是可靠的机制，并不需要作改动。

其三，关于异端案件处理过程中，"程序"与"人"的因素之间的关系。莫尔认为，《分裂》对教会的异端案件审理程序进行了种种质疑，以至于看起来这些程序似乎会造成很大的不公正。然而，任何一种司法体系的程序本身都并不能保证完全公正。而《分裂》的作者

---

[1] See More, St. Thomas. *The Yale Edition of the Complete Works of St. Thomas More*, Vol. 9, *The Apology*. Edited by J. B. Trapp. New Haven & London: Yale University Press, 1979, 136.
[2] Ibid., 151-152.
[3] Ibid., 164-166.
[4] Ibid., 139-140, 143-144.
[5] Ibid., 151-153.

第二章 激进观念的来源：关于教会审判的论辩

实际上通过猛烈攻击教士的品行而转移了重点，他给读者留下教会法庭不公正的印象，更多是建立在认定整个教士群体腐败堕落，而非程序瑕疵的基础上，而他对教士品行的攻击，则又缺乏实在的证据，通篇以"有人说"为依据，还存在将少数情况扩展到否定整体的问题。如此，世俗法庭也同样无法保证自己的法官有完美的道德品行，无法保证在另一套程序之下能够产生更公正的司法实践结果。①

莫尔特别提到，在异端这类性质严重的案件中，究竟将主要的裁判权交给谁将极大地影响司法实践目的的达成。在他看来，法官比陪审团更可靠。如果说法官可能因为种种原因贪腐或品行败坏，那么这样的状况同样会发生在陪审团身上。② 相比之下，圣杰曼的论辩表明他更重视程序（尽管他并未表示不重视司法人员的素质），莫尔更重视司法过程中作出决定的关键人员的专业知识水平和品行。③

以上对莫尔《申辩》的内容，尤其是涉及异端案件程序的内容作了梳理，现在我们需要在此基础上尝试作进一步的分析。

第一，关于《申辩》的意图。莫尔这本书的结构颇有些奇怪，先与丁道尔争论神学，继而冗长地回应《分裂》第1章，最后集中讨论《分裂》第7、8章。这使得我们尝试理解莫尔写作意图时有些困难。在《申辩》的一开始，莫尔似乎还沉浸在与丁道尔等新教人士的论战中，只是由于有人批评莫尔言语激烈，以《分裂》为持中之例，莫尔才觉得需要回应，而且这只是若干须回应的问题之一。在第26章结尾处，莫尔也说，他对这个主题的讨论并非出于自己的原意，而只是

---

① See More, St. Thomas. *The Yale Edition of the Complete Works of St. Thomas More*, Vol. 9, *The Apology*. Edited by J. B. Trapp. New Haven & London: Yale University Press, 1979, 141–143, 152–153.
② Ibid., 133.
③ Ibid., 153.

偶尔撞上(an incident to fall in my way)。①

1532年5月莫尔辞任大法官，退出公共事务活动。在给友人的信中，莫尔表示原因是自己患病，无力履职。② 不过，他不认同改教议会不断对教会发动攻击的进程，也是很明显的原因。辞去公职后，莫尔继续此前已在进行中的与新教异端的论战。接连不断的论战显然令莫尔个人的声誉遭到了论敌的攻击。他在给伊拉斯谟的信中，表示觉得自己有责任捍卫自己的名誉，"阻止他们发表关于我的奇谈怪论"③。

这样，我们可以理解，莫尔在与丁道尔及其他新教人士论战过程中，确实遭到了一些针对他个人的攻击。从《申辩》的内容看，有人质疑莫尔的论辩方式，甚至有人质疑莫尔在担任大法官期间的司法工作。在其中，《分裂》被人当作在论辩中态度公允的代表，以此攻击莫尔。当时，各种小册子充斥市场，新教人士从比利时输入各种书籍，国王方面也为了争取民众支持离婚而发动宣传战。《分裂》的篇幅并不大，莫尔注意到这本书可能确实如他所言，是在与丁道尔等人的论战中走上了一条"岔路"。在莫尔针对《分裂》提出意见时，他有较大的可能并不清楚这本小册子的作者是谁。④ 我们需要记得，莫尔的"主战场"从始至终都是与新教异端的斗争。

---

① See More, St. Thomas. *The Yale Edition of the Complete Works of St. Thomas More*, Vol. 9, *The Apology*. Edited by J. B. Trapp. New Haven & London: Yale University Press, 1979, 97.

② More, Thomas, and Elizabeth Frances Rogers. *St. Thomas More: Selected Letters*. The Yale Edition of the Works of St. Thomas More: Modernized Series. New Haven: Yale University Press, 1961, 173, 177-178.

③ Ibid., 179-180.

④ More, St. Thomas. *The Yale Edition of the Complete Works of St. Thomas More*, Vol. 9, *The Apology*. Edited by J. B. Trapp. New Haven & London: Yale University Press, xxxix-xxxxl.

第二，关于《申辩》的重点。莫尔虽然将自己的论辩对手定为新教异端，但卷入了一场关于教会法与普通法的论争。我们不能从事后出发，认为圣杰曼"挑起了"这场论辩。在绝大多数情况下，论战都是由首先提出疑问的那一方发起的。而莫尔最关心的并不在法律方面，同时，鉴于当时复杂的政治形势，莫尔更无意介入可能与国王的计划发生关联的论争。因此，当莫尔发起论争时，对论题是有选择的。

在上文中，我们看到《分裂》对教会方面的批评，最重要的一点是立法权。而在当时，这是极度敏感的问题，莫尔正是在教会丧失立法权之后的第二天辞去了公职。莫尔当然清楚这一点。同时，由于莫尔的主要注意力始终在异端问题上，当他发现《分裂》攻击异端案程序可能削弱教会对异端的惩治能力时，就开始针对这一点展开论辩。在当时的政治环境下，尽可能避开国王在议会推动的政治进程，抓住"惩治异端"的议题，恐怕也是莫尔精心划定论题时的考虑。因此，从《申辩》的整体结构和论述来看，莫尔的重点坚定地指向异端惩治，而圣杰曼的重点在于法律本身，双方在取向上的差异从一开始就决定了这场论战不仅仅是关于法庭技术的论争，而是具有更宽广的主题。

四、圣杰曼提出的"正当程序"问题

1533年春，莫尔的《申辩》出版，事实上发起了这场论战。到夏末，圣杰曼以一贯的匿名方式出版了一部《撒冷与拜占士》(Salem and Bizance)，对莫尔的《申辩》作出回应，论战由此进入高潮。

圣杰曼的这部论战作品共有24章，在其中作者采用了特别的文体，即以两个虚构人物"撒冷"和"拜占士"的对话作为展开的框架。两个人物在序言中以对话引出对莫尔《申辩》的系统回应，回应本身依然采用论文形式，一直延续到第 21 章，而在论文结束之后，又花费了三章篇幅，以对话体结束。在文艺复兴和宗教改革时期，对话文体非常流行，圣杰曼最重要的法学著作《神学博士与英国法学生的对话》就采用了这种文体，莫尔对此也不陌生，他与新教异端论战时，也使用过对话文体。关于对话文体、两个虚构人物的名字以及《撒冷与拜占士》最后三章的内容，后文再作讨论。我们需要首先关注圣杰曼对《申辩》作正面回应的主体部分。

论战作品追求时效性，这本也不例外。在几个月时间内，需要完成对对方作品的阅读和梳理、有针对性地阐述己方观点以及排版刊行，导致整体的论述显得有些驳杂，很多时候看起来只是抓起对方的某个论点进行评述和反驳。这是论战作品难以避免的。即便如此，从该书中还是能够找到一些线索以及作者聚焦的重点。

首先，圣杰曼十分正确地辨识出了他与莫尔之间的根本分歧，即：当下最大的问题是什么？是教俗双方之间的分裂与对立，还是异端泛滥？在《撒冷与拜占士》的前几章中，圣杰曼反复提到了这一点。在第 2 章，圣杰曼表示，莫尔并没有否认当前属灵界与世俗界之间存在某种分裂，但是，莫尔降低了这一问题的严重性，没有提出任何补救的措施，表明他对此分裂并不关心，事实上无意也无力提出补救措施。[①] 圣杰曼表示，导致当前王国内部教俗两界之间产生不和谐声音的原因，主要并非异端，而是其他问题。[②] 在第 4 章和第 5 章，圣杰曼都提到，教士要处理异端问题，必须以自身的整顿和改革为前提，

---

① See More, St. Thomas. *The Yale Edition of the Complete Works of St. Thomas More*, Vol. 10, *The Debellation of Salem and Bizance*. Edited by John Guy, Ralph Keen, Clarence H. Miller and Ruth Mcgugan. New Haven & London: Yale University Press, 1987, 328.

② Ibid., 328-329.

如果教士们自己在不断向民众展示邪恶的范例，就不可能惩治异端。① 同时，如果一味强调惩治异端，忽视异端罪以外的其他严重犯罪（比如教士生活的堕落），任由其发展而不处置，是极不正确的做法。② 到第7章的结尾，圣杰曼再次表示，莫尔的论辩既未塑造和平，也未帮助改革，反而是试图说服人相信教士群体的错误并非教俗分裂的原因，或者试图说服人专注于对异端的惩罚和矫正。③ 他的这些论述，都在反复表明一点，就是莫尔与他对根本问题的看法存在巨大分歧，莫尔认为当前王国面临的最大威胁是异端的蔓延，而圣杰曼则认为最大的问题在于教士群体的普遍犯罪。

其次，圣杰曼对莫尔的一些特定论述作出了针对性的回应。大致上，第6章以下，圣杰曼通过对莫尔的回应，继续指出教士们存在的问题。他在第6章再次论述了教士们拥有大量财产的问题，指出依照基督教教义，神职人员不应拥有财产，财富可能令人丧失对上帝的爱。④ 在第8章，圣杰曼重申了教士们贪恋世俗、追求此世荣誉的问题；⑤ 在第9—11章，他指出教会敛财的问题，反驳莫尔说教会并不从宗教活动中获利的说法，并进一步要求教会应就以往发生的许多损害作出赔偿；⑥ 在第13章，他则回应了莫尔对《分裂》以个别人代表全体、污蔑教士的指责。接着在第14章，他回应莫尔指"无知并非异端"为错误，重申教士们常常严苛待人，追求对人定罪；在第17

---

① See More, St. Thomas. *The Yale Edition of the Complete Works of St. Thomas More*, Vol. 10, *The Debellation of Salem and Bizance*. Edited by John Guy, Ralph Keen, Clarence H. Miller and Ruth Mcgugan. New Haven & London: Yale University Press, 1987, 331-332, 334.
② Ibid., 334.
③ Ibid., 340.
④ Ibid., 335-337.
⑤ Ibid., 341.
⑥ Ibid., 344-345, 348.

章,他回应了莫尔反复提出的《分裂》中少有实例而常以"有人说"(some say)代替证据的指控,表示莫尔犯了断章取义的错误。

再次,圣杰曼集中讨论了"正当程序"的问题。他在第 14 章引入这个议题,第 15—20 章基本上都在探讨教会法庭的程序、司法权等问题,其中讨论最集中的是第 15、16 章。下文将对这部分作更详细的梳理。

最后,第 21 章是结论,圣杰曼在其中对莫尔提出了一项合理的指责,即:莫尔没有回应《分裂》中的许多其他内容,尤其是特别重要的教会立法权问题。

《分裂》首先对教会异端案件的审理程序提出了批评,莫尔在《申辩》中对此作了回应,而在《撒冷与拜占士》第 15、16 章,圣杰曼直接回应了莫尔在《申辩》中的论述。主要的议题仍然是:第一,教会审理异端案件时不向被告显明指控者和证人的姓名身份;第二,教会法庭接受名誉有瑕疵的证人。

在《撒冷与拜占士》第 15 章,圣杰曼重申了在《分裂》中曾经提出的指控:教会法庭不向被告显明指控者的身份,甚至不向被告告知其被指控的具体罪名。圣杰曼认为,这实际上将迫使被告自我起诉,无法查清指控者所说的是出于私人的恶意,还是事情的真相。如果指控者或证人心存恐惧,应该向王室法院求助,国王可以提供保护。① 圣杰曼认为,这样一种做法"被认可为一项法律是不合乎理性的"(it semeth not reasonable to be accepted for a lawe)。②

随后,针对莫尔认为"教会法庭的异端案件审理程序与普通法

---

① See More, St. Thomas. *The Yale Edition of the Complete Works of St. Thomas More*, Vol. 10, *The Debellation of Salem and Bizance*. Edited by John Guy, Ralph Keen, Clarence H. Miller and Ruth Mcgugan. New Haven & London: Yale University Press, 1987, 355-356.

② Ibid., 356.

处理叛逆罪的程序类似",圣杰曼也提出了许多反驳的意见,表示二者之间有许多不同。例如,按照"本王国一项古老的法律",若有人被怀疑有叛逆行为,可以实施逮捕,但需要有"合理的理由"(a reasonable cause)。同时,嫌疑人并不需要自己答复指控,而是发布文告(proclamation),如有人前来指证嫌犯,即进行审理;如没有人前来指证,则释放嫌犯。①

关于莫尔认为普通法上也有调查嫌疑犯声誉的令状,与教会法庭处理异端案件类似。圣杰曼指出二者存在根本区别,即普通法上的声誉调查程序,乃是预设适用对象无罪;而教会法庭程序正好相反,实际上是预设犯人有罪。另外,在普通法法庭以起诉书提起指控时,需要有充分的证据,使被告能够对相关指控作出回应;而教会法庭的程序则非常随意,法官只凭着一时喜好就对人提出指控。②

在第 16 章,圣杰曼讨论了法庭接受名誉不佳的证人的问题。他认为,如果某嫌犯突然翻供自证其罪,同时对他人提出指控,此时很难分辨翻供者的状态。③ 至于莫尔提出,教会法上的异端就是对上帝的叛逆,因而与普通法类似,圣杰曼首先同意这个类比,但是,他也指出立法者有特别的责任保护无辜者不受伤害。对此普通法有许多的保护措施,对于名誉不佳的人相当谨慎,例如有在其他法庭作伪证记录的人不得被接受进入陪审团。所以普通法对于接受名誉有问题的证人是非常谨慎的,证人的品格必须有一定的保证。因此,圣杰曼说,教会法处理异端案件时,轻易接受品格有瑕疵的证人会造成很大的危

---

① See More, St. Thomas. *The Yale Edition of the Complete Works of St. Thomas More*, Vol. 10, *The Debellation of Salem and Bizance*. Edited by John Guy, Ralph Keen, Clarence H. Miller and Ruth Mcgugan. New Haven & London: Yale University Press, 1987, 357.

② Ibid., 358.

③ Ibid., 359.

险,接受这样的证人是不公平的。① 尤其是,异端案件有关于信仰,若法庭接纳不诚实的证人,如何有益于信仰呢?②

相比《分裂》,圣杰曼在《撒冷与拜占士》中明确提出了"正当程序"的概念,类似的措辞在这几章中多次出现。在第 16 章,圣杰曼说:

> 确实,某项犯罪可以遭到起诉,并且很有必要施以惩罚,但是,施行惩罚必须通过一种正当和合理的审理程序(by a due and a reasonable order of tryall)。③

在第 20 章结尾,圣杰曼也有类似的表达:

> 我确实曾经听人这样说,宁愿接受一个罪犯逃脱惩罚,也不以不正当和有违正当司法程序(ayenste due order of iustyce)的方式对他施以惩罚。④

圣杰曼在第 14 章提出了自己设想的处理异端案件的程序:(1)有人发现某人的言辞存在异端嫌疑,即向教会举报,教士也认为言论确有嫌疑;(2)若被举报人的言论尚限于私下,并未公开宣扬,不具危害性,则教士指示举报人继续保密,然后带着爱心向被举报人

---

① See More, St. Thomas. *The Yale Edition of the Complete Works of St. Thomas More*, Vol. 10, *The Debellation of Salem and Bizance*. Edited by John Guy, Ralph Keen, Clarence H. Miller and Ruth Mcgugan. New Haven & London: Yale University Press, 1987, 360-362.
② Ibid., 363.
③ Ibid., 360.
④ Ibid., 377.

进一步询问,他说的话究竟是什么意思;(3)若被举报人能够解释清楚,听起来并非异端,则不再继续追究,如确实有悖大公信仰,则举报人应按照福音的真理向他指出,并带一些证人一同劝诫;(4)若被举报人不听劝诫,则举报人应向教会报告,进一步查证,若有充分证据表明,或者此人自己承认,且拒绝悔改,则依照证人证言对他处以应得的惩罚;(5)如此人经教士劝诫私下悔改,则予以释放,无须补赎;(6)若举报人、证人或教士心有畏惧,不敢指证或审理,则应向国王法庭寻求帮助,获得充分的救济。[1]

在这个段落中,圣杰曼反复提到被告被定为异端必须先经过"正当的审查"(dewe examinacion),并指出:

> 即便他真是一个异端,但是,要确认他是异端,也必须带着全副的爱心,并遵循法律的正当形式和秩序来做(after due forme and order of the lawe)。[2]

圣杰曼确实引用普通法批评教会的异端法程序,但是在这里,他正面阐述处理异端案件的"正当程序"时,却是在诉诸《圣经》(《马太福音》18)。[3] 这与他接下来进一步批评教会异端法的根据有直接联系。在第20章中,圣杰曼指出教会现有的异端案件处理程序并非从

---

[1] See More, St. Thomas. *The Yale Edition of the Complete Works of St. Thomas More*, Vol. 10, *The Debellation of Salem and Bizance*. Edited by John Guy, Ralph Keen, Clarence H. Miller and Ruth Mcgugan. New Haven & London: Yale University Press, 1987, 353-354.
[2] Ibid., 354.
[3] 《马太福音》18:15-18:"倘若你的弟兄得罪你,你就去趁着只有他和你在一处的时候,指出他的错来。他若听你,你便得了你的弟兄;他若不听,你就另外带一两个人同去,要凭两三个人的口作见证,句句都可定准。若是不听他们,就告诉教会;若是不听教会,就看他像外邦人和税吏一样。我实在告诉你们:凡你们在地上所捆绑的,在天上也要捆绑;凡你们在地上所释放的,在天上也要释放。"

上帝而来，也不能构成习惯，尤其是该等法律并未"经过人民的同意"，因而必须加以改革。①

如此，圣杰曼在与莫尔就司法程序大大辩论一番之后，还是努力地试图将论题转回到他在《分裂》中设定的主题即教会的立法上来。在第 16 章的末尾，他强调问题出在教会的立法，有许多教会无权立法的事务，因为长期的习惯而被接受，对这类法律都要进行改革。②

在《分裂》遭到莫尔的攻击后，圣杰曼显然是在斟酌之后作出了回应。他十分正确地意识到，莫尔这位打笔仗的老手是运用了一些策略的，包括将《分裂》嵌入与新教异端的论战上下文，以及回避教会立法权、专注于司法程序。于是，圣杰曼的回应也必须采用一些策略。这些策略较多地体现在文体和修辞上。

首先，圣杰曼采用了对话的文体，甚至有可能是在完成了论章主体部分之后增加了开头和最后三章，颇有些生硬地将之改装为对话。对话的文体在原本已然匿名的基础上进一步加强了"客观公正"的气氛，与莫尔面对异端时较为激烈的文风形成对比。在第 1 章的开头，圣杰曼也特意指出，莫尔运用"申辩"的文体，表达一种防卫性的态度，但《分裂》从未攻击过莫尔，故他对文体的运用并不合适。③ 这样，圣杰曼就撇清了自己与新教人士的关系。

其次，《撒冷与拜占士》中大量出现了"改革"（reformation）的措辞。圣杰曼在全书一开头就表示，原本希望莫尔推动改革进程，没想到他反而提出反对意见，十分失望。在第 5 章，圣杰曼表示国内可以

---

① See More, St. Thomas. *The Yale Edition of the Complete Works of St. Thomas More*, Vol. 10, *The Debellation of Salem and Bizance*. Edited by John Guy, Ralph Keen, Clarence H. Miller and Ruth Mcgugan. New Haven & London: Yale University Press, 1987, 377.

② Ibid., 363-364.

③ Ibid., 327.

划分出四类人：第一类，信仰与行为都很好，但不关心改革；第二类，（被认为是最好的）信仰和生活非常好，又愿意改革；第三类，信仰正统，但行为恶劣，热衷于压制异端；第四类，生活方面与第三类一样，但不帮助压迫异端。接着，圣杰曼又指责莫尔对改革的消极态度有不爱国之嫌。①

通过这些表达，圣杰曼不断向"改革"赋予某种近乎现代"进步主义"的意味，建立作者与关心国家的改革者的认同，将作者表现为改革者而非异端，同时也将莫尔摆在"反对改革"的阵营中。

在第19章，圣杰曼在行文中指责教士们结成"私党"（confederacies），假借维护教会法律，实质是违抗国王的法律和王国古老的习惯。② 在第20章，圣杰曼指出教士们的权柄并非源于上帝，教会的异端法也并非来自上帝，教士们也并不拥有高于世俗权力的地位，即便通过长期实践形成了习惯，若有滥用，同样需要改革。③ 另外，圣杰曼在回应莫尔关于异端案件审理程序的论述时，有意突出普通法的"正当程序"原则，引导读者认同"教会法违反国法和古老习惯"的论点，不断强化教会法需要改革的论证。

如此，圣杰曼就逐渐揭示了论辩背后的重要立场，即在教会与国家发生矛盾时，国家的权威高于教会，如果教会违反国法或习惯，或者教士腐败需要矫正，均应由国家主导施行改革。这个立场与当时改教议会的进程是极为符合的。

不过，尽管圣杰曼相当努力地尝试调整论辩的重点，但由于莫尔

---

① See More, St. Thomas. *The Yale Edition of the Complete Works of St. Thomas More*, Vol. 10, *The Debellation of Salem and Bizance*. Edited by John Guy, Ralph Keen, Clarence H. Miller and Ruth Mcgugan. New Haven & London: Yale University Press, 1987, 333.
② Ibid., 371.
③ Ibid., 375-377.

在之前的《申辩》中将焦点落到异端案件程序，并花费许多篇幅加以阐述，导致圣杰曼在回应时不得不同样动用许多篇幅，于是便令其切换重点的尝试显得并不那么成功。很快，莫尔就作出了进一步的回应。

五、莫尔关于程序问题的考量

莫尔很快对《撒冷与拜占士》作出了回应，于1533年秋出版了《驳〈撒冷与拜占士〉》。随着论战的进展，争论向着日益细化的方向发展，莫尔在很短的时间内就撰写了一部长篇的驳论，可见此时他的全副心力都在于此。①

在这部驳论中，莫尔采用了一种特别的方式，即与《撒冷与拜占士》逐章对应进行论述，除了略去后者最后三章。所以，这部《驳〈撒冷与拜占士〉》共有21章。莫尔把它分成两个部分，第一部分是第1—14章，第二部分是第15—21章，其中讨论异端法的第15、16章篇幅最大，几乎占全书三分之一。

在第1章之前的导言部分，莫尔解释了自己写作此书的动机，表示对方论辩中不断透露出对教士的深深恶意，以及试图改变保护信仰的古老良法，令他不得不提出抗辩。② 在第1章，莫尔回应对方指责自己使用"申辩"的名称有误，指出他原本是在与丁道尔等人论辩，

---

① 莫尔自称在数日内撰写了该书，参见 More, St. Thomas. *The Yale Edition of the Complete Works of St. Thomas More*, Vol. 10, *The Debellation of Salem and Bizance*. Edited by John Guy, Ralph Keen, Clarence H. Miller and Ruth Mcgugan. New Haven & London: Yale University Press, 1987, 7。

② See More, St. Thomas. *The Yale Edition of the Complete Works of St. Thomas More*, Vol. 10, *The Debellation of Salem and Bizance*. Edited by John Guy, Ralph Keen, Clarence H. Miller and Ruth Mcgugan. New Haven & London: Yale University Press, 1987, 6。

第二章 激进观念的来源：关于教会审判的论辩

回应《分裂》并非主要目的；另外，莫尔表示自己也是为"非常良善、古老，长期得到本王国和整个基督教世界认可的法律"辩护。[1] 随后他进一步指出对方使用"对话"为书名反而是错的。

在第2章，莫尔回应了圣杰曼对他未提出"改革"方案的失望，表示他从未想要"改革"，反倒是有人假借改革之名散布仇恨。[2] 在第3章，莫尔回应了对他错误判断引发分裂之根源的指责。

在第4章以下，莫尔逐项回应圣杰曼在前两部书中提出的指责，例如关于是否有必要公开争论教俗界之间的分裂、论辩中的"攻击性"言辞、文本引用的错误、教士敛财、是否对教士群体有不当攻击等等。值得注意的是，莫尔的论辩相比之前更加细致，常常先说明引用文本的页数，然后列出之前双方论辩作品中的文本，加以批评，指出对方论证逻辑中的错误，有时引用《圣经》或教父，有时诉诸自己的实践经验作为论辩的依据。

莫尔在第13章讨论了圣杰曼基于《圣经》提出的异端处理程序，认为它看起来很美好，但在实践中无法遏制异端。尤其是在判定异端时，因其本身的特殊性，无法知道一个人的内心，就不得不从言辞来确定，这在叛逆案件中也是类似的。[3] 如果取消"依职权程序"，将导致异端泛滥。

第15、16章延续了自《分裂》第7、8章以来关于异端法程序的辩论，下文将进一步讨论。第17章以下，莫尔继续讨论了对方提出的一系列问题，包括：双方关于圣杰曼以传闻（"有人说"）为依据的争

---

[1] See More, St. Thomas. *The Yale Edition of the Complete Works of St. Thomas More*, Vol. 10, *The Debellation of Salem and Bizance*. Edited by John Guy, Ralph Keen, Clarence H. Miller and Ruth Mcgugan. New Haven & London: Yale University Press, 1987, 9.
[2] Ibid., 15.
[3] Ibid., 82-83.

论,莫尔指控对方污蔑教士群体,文本引用错误的问题,等等。在最后一章,莫尔作了总结。

总体而言,莫尔的《驳〈撒冷与拜占士〉》将双方的论辩进一步推向深处。尤其是,相比双方之前的论证,莫尔在本书中所做的工作极为细致,他似乎动用了自己全部的人文主义学术和法律专业训练,以巨大的篇幅、丰富的论据和有力的逻辑向对手提出挑战。他也将关于异端案件审理程序的论辩进一步推向深处。

基于对现存的《驳〈撒冷与拜占士〉》印本的研究,学者们基本确定莫尔首先撰写了第 15 章和第 16 章,随后才着手撰写第 1—14 章和第 17—21 章。显然,从撰写的次序和篇幅来看,都可以证明莫尔本人将第 15、16 章关于异端法的论辩视为重中之重。

在第 15 章,莫尔表示他要回应《撒冷与拜占士》第 15 章中的三个观点:(1)若改变异端法,并不会损害公教信仰,因为异端嫌犯可以通过普通法的公开指控和审判程序而非教会法的"依职权"程序得到适当的处理;(2)不改革异端法是极大的错误,因为无辜者可能以不合理的方式被迫按教会法作共誓除罪(purgation)或者公开宣誓弃绝异端(abjuration);(3)莫尔在《申辩》中指出教会法的"依职权"程序与普通法上处理叛逆案件的程序相似是不正确的。[①]

关于第一点,莫尔指出,教会法并不排斥公开指控的审理方式,若有可能采用公开指控,教会法庭将乐意接受。但是,异端案件本身的特殊性决定了无法以公开指控作为唯一的法定程序。在本质上,异端是人内心的信念问题,但必须以外在的言辞来定案。考虑到法律对

[①] See More, St. Thomas. *The Yale Edition of the Complete Works of St. Thomas More*, Vol. 10, *The Debellation of Salem and Bizance*. Edited by John Guy, Ralph Keen, Clarence H. Miller and Ruth Mcgugan. New Haven & London: Yale University Press, 1987, 88.

错误指控的惩罚措施，对异端嫌犯提出指控者和证人会产生普通案件所没有的不安全感。① 知情者的这种恐惧感并不是不合理的，不能认为此人不愿意公开提出指证就证明他是恶意的虚假控告。② 请求国王法庭的帮助或许可以解除部分恐惧感，但并不能完全替代教会法程序。③ 在异端案件中，教会法程序隐匿指控者或证人身份的做法依然具有实践意义，否则很可能无法找到愿意提起公开指控或出庭作证的人。④ 如果完全取消"依职权"程序，必定造成异端泛滥。⑤

关于第二点，莫尔仍从司法实践考虑，指出"隐藏证人身份"之类的做法本来也是适用于特殊情况，禁止被告了解证人身份并非教会法的普遍规定。并且，事实上，在实践中对这一点并未产生重大的不满。尤其是，如果指控的对象是一些有权势的人，隐匿证人就是一种不得不采用的保护措施。⑥ 而教会法庭即便对人定罪，通常也只是要求共誓或者弃绝异端，判处死刑的是极少数，就审判错误给人生命带来的伤害而论，教会法相比普通法仁慈得多。⑦ 莫尔同时指出，对方常常提出有必要"改变"现行的异端法，是一种危险的做法。英国的异端法律符合大公教会的一贯规定，乃是全体基督教世界的共同法，不可遽然改变。⑧

关于第三点，莫尔驳斥了圣杰曼在《撒冷与拜占士》中提出的若

---

① See More, St. Thomas. *The Yale Edition of the Complete Works of St. Thomas More*, Vol. 10, *The Debellation of Salem and Bizance*. Edited by John Guy, Ralph Keen, Clarence H. Miller and Ruth Mcgugan. New Haven & London: Yale University Press, 1987, 94-96.
② Ibid., 91.
③ Ibid., 98.
④ Ibid., 99-101.
⑤ Ibid., 93-94, 101-102, 104-105.
⑥ Ibid., 108, 110.
⑦ Ibid., 117.
⑧ Ibid., 113-114.

干证明普通法在此方面与教会法不同的证据。例如,莫尔认为,在普通法程序中,嫌犯可以通过"文告"而非共誓脱罪的方式,事实上与教会法程序类似,嫌犯即便通过文告而被释放,其公共名誉也同样遭受损害。① 另外,普通法上,运用名誉调查令状确实可能导致犯人被释放,但该令状的使用并非没有前提,而是以犯人已经在押许久为条件,并且也需要法官酌定,而不构成犯人的权利。②

在第 16 章,莫尔继续讨论了瑕疵证人的问题。莫尔指出,事实上,任何一种司法程序,都不可能完全避免无辜者被冤枉的情况,法律必须在各种因素之间作出权衡。对方要求立法者应当令无辜者不遭损害,试图通过司法程序追求完全避免错案,并不是合理的要求,普通法在惩治重罪时也并非如此预设。③ 在依照普通法起诉重罪时,被告也可能不知道指控者是谁。④ 而且,陪审团在承担起诉任务时,也有可能随意作出决定,并不能证明由法官发起程序就会导致不公,对方的论证并无法证明陪审团发起程序与法官发起程序对刑事诉讼而言有本质的不同。⑤

莫尔认为,教会法与普通法在证据规则方面有所不同,但并不表示这两种法律体系在此方面是冲突的,而只是侧重有所不同。⑥ 莫尔再次强调,现有的异端法程序是每个基督教国家都接受的共同法,且有教宗和皇帝的普遍性立法为保障,"所有真正的基督教国家至今都遵守"⑦。随后,莫尔进一步指责对方的动机并非维护公正,而只是

---

① See More, St. Thomas. *The Yale Edition of the Complete Works of St. Thomas More*, Vol. 10, *The Debellation of Salem and Bizance*. Edited by John Guy, Ralph Keen, Clarence H. Miller and Ruth Mcgugan. New Haven & London: Yale University Press, 1987, 123-124.
② Ibid., 127.
③ Ibid., 145-148.
④ Ibid., 131, 144.
⑤ Ibid., 134, 136-137.
⑥ Ibid., 154-156.
⑦ Ibid., 144-145.

第二章 激进观念的来源：关于教会审判的论辩

一心想要改变原本行之有效、并未造成重大不公的法律。[1] 他再次提醒改变异端法的严重后果，认为这可能导致异端的泛滥。[2]

《撒冷与拜占士》出版后，莫尔在很短的时间内即出版了一部篇幅巨大、论证极为细致的著作予以回应，表明他对此极为重视。他首先撰写了论异端法程序问题的第15、16章，并花费了许多笔墨，也足见其重点依然落在异端法上。

相比圣杰曼抓住程序不断发起批评，莫尔的回应则始终在强调司法实践的效果。他指出异端案件的特殊性，并从不同角度论证教会法程序与普通法程序在本质上并没有大的差别。因此，在莫尔那里，司法程序属于相对次要的技术问题，首要的问题始终是司法的效果。在莫尔看来，异端乃是具有极端紧迫性的威胁，不仅威胁信仰，还进一步威胁了国家的安定。因此，在处理异端案件时，就需要考虑司法实践的效果，尤其是，这事实上是一种"良心案"，法庭不得不依照外在的言辞来判定一个人的内心，是非常特殊的情况，因此司法程序可以也必须接受某些特殊性。

在论辩中，双方的关心明显不同，圣杰曼始终将教士阶层的品行败坏作为首要的问题。在《驳〈撒冷与拜占士〉》中，到了双方第二轮的辩论，莫尔开始更直白地指责对手动机不良。他指责这一系列小册子的作者从整体上对教士进行污名化，为读者建立起虚假的印象，即教会司法不公，随后反过来攻击教会法庭的程序。莫尔指责对手乃是试图逐渐"更改"原先确定无疑的法律，而这将引起严重后果。在

---

[1] See More, St. Thomas. *The Yale Edition of the Complete Works of St. Thomas More*, Vol. 10, *The Debellation of Salem and Bizance*. Edited by John Guy, Ralph Keen, Clarence H. Miller and Ruth Mcgugan. New Haven & London: Yale University Press, 1987, 167.

[2] Ibid., 145.

最后一章中，莫尔指出，对手对法律的"更改"不会停止，他不仅要改变教会法，接下去也会改变普通法。[①] 而这样的改变一旦开始，就永无宁日，"永远不会停止改变，直到审判的末日，整个世界都完全改变"[②]。

对莫尔而言，改变异端法的审理程序尚为小事，更可怕的是他的对手所追求的"改变"将引向更大的、总体性的宪制变动。这个变动的方向看起来以公教信仰的衰落为追求的目标，因而极度危险。所以，莫尔并不停止论战，反而越战越勇。

不过，在此过程中，有一个问题值得注意。在之前的论战中，实际上是莫尔主动将论辩的主要领域划定在异端法程序，而避开了圣杰曼在《分裂》中指出的立法问题。然而，当莫尔回应圣杰曼关于司法程序的论辩，尤其在谈到普通法与教会法的关系时，他不得不指出背后的立法权问题。莫尔数次提出，异端法不能改动，因为该法并非英格兰一国一地之法，而是整个基督教世界的共同法。事实上，这就演变成英格兰的共同法(common law)与整个基督教世界共同法的对抗。莫尔的论述显然有一个暗示，即：基督教世界通行的法律，仅仅出于某一王国的理由是不能改动的。因此，虽然莫尔努力将论辩划定在程序问题上，圣杰曼也没能有力地打破或转换问题域，但在论辩进深后，莫尔自己也不得不借助立法权的论辩。日后我们将看到，莫尔事实上正是因为这个问题而被杀。

莫尔是论战的老手，此前一直在与新教人士辩论不止。在担任大法官期间，莫尔花了很大的精力惩治异端。当时的英格兰仍然持守正

---

① See More, St. Thomas. *The Yale Edition of the Complete Works of St. Thomas More*, Vol. 10, *The Debellation of Salem and Bizance*. Edited by John Guy, Ralph Keen, Clarence H. Miller and Ruth Mcgugan. New Haven & London: Yale University Press, 1987, 228.

② Ibid., 229.

统的天主教，国王亨利八世曾经亲自撰书驳斥马丁·路德的圣礼观（莫尔也参与其中），并因此获得教宗颁赐"信仰捍卫者"的称号。虽然后世所谓的"改教议会"正掀起一轮反教权的风潮，但国王的主要目的是通过议会的途径离婚。因此，在这个时候驳斥新教异端仍然符合王国的立场。

圣杰曼出版《论属灵界与世俗界之分裂》，矛头主要指向教士阶层的腐败；而作为法学家，他的许多论据落在了法律领域。从该书观察，虽然异端法的程序是其中的重点之一，但他显然对立法更为强调。圣杰曼启动的论辩与当时的议会进程是相符的。

莫尔辞去大法官职务，很可能与教会丧失立法权有关。莫尔对政治现实的把握相当敏感，因而在发起论战时，很主动地将论辩的重点划定在司法程序，完全无视圣杰曼在《分裂》中对立法问题的阐述。圣杰曼后来在《撒冷与拜占士》中对此提出了抗议，但由于莫尔已经使用很大的篇幅讨论异端法程序，圣杰曼也不得不就此展开论述。

不过，莫尔在《驳〈撒冷与拜占士〉》中，为了反驳圣杰曼对异端法的攻击，在论辩中逐渐强化了一个论点，即：英国的异端法并非本国之法，而是整个"基督教世界"的共同之法，不容轻易变更。这是一个有力的论辩，但是，这个论辩事实上又转回到了立法领域。对莫尔而言，这种论辩是有风险的，事后也证明，正是这个立法权问题，带来了他与国王的尖锐冲突，最后导致他被杀。

在这场论辩中，双方就法律问题展开了激烈交锋，但场外因素的影响极大，这些场外因素体现在双方对论辩策略的选择上。圣杰曼在《分裂》中指出了教会处理异端案件时隐藏指控者和证人身份、接受瑕疵证人等问题，在《驳〈撒冷与拜占士〉》中进一步发展了论证，以"法律的正当程序"作为自己主要的论点。就法学而言，这是一个相当重要的发展。英国普通法确实强调程序，但自《大宪章》以降，普通法的审理程序、证据规则可以说是不同法律体系的技术性选择。正如莫尔所辩驳的，对于不同法律体系的程序，其价值在本质上究竟有多大的差异，是需要讨论的。但圣杰曼借着改教风潮对教士的攻击，将教会法庭程序批评为"不合乎理性"，反过来，也就是将普通法的"正当程序"上升到了理性规则的层面。随着教士阶层被定义为腐败堕落，教会也日益蒙上了"压迫人民"的色彩，这些论辩中的攻击，事实上都有助于将"正当程序"上升到"自然正义"的层面。虽然圣杰曼并没有使用"程序正义"这样的措辞，但在他的论辩中，随着诸如"无罪推定""被告不得自证其罪""证据必须公开"等观念的展开，程序本身构成一种正义的推论已经呼之欲出了。

莫尔强烈反对圣杰曼将程序本身上升到自然正义的程度。在他看来，程序是追求司法实践目的的途径和方法，在不同的法律体系中有不同的程序，不同程序之间的差异并不是实现司法目的的障碍。他特别指出异端案件的特殊性，认为对于这种对教会和信仰构成整体性威胁的犯罪，必须通过有效率的方式加以惩治。同时，莫尔敏锐地观察到，在教会的异端案件与国家的叛逆案件之间存在某种共通性，他也以此为论据，论证当国家受到严重威胁时，普通法也会采用更注重效率的程序。虽然圣杰曼提出了许多细节上的反对，但就总体而言，莫尔的论辩确有一定的道理，并且，这一点不久之后就会在国王对莫尔的审判中体现出来。

双方在论辩中的另一个根本性分歧，就是对教会和国家性质的认识。

在圣杰曼的论述中，教士阶层整体败坏，教会法制被用于压迫和损害人民，因此，教会作为具有实效的政治体的角色至少应当被削弱。他时常提出的一个论点是,教会法庭的司法工作完全可以交由国王法庭处理,教士们应当专心从事宗教工作,而宗教的政治效用,如果不是没有的话,也至少是相当边缘的。

而莫尔的论辩始终坚持,异端不仅是对教会的巨大威胁,如果信仰衰颓,国家也必然会遭受损害。莫尔担任大法官时,就将惩治异端作为他的重要工作之一。

圣杰曼在《撒冷与拜占士》中大量使用"改革"的措辞,开篇即指责莫尔未提出改革的方案。莫尔则直截了当地回应,他无意于改革,他的对手无非是以改革为口号,谋求改变古老的教会法制,而一旦这些法律被改变,剧烈的变动将接连不断,甚至永无宁日。

六、小结

在托马斯·莫尔与圣杰曼的论辩中,我们不难发现,圣杰曼对教会法,尤其是对教会异端案件审理方式的批评,几乎都可以在约翰·李尔本的法庭辩论中找到对应的内容。尽管李尔本攻击的是克伦威尔治下的国家法院,圣杰曼攻击的是教会法院,但两者之间的相似性十分显著。诸如"无罪推定""公开罪名和证人""陪审团审判的优先性"等观念,在圣杰曼的辩论中已经昭然若揭。

在这场论辩中,我们也可以注意到圣杰曼所代表的民众情绪,与李尔本的支持者也是相通的,他们都带着某种不平的情感发出了呼声,尤其对"司法不公"的"暴政"极为敏感。李尔本对克伦威尔的"独裁"极度不满,在法庭上以"英国人的古老自由"对抗之,而圣杰曼类似地举出"本王国古老的法律"为依据。因此,虽然二者指向的对象有一种奇异的交错(李尔本事实上是在攻击普通法法院，而圣杰曼则以普通法之名攻击教会法院），但背后的激进情绪是共通的。

从思想渊源来看，李尔本与清教徒的思想密切关联。清教徒的群体是在英国宗教改革后产生的，一般而言，他们认为英国国教虽然离开了天主教，但在许多重要的问题上（比如敬拜的礼仪、神职人员的确立、布道方式、教会生活的组织等等）保留了天主教的色彩，改革不够彻底，需要继续推进改革。与清教徒的宗教观念相匹配，他们的政治观念在当时也显得相当激进，从宗教信仰的"良心自由"顺理成章地导向了对政治自由的主张。但李尔本的作风在清教徒中显得更为激进，因为他攻击"暴政"的火力从国王一直延伸到克伦威尔，呈现出一派"拒不妥协"的景象。

我们需要注意到，在17世纪，李尔本所代表的激进清教主义观念，虽然显得比较极端，但仍然需要放在整个新教改革的背景下加以观察。这场涉及社会各个层面的大变动从16世纪绵延到17世纪，其间发生了不少相当复杂的观念转换。而圣杰曼在与莫尔辩论时，正是站在新教的立场上，在16世纪，他所代表的也是当时民众的普遍情绪，也就是针对天主教会的深深敌意。

在这场论辩中，如果要寻找令人费解的问题作为进一步探究的切入点，首要的可能是莫尔的立场。诚然，托马斯·莫尔是站在天主教一边，但他从来不是一个强硬的教宗支持者，而是主张温和改良的人文主义者。同时，他又是一位对普通法极为熟悉的职业法律人。他的父亲曾经担任王座法院法官，他自己出身律师会馆，曾经在伦敦城有杰出的律师生涯，后来又出任大法官。可以说，他的普通法执业经验，甚至超过圣杰曼，后者更多地是一位理论家，作为律师的执业记录阙如。圣杰曼在论辩中提出的普通法原理，莫尔并非不知。相反，莫尔是在充分了解，且兼有大量实务经验的基础上，坚定地持反对立场。这就值得我们进一步探究。

严格说来，圣杰曼撰写小册子，确实是以法律家的身份攻击教会，但在当时的背景下，从属于更大的反教风潮。亨利八世召开"改教议会"，为了寻求离婚另娶，鼓动民众情绪，放任下院攻击教会。圣杰曼虽然不是国王的御用写手，但也积极参与了国王主导的议会进程。莫尔在教会遭到压制后辞去大法官职务，已经令国王相当不悦，他自己也清楚，如果继续有碍于国王的意愿，可能遭遇很大的危险。因此，我们在论辩过程中发现，其实是莫尔主动地把论辩的方向引向对异端案件的审理程序。比较可能的解释是，他认为这更接近于对法律技术细节的争论，并不是政治性话题，相对比较安全。并且，亨利八世虽然与教会不睦，原因在于婚姻，而非教义，当时英格兰还在一条与"新教异端"斗争的轨道上。莫尔此前的大量辩论都是在他与新教人士之间发生，甚至可以说延续了十年前国王本人与路德的神学争论。因此，莫尔似乎相对自信，关于异端案件的审理程序，普通法并不构成异议的理由。

在与圣杰曼的论辩中，我们看到，莫尔的理由大致是：首先，神职人员腐败并不是首要的问题，人员的败坏都可以通过改革的方式纠正；其次，异端才是最大的麻烦，不但是教会的毒瘤，也是对国家政治的巨大威胁；最后，要惩治异端，教会法庭的程序是必需的。对莫尔来说，"异端"也就意味着对整个社会共同体长久以来所持定的基本信念的攻击。换言之，"异端"可以理解为教会内部的激进思潮，而国家领域内的激进思想，也可理解为对官方思想提出挑战的"异端"。随着宗教改革进程的不断深入，教会内部的思想动荡，显然很快蔓延到了世俗国家。在英国内战中，我们也很容易发现思想观念的不断裂解。新教宗派的不断分裂与政治激进思想的出现如影随形。在莫尔与圣杰曼的论辩中，莫尔已经敏锐地将教会的异端案件与国家的叛逆案件联系在一起，指出二者具有某种同构性。

莫尔提出的另一点重要理由，在于法律规则的共同体背景。他指出英格兰并不只是与他人隔绝的王国，而是从属于一个"基督教共同体"，这个共同体包含了所有持基督教信仰的政治体。换句话说，在莫尔看来，一个政治共同体的基础，不只是土地和人民，还要加上一个共同的信仰。异端之罪之所以严重，乃是因为它所攻击的是这个共同的信仰，若信仰分裂，则共同体必将分裂，分裂则必定破坏和平、导致战争。莫尔并不否认各个政治体具有某些特定的法律规则，但在涉及共同信仰的犯罪方面，需要意识到其中的特殊性和重要性。异端罪对共同体的和平而言具有极端的重要性，而它也有不同于一般犯罪的特殊性，是一种内心和思想上的犯罪。正是因为这些理由，教会才发展起了一整套裁判异端罪的规则，这些规则是有效的，也是正当的。圣杰曼虽然在谈论法律规则，但背后的逻辑仍与反天主教的激进观念相通：若承认法律规则以国家为界，同时认为法律规则倾向于不审判人的思想，那么必定引向否认整个基督教共同体的方向。这个激进的观念，不只是针对罗马天主教这个组织，在更深层次上，还针对一种以和谐的信仰为基础，寻求普遍和平的机制。

因此，我们有必要询问的是，日后李尔本主张的"正当程序"，所攻击的对象究竟为何？李尔本遭到叛逆罪的起诉，所依据的法律，是克伦威尔统治下议会制定的控制言论的法律，李尔本因刊印和传播攻击克伦威尔的小册子而获罪。在这里，我们能够观察到近代早期国家形态与教会之间更多的同构性。也就是说，打破教会的现实统治后，国家本身也需要面对类似的困难：如何建立一种共同体范围内的信念共识。新教传统在起初就带有一种否定性的激进态势,这种激进的思想潮流在清教徒那里不断发展。英国国教的形态近似于一种以国家为边界的天主教,并且把国王放上了教会元首的位置,也就意味着宗教事务成为国家内部重要的政治事务,于是,也就必然导致宗教上的激进主义转向政治和法律领域。

我们需要承认,在中世纪到近代早期的法律发展过程中,宗教的因素是不可能缺席的。李尔本在法庭上引用柯克、诉诸"英格兰人的古老自由"、拒绝普通法的法庭技术探入自己内心的时候,反映了一个相当悠长的激进观念的发展史。

因此,我希望在下文中探索的,是这种激进观念更古老的中世纪渊源,以及它如何进入近代早期,从教会转移到国家的政治之中。

第三章
良心问题的宗教渊源

在上文中，我将激进主义者李尔本对传统的"程式性"刑事程序的攻击追溯到宗教改革时期普通法法律家对教会法庭异端案件程序的批评。我们可以发现，在二者之间存在某种观念上的内在联系。李尔本在受审时强烈地抵制法官对他内心状态的探究，而教会法庭在处置异端时的各种操作，恰恰是力求裁定被告的"良心"状态。如果我们把现代法治传统下的"正当程序"与中世纪到近代早期的异端审判形式对照观看，尝试理解其间的冲突，能够有所助益的，恐怕并不是简单地认定现代观念天然地优于旧式传统，而是应当努力寻找现代人觉得陌生、难以理解的深层因素。

这样，我们就需要探索良心问题背后的基督教渊源，包括"异端"的概念及其处置方式的发展，还有，一幅由此展现的更广阔图景。

一、异端

"异端"（heresy）一词源自古希腊语 αἵρεσις，本意为"选择"，后来逐渐被用于指称某种教导或某个学派，起初并无贬义色彩。在《圣经·新约》中，保罗曾自述出身于犹太教中"最严紧的教门"，即法利赛人的派别(《使徒行传》26：5)。约瑟夫(Josephus)也用这个词描述犹太教中的不同派别。并且,刚刚诞生的基督教,在当时的犹太人眼中,也构成一个派别,被称为"拿撒勒教党"(《使徒行传》24：5),哪怕他们对这个群体持敌视态度。不过,在基督徒中却很快产生了与犹太教分离的身份认同,并伴随着对教义正确性的敏感,以及对"异端"这个词的贬义运用。保罗严厉地警告教会成员不可"分门结党"(《哥林多前书》11：19),并把"异端"列入了他的一个"罪恶清单"(《加拉太书》5：20)。

很快,早期教会就不得不面临某种偏离使徒所传正统教义的"异端"的威胁。彼得警告教会务必小心"假教师",那些人"私自引进毁灭人的异端",具体表现为在基本教义方面的错误("连买他们的主也不承认")(《彼得后书》2：1);约翰则提到有一部分人从教会中分离出去,并成为教会的敌人,"他们从我们中间出去,却不是属我们的"(《约翰一书》2：19)。因此,"异端"一词的定义逐渐确定,是指对基本教义的偏离;而"分裂"(schism)则主要指正统范畴内的异议,尽管早期的教父们认为二者存在密切关联,并不断然地加以区分。

德尔图良(Tertullianus)在批驳异端的著作中写道:那些异端就是基督曾经说过的"披着羊皮的狼",他们是假冒的基督徒、假使徒、假教师,怀着"诡诈的灵",侵扰基督的羊群。"这些异端分子通过歪曲教义来攻击教会,其猛烈程度并不亚于末后的日子,敌基督要来施加的逼迫。唯一的区别只是,末后的逼迫造就殉道者,而异端只是产生背教者。"德尔图良进一步解释异端的危害,指出保罗批评了分裂的行为,那是明显的恶,而他立即加上了异端。那么,很明显,异端也是一种邪恶,并且更坏,因为异端必定会引起分裂。①

基督教强烈坚持对核心教义的认信，因此，可以说早期教会是在不断与异端斗争的过程中澄清教义和确立身份的。约翰在书信中已经提到那些"敌基督者""说谎言的"在教义方面的错误是"不认耶稣为基督"（《约翰一书》2:22）。这些人很有可能就是诺斯替派，他们否认耶稣的神性，主张上帝通过一些神秘的方式把"灵知"赐给少数人。奥古斯丁本人在皈信之前曾接受摩尼教。这种异教认为世界始终处在善恶势力的对抗之中，在中世纪的异端那里也能发现这种二元论。奥古斯丁成为主教后，也常常通过著作与异端思想论战，尤其针对强调人类自由意志的伯拉纠（Pelagius）。与此同时，教会也不得不通过多次大公会议澄清关键教义，特别是涉及三位一体和基督二性这两项关键但奥秘的教义，而那些被认定为偏离正统教义的神学家和群体，也就属于异端。古代晚期势力最大的异端是阿里乌派，西欧的蛮族王国起初大多信奉这个异端派别。

早期教会的神学家们已经开始收集和记录异端的信息。殉教者游斯丁（Justin Martyr）曾经整理了一份记载各种异端教义错误的文献。其他教父，如希波律图（Hyppolytus of Rome）、爱任纽（Irenaeus）和德尔图良，也都撰写或整理过类似的文献。奥古斯丁曾经为教会的执事制作过一份"异端名录"，其中收录了88种异端，并在最后收录了曾经与之激烈论战的伯拉纠主义。奥古斯丁在这份文件中给出了自己对异端的认识和研究结果，指出其在教义方面的错误。狄奥多勒（Theodoret of Cyrus）编撰了一部五卷本的异端手册，表示自己是从早期教父的文献中辑录出这些论及错误教导的内容。对于一些晚近异端

---

① See Peters, Edward, ed. *Heresy and Authority in Medieval Europe: Documents in Translation*. Philadelphia: University of Pennsylvania Press, 1980, 29-30.

(如阿里乌派),他也提供了直接的证据。到教父时代末期,大马色的约翰(John Damascene)将一份异端清单作为其著作《知识的来源》的第二部分,大部分采用以前流传的资料,但对于新近的几个异端(包括伊斯兰)运用了当时的证据。[1]

基督教会自诞生之日起,就不得不面对异端问题。在1—4世纪,与异端的斗争更多表现为作为教会代表的神学家的工作,而在罗马皇帝确立基督教的统治地位之后,异端问题也就表现为教会体制的一个问题。东西方教会的内在差异逐渐显现。西方教会倾向于以法律的方式理解和表达教义,东方则倾向于哲学和灵性的方式,两者之间龃龉日深。教宗制在西部的产生,不仅是因为有杰出的领袖在罗马倾颓之际出面保护民众,也不只是因为以教会共同体的组织接管了罗马的行政体系,还有部分是因为对异端问题的体制化处理方式。英诺森一世(402—417年在位)不仅坚持罗马是使徒统绪的护卫者,是西方基督教的奠基者,而且把撒狄卡会议的决议与尼西亚会议(抵制阿里乌派异端)相联系,以此为据主张罗马主教拥有普遍管辖权。另一位著名的教宗利奥一世对迦克敦会议(抵制基督一性论的异端)产生了重要影响,他强调,无论是在信仰方面,还是在行政管理方面,彼得的地位都在其他使徒之上,而彼得则将所拥有的一切传给了自己的继承者即罗马主教。而当罗马皇帝和君士坦丁堡宗主教试图修改迦克敦会议的决议时,教宗坚决抵制,并在写给皇帝的信中表示:"统治这个世界的主要有两大权威:教宗神圣的权威和君主的权威。其中,祭司的权威远较王权伟大,因为在末日审判时,即令人间贵为君王者,他们

---

[1] See *New Catholic Encyclopedia*, 2nd Edition. 15 vols. Detroit, Mich.: Gale Group in association with the Catholic University of America, 2003, vol. 8, 773.

的行为也得由祭司向上帝交待。"①

东西方教会走向分裂，东方教会内部纷争不断，臣服于皇帝，西方教会的体制日益坚固，不得不说与对待异端的不同态度和实践存在一定的联系。随着教会体制的建立与巩固，与异端的斗争也不再是少数神学家的个人事业，而是日益走向依托于制度的法律规制活动。438年的《狄奥多西法典》将针对异端的强制措施载入了罗马法典，为后来的政府和教会以强制方式处置异端奠定了基础。

奥古斯丁在主教的职任上与异端斗争多年，对于异端的构成和处置也有阐述。他认为，单纯理智上的错误并不构成异端，只要当事人愿意接受教会的教导，就不需要定为异端。只有那些顽固不化者，在教会已经辨明所涉及的教义错误，向他明确宣示之后，依然拒绝大公教会所教导的正确教义，表明其在意志上故意抗拒，转而寻求聚集自己的支持者，这才是真正的异端。同时，奥古斯丁也认为，那些并非始作俑者，受他人影响而暂时接受错误教导，也不顽固，愿意寻求真理的人，"绝不能认为属于异端"②。不过，奥古斯丁后来也表示，对异端慈父般的挽回，也必须辅以某种形式的身体强制甚至刑罚。③

奥古斯丁的这种转变，背景是5世纪异端活动的大量增长，以及他个人的痛苦经验。异端活动造成了教会内部的纷争，教产丧失，重要的教会职位陷入对立双方的反复争夺，以及双方在敌对过程中不断爆发的敌意和丑闻。于是，奥古斯丁最终诉诸"有益的思想规制"

---

① [美]威利斯顿·沃尔克:《基督教会史》，孙善玲等译，中国社会科学出版社1991年版，第155—156页。

② New Catholic Encyclopedia, 2nd Edition. 15 vols. Detroit, Mich.: Gale Group in association with the Catholic University of America, 2003, vol. 8, 771.

③ See Laursen, John Christian, Cary J. Nederman, and Ian Hunter. Heresy in Transition: Transforming Ideas of Heresy in Medieval and Early Modern Europe. Aldershot: Ashgate, 2005, 2.

这个对基督教并不陌生的观念。他说：

> 事实上，没有人可以在违背自己意愿的情况下被迫接受信仰；但是，由于上帝的威严，或者更确切地说，由于上帝的仁慈，背信弃义通常会带来苦难的惩罚……因为没有人能做得好，除非他主动地选择，除非他爱过自由意志之内的东西；但是，对惩罚的恐惧使邪恶的欲望无法超越思想的界限。①

如此，奥古斯丁实际上表示，尽管人有自由意志去做选择，并且，真正的善行也必定出于人主动的意志，但是，由于人性的败坏，在某些情况下强制仍然是必要的，甚至是上帝仁慈的表现。于是，针对异端动用强制措施，就不只是无奈的补救，也可能是正当、积极的行动。奥古斯丁引用了《路加福音》14：21-24 中耶稣的比喻：最初被邀请的客人拒绝进入筵席，于是主人吩咐仆人找来穷人和残疾人，最后到外面强迫一些人进来。奥古斯丁以当时惯常的灵意解经法把最初的客人解释为犹太人，后来被请来的是归信的外族人，而最后被强迫的则是从异端和裂教中返回的人。他的这个解释路径在中世纪也有很大的影响力，被用来证明强制措施的正当性。

大约在 380 年左右，西班牙的普里西利安（Priscillian）在他周围聚集了一群实行禁欲的追随者，似乎在传授一种摩尼教-诺斯替主义的教义，其特点是激烈的禁欲主义，以及对魔法和占星术的极大兴趣。普里西利安当然遭到了巨大的反对。383 年，他被帝国命令处决，成为第一个被基督教权力机关以异端处决的基督徒。然而，相比

---

① Peters, Edward, ed. *Heresy and Authority in Medieval Europe: Documents in Translation*. Philadelphia: University of Pennsylvania Press, 1980, 43.

皇帝的个别行为,更令人生畏的是,从438年的《狄奥多西法典》开始,一直延伸到6世纪的查士丁尼《民法大全》,在罗马法中加入了反异端立场。例如,在《狄奥多西法典》中,有这样的表述:

> 朕的旨意是,所有受朕宽厚治理的人民,都要奉行神圣的使徒彼得向罗马人所传授的宗教,正如他所引介的宗教至今仍在阐明的那样。显然,这就是教宗达马苏斯和亚历山大里亚主教彼得(一位拥有使徒般圣洁的人)所遵循的宗教;亦即,根据使徒的训诫和福音的教义,我们应当信仰三位一体的上帝,独一的神,却是圣父、圣子和圣灵三位,在尊荣方面毫无差别。
>
> 朕命令,凡遵守此项规则的人,即享有大公基督徒之名。然而,其余的人,朕判定即为疯狂和失智的人,他们将蒙受异端教义的耻辱之名,他们集会的地点将不再被称为教会,他们将首先受到神的报复,其次受到朕主动的报应,即朕将根据神的审判所规定的惩罚。(380年2月28日)[1]

到7世纪时,塞维利亚主教伊西多尔编撰了百科全书式的作品《语源》,共计二十卷,意图囊括当时整个基督教世界的知识。在其中的第七卷和第八卷,伊西多尔定义了教会和犹太会堂、正统、异端和裂教,并尽其所能总结了教会从1世纪的哥林多到7世纪君士坦丁堡会议关于这些内容的争论。他留下的资料为后人提供了许多关于古代异端的信息。

在东部教会,7世纪的时候出现了一些新的异端,包括保罗派以

---

[1] Peters, Edward, ed. *Heresy and Authority in Medieval Europe: Documents in Translation.* Philadelphia: University of Pennsylvania Press, 1980, 44–45.

及派生的鲍格米勒派(Bogomils)。保罗派的起源不甚清楚,他们自称基督徒,推崇使徒保罗,所持信仰观点驳杂,有马西昂派和诺斯替派的痕迹。他们也持二元论立场,认为世界是由一种邪恶力量创造的,但灵魂从善的上帝国而来。他们不承认基督的神性,也反对当时教会的大多数宗教生活和礼仪形式。保罗派数次遭到拜占庭皇帝的迁移和驱逐,后来进入巴尔干等地区。在此过程中,又发展出了具有类似思想的鲍格米勒派,后者同样持二元论观点,据信与再后来法国南部的异端派别有关联。[①] 由此,西方教会也不得不面临变化了的异端运动。

二、克吕尼与民间宗教情感

在早期教会,包括教父时代,教会面对的异端运动往往是从一些神学家开始的。在教会的教义表述和体制尚未巩固之时,教会内部的神职人员和神学家,受到各种哲学和宗教思想影响,就有发生异端思想的条件。而教会方面的应对,起初是个人性的回应,之后发展为集体性的神学辩论(各种地区性宗教会议和大公会议),其间也掺杂了罗马皇帝的介入。带来的结果是教会教义的澄清,制度的巩固,信条的拟定和采纳,正式的裁定异端活动,以及(尤其在西部)法律性实践的出现。但是,进入中世纪中期,尤其是到11、12世纪,异端越来越多地表现为强烈的民众性质,其产生往往不是某一两个神学家的个人思想,而是一种群众性的宗教生活实践。这就引起了,或者,使我们得以观察到一些新的现象。

---

① 参见[美]威利斯顿·沃尔克:《基督教会史》,孙善玲等译,中国社会科学出版社1991年版,第271—272页。

8、9世纪，查理曼在西部重建秩序。尽管人们仍在怀念罗马和平，但整体的社会结构已经发生了巨大的变化，中世纪的封建制逐渐确立。大致而言，封建主义是在中央权力不足、行政基础结构衰败的情况下，国王和贵族"以土地交换军事服务"，抵御外敌入侵，维持地方上平安的总体安排。如此，权力也就不可避免地容易出现地方化的倾向。尽管查理曼付出了许多努力加强中央权力，也建立了一些行政机制，但并不能扭转总体趋势。在他死后，帝国也很快分裂了。这种态势对世俗政府和教会造成的影响是：一方面，地方上的领主各行其是，修筑城堡，骑士武斗横行，四处劫掠；另一方面，各地的主教也类似地受到地方化影响，国王和贵族把持了主教和修院长的任命权，有些神职人员进入了封建体系、成为保有土地的领主，有些人则专断地行使权力、沉湎于物质享受。这些情况都有悖于教会的普遍主义和道德理想，也很快带来教会治理的衰颓。

教会的回应方式是一场发自修院的改革。当社会普遍衰败，以往有效的各种体制不再发挥作用时，基督教仍然能够努力寻找改革和更新的动力，那就是诉诸具有超越此世性质的灵性和道德观念。换句话说，诉诸个人内心的某种信念以及由此带来的情感。这一点能够帮助我们理解为何有克吕尼运动的兴起。

阿基坦公爵虔诚者威廉于910年在法国东部的克吕尼建立了一所修院，它不受一切世俗和宗教法律管辖，实行自治，但受教宗保护。克吕尼修院采用最严格解释的本笃会规，这种灵性和道德的力量就在暗中积累起来。克吕尼自创立起，连续多任院长都是才干与品德兼备，不久便开始产生榜样的力量。各地修院纷纷效法克吕尼，甚至位于卡西诺山的第一所本笃会修院也依照克吕尼的方式进行了改革。第二任院长奥多(Odo，927—942年在位)去世时，克吕尼的影响已经扩展到法国和意大利的许多地区。到第五任院长奥狄洛(Odilo, 994—1048)时期，克吕尼已经吸引了许多修院前来归附，由此形成了一个修会。与早先本笃会"自愿采纳会规"的松散模式不同，凡归附克吕尼的修院，其院长均由克吕尼总院委任，并向总院院长负责。克吕尼也有派出修士到其他修院进行改革的做法。于是，从一种灵性和道德动力出发，克吕尼开始形成一种坚固的中央化体制。并且，这个体制跨越了封建领地的边界，其下辖修院遍及西欧各处。[①]

克吕尼运动首先复兴了一种对敬虔、和平、友爱且诚实的日常生活的想象。修士们生活在一起，以宗教活动(如祈祷、读经)作为分割时间的标记，从事农业劳作和知识活动(如抄写)，每日的生活极为规律有序。这就与修院外暴力横行、道德败坏的生活形成了强烈的对比，也就成为一种可以观察、设想和追求的革新目标和情感指向。随着克吕尼下辖的修院日益增多、体制巩固，很自然地开始具有溢出修院的巨大影响力。

在克吕尼的影响下，出现了所谓"上帝休战"运动，即以教会的道德力量限制封建贵族的武斗和其他暴力行为。这种做法并非起源于克吕尼修院，但自1040年之后为奥狄洛院长采纳并加以推广，很快形成了"运动"的态势。"上帝休战"规定从周三早上至周一早上纪念基督受难，在此期间发生的一切暴力行为将受到教会的惩治。[②] 受其影响，许多主教也开始在自己的辖区内呼吁并实行"上帝休战"，要求人们宣誓尊重教会和穷人的财产，停止暴力，也要求贵族与骑士宣誓停止武装冲突，违反者将被排除在教会圣礼之外，甚至

---

① 参见〔美〕威利斯顿·沃尔克：《基督教会史》，孙善玲等译，中国社会科学出版社1991年版，第252—253页。
② 同上。

处以绝罚。①

这样一种呼吁和平、仁慈的运动当然获得了大众普遍的支持，也可以说，由此建立了异常牢固的民众基础。进一步，教会人士当然会把革新运动推向更广阔的领域。克吕尼运动将改革之风指向教会，首先要求神职人员恢复道德上的圣洁，针对的主要"罪行"是所谓的"西门主义"和"尼古拉主义"。这两宗罪都有《圣经》的根据，前者指为了金钱或其他不良动机寻求担任圣职（买卖圣职），后者指神职人员违反独身的要求。而这类对神职人员道德圣洁的要求，进一步转变成了教会对任职权的主张。

克吕尼运动早期，许多人（包括克吕尼的院长）都并不反对君王任命神职人员，毕竟这在当时的实践中是惯常做法。但是，随着运动的展开，到了11世纪，许多人就开始把君王（作为平信徒）任命神职人员的做法视为买卖圣职。②再进一步，不受世俗权力和当地主教管辖的克吕尼修院，就向其保护者教宗提出了改革的要求。由此就走向了中世纪历史上异常重要的"教宗革命"。③

随着几位出身或赞同克吕尼运动的神职人员出任教宗，改革运动就朝向更深入和广阔的方向发展。利奥九世（1049—1054年在位）与改革派领袖保持着热切的关系，不断推进教会革新。他在宗教会议上严厉谴责圣职买卖和神职人员违背独身要求，确立须经神职人员和人

---

① 参见［英］拉里·西登托普：《发明个体：人在古典时代与中世纪的地位》，贺晴川译，广西师范大学出版社2021年版，第216—217页。
② 参见［美］威利斯顿·沃尔克：《基督教会史》，孙善玲等译，中国社会科学出版社1991年版，第254页。
③ 关于教宗革命对西方法政传统的重要意义，参见伯尔曼《法律与革命》，以及西登托普《发明个体》。

民选举方可担任教职的原则。① 他明确表达的这些立场为后来格里高利七世的激进改革预备了道路。

1073年，改革派的重要人物希尔德布兰当选为教宗格里高利七世（1073—1085年在位）。在他任职期间，教会乃至整个西欧的权力结构都发生了重要的变化。格里高利七世将关于教宗权力的表述推到一个极高的位置，并勇猛地将原理运用于实践，与亨利四世皇帝就主教授职权展开了激烈的斗争，并一度成功压制了皇帝的权威。尽管格里高利七世并没有始终站在胜利者的领奖台上，而且在皇帝军队的攻击下死于流亡途中，但是，在他之后的教会，其面貌与之前相比已经有了很大的改观。哈罗德·伯尔曼将教宗的事业称为一场革命，并认为由此建立的教会体制（一位立法和司法的主权者，一个有层级的官僚体系，一套理性化的法律，等等）构成了现代国家形态的先驱。而另一位学者拉里·西登托普则将注意力放在教会所激发的"个体"意识，认为这种每个人享有道德平等的观念，乃是现代世界转型的枢纽。

就本书目的而言，以上简要追溯中世纪教会在10—12世纪的变化，是希望指向这样一个问题：为什么到了12世纪，在欧洲出现了类似卡特尔派（Catharism）和瓦尔多派（Waldenses）这样的大规模异端运动？

初代教会的异端运动主要表现为神学家的思想交锋以及宗教会议上的辩论，因大公会议的决议停止，因教会内部不屈服的持续斗争而扩散。但是，到了12世纪，教会发现自己面临一种很不一样的状况：异端并非起于高级神职人员，通常也没有作为起源的思想代表，而是

---

① 参见〔美〕威利斯顿·沃尔克：《基督教会史》，孙善玲等译，中国社会科学出版社1991年版，第254—258页。

来自民间，收拢了大批缺乏神学知识的平信徒。

关于异端最早的书面报告，是科隆附近的一所修道院院长埃博温（Prior Eberwin）于1143年写给当时的属灵领袖、明谷修院院长伯尔纳（Bernard of Clairvaux）的书信。埃博温在信中向伯尔纳报告了莱茵兰地区出现的民间异端，并焦虑地向他寻求指导意见。

> 他们说，唯独他们的聚集才是教会，因为只有他们在追随基督的脚踪。他们持续不断地做使徒生活的效法者，所寻求的不是此世的东西，不拥有房子，或土地，或任何属于自己的东西，正如基督没有财产，也不允许他的门徒享有财产权……

埃博温还报告，这些人排斥教会的权威，质疑教会的圣礼，否认神职人员管理信徒灵魂的职分，拒绝炼狱的教义，甚至在大主教面前引用《圣经》经文为自己辩护。结果，埃博温说，在劝服的努力失败后，当地民众耗尽了耐心，把这些人抓起来投入了烈火之中。①

不久之后，同样在莱茵兰，舍瑙（Schönau）修道院的院长埃克伯特（Eckbert）为科隆大主教撰写了一本题为《驳卡特尔派布道集》的作品，通过十三篇布道辞逐点驳斥异端，最后以奥古斯丁《论摩尼教》的节选收尾。② 尽管埃克伯特的驳斥显得分量十足，但我们也不难由此推测：异端并未消失不见，相反，其影响力可能正在增长。埃克伯特也为我们提供了这个异端的名称：卡特尔（Cathar）。这个词的来源可能是希腊语，意为"纯洁"，因此这个派别也被称为"清洁派"。

---

① See Deane, Jennifer Kolpacoff. *A History of Medieval Heresy and Inquisition*. Lanham, Md.: Rowman & Littlefield, 2011, 25-26.

② Ibid., 28.

我们也看到，埃克伯特将这种异端与摩尼教联系，因为他们最显著的神学立场是古老的二元论：世界处于善恶两种势力的交锋和争夺之中，并非一位绝对善的上帝掌握绝对的主权。

这个异端派别的影响不断扩大，扩展到欧洲许多地方，信众较多的地区包括法国南部、意大利北部和西班牙西部。到1167年，他们已经能够在图卢兹附近召集一次代表大会。到12世纪末，卡特尔派已经在各地赢得了许多贵族保护者，在法国南部受到大部分民众的拥护，在意大利北部也有大批信众，甚至对罗马构成威胁。他们强调禁欲，批评教会的财富和权力，由此不服从教会的管治。从二元论的世界观出发，他们认为，善的灵魂被禁锢在恶的物质世界中，最大的罪是人类的繁殖。为此，人需要悔改，禁欲，并接受一种"安慰礼"。信徒受礼后成为"完全人"，并遵守一系列律法，包括独身，放弃财产，不吃肉、奶和蛋（繁殖之罪的产物）。①

瓦尔多派也属于民众性异端，但其兴起和发展过程与卡特尔派略有不同。1176年，一位里昂富商瓦尔多受吟游诗人歌唱的圣徒传感动，决意追求一种完全的宗教生活，按照字面理解耶稣的命令，散尽家财，主动过贫困的生活，外出传道。他的行动吸引了越来越多的人跟从，形成了一个团体，自称为"里昂的穷人"。1179年，他们向第三次拉特兰会议请求准许传道。教会的高级神职人员与他们交谈之后，虽然没有认定他们为异端，但只是把他们视为一群无知的平信徒。教宗亚历山大三世（1159—1181年在位）拒绝了传道的申请。瓦尔多派并不服从，继续自行传道，于是在1184年遭到了教宗卢修斯

---

① 参见〔美〕威利斯顿·沃尔克：《基督教会史》，孙善玲等译，中国社会科学出版社1991年版，第288页。

三世(1181—1185年在位)的绝罚。[①] 但是,这个派别也同样没有就此消失,而是继续在民间扩散。他们甚至到处传道,驳斥卡特尔派的观点,继续过主动贫困的生活,以此表明自己的敬虔。

教会在处置这类民众异端的时候遇到了特别的困难。一方面,由克吕尼推动的教会改革,以灵性和道德权威为代表,本身就诉诸平信徒的宗教情感。[②] 随着克吕尼运动的进展,民间爆发出热烈的宗教敬虔,事实上,大众的宗教情感也被教会运用于实现自己的改革目的。11世纪晚期,格里高利七世呼吁教会改革,尤其针对神职人员的个人生活(买卖圣职和破坏独身都被理解为属灵和道德的罪),同时也推动平信徒积极的宗教实践。看起来,到12世纪,这些鼓励措施对民间的宗教运动产生了相当强的促进作用。只是,这类民众敬虔运动并不依照教会上层的意愿、始终在体制性的轨道上运行,反而逐渐发展出了反教会的脱轨倾向,并且与地方社会的结构与文化深深地结合在一起。[③]

另一方面,教会的改革固然以克吕尼运动为最初的动力,但随后走向了官僚制的建构。在这样一种以法律思维为主导的体制里,教会的高级神职人员倾向于以某种规整、合乎逻辑的方式理解和定义异端,而这样一套体制与民众异端的性质并不完全合拍。例如,埃克伯特院长在驳斥异端的布道辞中倾向于运用经教会审定的神学知识分析异端的错误,加上引证权威(奥古斯丁),且赋予其一个正式的名称

[①] 参见[美]威利斯顿·沃尔克:《基督教会史》,孙善玲等译,中国社会科学出版社1991年版,第289—290页。

[②] 参见[英]拉里·西登托普:《发明个体:人在古典时代与中世纪的地位》,贺晴川译,广西师范大学出版社2021年版,第219页。

[③] See Deane, Jennifer Kolpacoff. *A History of Medieval Heresy and Inquisition*. Lanham, Md.: Rowman & Littlefield, 2011, 32.

("卡特尔")。这些理性、规整的措施固然集中了攻击的火力，但同时也多少掩盖了民众异端的复杂性和地方性，使经过教会体制化处理之后的异端面貌与其日常生活实际脱节。换一个方向观察，民间的宗教热情没有合适的渠道表达，而其自然溢出所形成的样态在教会官方看来不合正统，或者也可以说，以教会体制化的理解和描述方式，这些民间敬虔运动无可避免地被定义为异端。像瓦尔多派这样起初未被识别为异端的团体，看起来也没有能够寻找到一条联络教会官僚制与民众宗教情感的沟通渠道。于是，民间那些去中心化、以朴素情感为驱动力、缺少自身神学认识的团体和运动，就进入某种茫然无措的状态，反过来，尝试对它们施以规制的教会，也面临同等的茫然。正如有学者指出，在实际生活中，"异端"与"正统"之间并没有那么清晰的对立，但是，到了中世纪晚期，非黑即白的区分却开始变得日益僵硬和官僚化。[1]

总之，到了12世纪，教会不得不设法寻找某种机制来规制民众异端，这也意味着，一个就当时条件而言效率颇高、以法律思维为导向的官僚体制，要尝试确认、分辨、裁定大量个体（平信徒）的内心状态。

三、纠问制

中世纪早期世俗法庭的刑事诉讼，由于"公诉"的观念尚未成熟，所以在很大程度上仍然带有私人性质。发生刑事案件时，发起程序的是被害人或其家族成员。这种程序就被称作"告诉程序"（*accu-*

---

[1] See Deane, Jennifer Kolpacoff. *A History of Medieval Heresy and Inquisition*. Lanham, Md.: Rowman & Littlefield, 2011, 26.

satio）。告诉人向法庭提出指控，也承担证明责任。也就是说，告诉人基本上承担了现代刑事诉讼中检察官的角色，他要启动程序、提供证明，也需要在法庭上与被告对质。而同时，发起告诉者也需要承担巨大的败诉风险。在缺少事实证明方法的时代，首要的证明方式是"誓证法"（compurgation），原被告需要找到愿意宣誓支持本方的人，以更多人集体宣誓的分量胜过对方。在共同体关系紧密的社会条件下，这是一个相对合理的方法：若当地有更多熟人知道真相，或者对某一方的品格有长久的了解，就可以通过加入誓证的方式帮助得出审判结果。而在被告拒绝承认、缺少证人以及无人愿意站出来加入誓证的情况下，法庭则可能采用神明裁判（trial by ordeal）的方式。① 这类审判形式都或多或少地有日耳曼渊源。

另外，也有学者指出，中世纪的告诉程序不只是来源于日耳曼传统，也有罗马法的影响。早期罗马法的刑事诉讼程序通常也由私人的告诉启动，所有罗马公民都可以提出控告，进一步的发展则包括对相关法庭组成人员、陪审人员及罚则的规定。只是到了帝国时期，由皇帝官员发起的"非常程序"才逐渐出现并频繁运用。② 因此，罗马法的刑事诉讼程序在总体上采用私人性的告诉形式，以公诉性的纠问形式为补充。③ 而随着罗马法研究的复兴，到12世纪，世俗和教会法庭程序受到罗马法因素的影响也并非不可想见。

世俗法庭的审理方式影响了教会法庭。李（Henry Charles Lea）在他的《中世纪纠问制史》中，认为中世纪早期的教会法庭逐渐形成了

---

① 惠特曼认为理解早期审判形式的关键在于，认识到神明裁判这类方式的意图并非"证明事实"，而是缓解参与者的道德焦虑。参见《合理怀疑的起源》，第三章。

② 参见〔意〕朱塞佩·格罗索：《罗马法史》，黄风译，中国政法大学出版社1994年版，第267—270、370—371页。

③ See Esmein, A. *A History of Continental Criminal Procedure, with Special Reference to France*. Translated by John Simpson. Boston: Little, Brown and Company, 1913, 18.

三种裁判方式：告诉（accusatio）、控告（denunciatio）与纠问（inquisitio）。在告诉程序中，发起程序者需要支付诉讼费用，承担证明责任，一旦败诉则将受到处罚（talio）。控告则是一位公共官员的官方行动，例如专门负责向教区报告不端行为的主教区会议证人（synodales testes）或执事长针对被控告者发起。而在纠问程序中，教会法庭的法官将被告传召到庭，依照指控的内容加以盘问，如果被告没有认罪，就会传召证人核实，被告也可以提出自己的证人，最后由法官作出判决。[①]

在这一点上，凯利（Henry Ansgar Kelly）认为李对纠问制有误解。他指出，李的三分法大约来自第四次拉特兰公会议的教令，但"控告"基本上是纠问的一个变种，缺乏独立的分类意义。当时的实际情况是，纠问制作为一种新式的诉讼程序，正在全面取代告诉制。而纠问制也并非"向法官授予特别的权力"，此种程序的出现，也不是为了专门针对异端问题。[②] 纠问制的使用，起初与教廷对神职人员的审查有关。教宗英诺森三世在一封谕令中要求严肃处理神职人员的不端和犯罪行为。正是在这封谕令中，他略微提到三种程序，认为旧式的告诉程序来源于罗马法，而控告程序的主要目的是挽回，纠问则用于那些罪行已然臭名昭著的案件。教宗要求原本就负有巡查教区责任的主教严肃地处置神职人员犯罪，尤其是使用"依职权发起的纠问程序"（inquisition ex officio）。[③]

因此，我们可以观察到，教会法庭运用纠问制处理异端案件，乃

[①] See Lea, H. C. *A History of the Inquisition of the Middle Ages*. Vol. 1. Cambridge: Cambridge University Press, 2010, 310.

[②] See Kelly, Henry Ansgar. "Inquisition and the Prosecution of Heresy: Misconceptions and Abuses." *Church History* 58, no. 4 (1989): 439–451, at 441.

[③] See *New Catholic Encyclopedia*, 2nd Edition. 15 vols. Detroit, Mich.: Gale Group in association with the Catholic University of America, 2003, vol. 8, 485–486.

从属于一个更大的变化过程，即教会不断地采用更严厉、更正式且更规范的方式来管制属于教会的各种人员。首当其冲的并非平信徒，而是神职人员。这个过程与克吕尼运动有内在关联，因为，正是克吕尼运动追求敬虔的导向，引起了对神职人员生活、行为的关注，伴随着教会法的发展，才发展出了日益成体系的法庭实践。而所谓的"教宗革命"也带来了更大范围的社会规训，教会在各个层级都开始以纠问制取代告诉制。始于神职人员的法律管控，慢慢扩展到平信徒，遇到了同样因克吕尼而兴起的大众敬虔运动，便逐渐聚焦于异端问题。

也就是说，到中世纪，"异端"这个概念背后的法律意涵日益增多，教廷日益增长的法学知识、法庭程序和法律文化，与通过法律途径"被判定"的异端之间存在某种有趣的互动关系。一个法律和官僚的体制，具有解释和概念化社会生活的冲动，也正是通过法律的规范性实践，社会生活才会被容纳进这个体制之中。问题在于，经过体制解释和表述的生活实际，亦不复为原初的生活，而是接受了官方知识规训后的生活。但这种经过微妙形变的关于社会生活的表述，也会反过来影响体制的变化。"异端"与"纠问制"之间具有一种复杂的共生关系。

就异端的处置而言，教会早期的处置方式倾向于劝说而非强制。12世纪的大公会议意识到异端的威胁，要求神职人员采取各种惩戒措施，但至多也就是绝罚，并未设想针对身体的强制措施。有一些神职人员还时常呼吁容忍，主张尽可能多地采取教牧措施。面对法国南部的异端风潮，西妥会的领袖明谷的伯尔纳被教宗派往朗格多克地区，试图以典范的生活与恩慈的布道感化和挽回异端分子。鉴于许多异端在生活方面表现出了高于神职人员的圣洁，教廷也设立了两个托钵修会——方济各会和多明我会。设立新修会的目的并非执行纠问,而是以生活榜样和传讲正确教义尽可能挽回异端。[①]

在这里,背后的问题是,基督教会自建立起,理所当然地是道德与灵性的权威,其教义不仅包括上帝的全能,还包括上帝的良善与恩慈。早期教会的影响力也直接来源于基督徒生活所表现出的美德,尤其是离弃世俗享乐的圣洁。克吕尼运动的起因,也来自对教会纪律和修院灵性生活松弛的反动。克吕尼派整顿教会、收束体制的切入点,也是神职人员违背《圣经》、沾染世俗的灵性犯罪。一种道德的权威,显然不可能单纯以强制方式建立。但是,如前所述,12世纪的异端具有深厚的民间基础,一方面与大众的敬虔情感结合,另一方面又深深地植根于地方社群。教会对此并非毫无知觉,但是,单纯依靠劝服,越来越显示出不能承担消灭异端,重建道德与灵性权威的任务。这种倾向与教会体制的发展相结合,就日益走向强制和刑罚的路线,甚至发展到发动战争、实施肉体消灭的地步。

1179年,瓦尔多向第三次拉特兰会议请求准许布道,遭到教宗亚历山大三世的拒绝。在这次会议上,也发布了针对异端的教令,对法国南部的卡特尔派等群体处以绝罚,要求神职人员在主日和宗教节日公开谴责,要求世俗政权没收其财产,并动用武力进行镇压。[②] 而瓦尔多被拒绝后并不服从,继续自行传道,于1184年被教宗卢修斯三世绝罚。同时,法国南部的异端问题日益严重。从教宗发布的教令来看,相比以前的教令增加了更多的具体措施,包括严禁私人传道、支持者与正犯同罪、严厉惩戒信奉异端的神职人员、高级神职人员应

---

① See Peters, Edward, ed. *Heresy and Authority in Medieval Europe: Documents in Translation*. Philadelphia: University of Pennsylvania Press, 1980, 165–166.
② Ibid., 169–170.

当严格履行教区巡察任务、要求世俗贵族宣誓协助教会处置异端等等。① 这些措施都在暗示,法国南部的形势日益严峻。

英诺森三世就职后,形势变得更加糟糕。1209 年,教宗派往法国的特使被杀,导致英诺森宣布发起一场针对法国南部异端的十字军运动。本就想要压制南部贵族的法国国王欣然配合。这场战争持续了二十年之久,法国南部惨遭蹂躏,财产和人口损失巨大。卡特尔派或者认罪回归正统信仰,或者被杀,少数剩余者则隐藏起来或外逃。1215 年,第四次拉特兰会议颁布了更详细的教令。除了以纠问制代替告诉制,在更大层面上整顿教会,英诺森三世也在教令中增加了更多针对异端的具体措施。一切异端都遭到谴责,被定罪者,平信徒交由世俗政权处以刑罚,神职人员解职,财产没收。有异端嫌疑者将遭受审查,不能证明清白即受绝罚。世俗官员需要公开宣誓,承诺尽力剿灭教会所认定的异端。若有世俗统治者惩治异端不力,处以绝罚一年,若不改正,解除其所有封臣的效忠义务。② 由此可见,教会对异端的处置方式日益走向强制。

这一时期关于异端问题的理论探讨也不少。托马斯·阿奎那在论及处置异端的问题时,一方面从神学上认同应当以宽容为原则,但同时也为肉体消灭提供了神学辩护。他认为,首先,鉴于使徒教导,上帝的仆人应当温和,尽力把那些抵挡真理的人挽回过来,因此不宽容就违背了使徒的教导;其次,对教会中必然存在的事物应该容忍,而使徒曾经说,在教会中必定有异端出现;最后,基督本人曾命令"暂时容忍稗子生长,直到收割的时候",即世界的末了,因此,也

---

① See Peters, Edward, ed. *Heresy and Authority in Medieval Europe: Documents in Translation*. Philadelphia: University of Pennsylvania Press, 1980, 171-173.
② Ibid., 174-176.

应当暂时宽容。如果异端被剥夺生命,就失去了悔改的机会。但是,另一方面,托马斯也指出,使徒曾经表示,教会中如果有异端出现,警诫一两次后,就要将其逐出。于是,托马斯总结说,在异端分子一边,他们需要认识到自己的罪极其严重,如果制造假币(肉身所需)的罪应当处死,那么败坏信仰(灵魂所需)的罪就愈加严重,除了被教会绝罚,理应由世俗政权处死。而在教会一边,托马斯说,应当表现出恩慈,盼望迷途者归回,所以教会处置异端不能着急,应当有耐心,依照程序推进,若几次警诫无效,才施以绝罚和世俗惩罚。①

另一位英格兰的神学家,林肯主教格罗塞特斯特(Robert Grosseteste)则提出了广为接受的异端定义:"一种因人的认识而主动选择,由人的理性创造,以《圣经》为基础,违背教会教导,公开承认,并顽固坚持的意见。"按照他的观点,异端不仅是一种神学错误或混乱,还需要具备当事人顽固坚持、公开宣扬的因素。②

由此,我们就不难发现,由于牵涉到许多精细的神学和法学议题,加上现实中复杂的社会和政治形势,即便是在教会已经决然地动用暴力剿灭异端的情况下,其理论问题仍然有许多可探讨、辩驳之处。这一点反映到法律方面,就表现为相关理论、规定和程序的进一步精细化。

1229年,在法国南部的异端战争结束后,教会召开了图卢兹会议。这次会议颁布的教令,同样反映了涉及异端的法律进一步复杂化。例如:③

---

① See Peters, Edward, ed. *Heresy and Authority in Medieval Europe: Documents in Translation*. Philadelphia: University of Pennsylvania Press, 1980, 182-183.
② See Deane, Jennifer Kolpacoff. *A History of Medieval Heresy and Inquisition*. Lanham, Md.: Rowman & Littlefield, 2011, 95.
③ Peters, Edward, ed. *Heresy and Authority in Medieval Europe: Documents in Translation*. Philadelphia: University of Pennsylvania Press, 1980, 194-195.

教令10。兹命令，任何"穿袍异端"（haeretici vestiti），即自愿放弃异端信念、回归大公信仰、承认错误的人，不可留在先前居住的市镇，若该市镇有异端嫌疑；而应安置在一个没有异端嫌疑、信奉大公信仰的市镇。另外，为表示弃绝先前的错误，自此以后他们应当在外衣上佩戴两个颜色不同、醒目的十字架；若无主管主教书面证明其已回复信仰，此类人员不得停止佩戴十字架。此类人员之后也不得担任任何公职，在任何法律事务中亦不被接受，除非经教宗大人或其特使施以充分补赎，被教会重新接受。

教令11。但是，凡出于恐惧死亡或任何其他理由，亦即，非出于自愿，而回归大公信仰的异端，应由所在地主教监禁，以适当的谨慎施行补赎，以防止他们拥有腐蚀他人的理论；他们的生活所需，按照主教的指示，由那些获得其财产的人供应；或者，如果他们没有财产，则由主教供应。

教令12和13。所有达到责任年龄的人，需宣誓否认异端，并一年三次向一位司铎作告解。

教令14。禁止平信徒拥有《旧约》和《新约》书卷；出于灵修的需要，希望获得《诗篇》《祈祷书》或圣母《时辰诵祷书》的不在其列；但严格禁止拥有任何这类书籍的译本。

因此，我们可以有这样的观察：克吕尼运动诉诸一种引向积极行动的宗教敬虔，随着其影响的不断展开，在教会上层，逐渐演变成了一场强调教宗至上权威、严格的圣统制和法律的"革命"或说"体制建设"运动；但是，在另一边，克吕尼所激起的民众宗教情感，在底层则恰恰形成了一种与"体制"不甚合拍的个人敬虔运动。随着两边的运动都不断发展,二者之间的矛盾也日益尖锐,裂痕不断加大。像瓦尔多这样的民间领袖,十分渴望获得教会体制的认可。然而,已经开始习惯于法律制度和文化的教会上层却显示出对大众宗教情感的不信任。即便他们曾经尝试将这类民间运动纳入教会体制,也往往倾向于用法律的思维去理解并进一步施以规范。而在以教会法规范大众敬虔的时候,那些民间属性就更多地展现出了"不合规"的样态,进而成为"异端"。像英诺森三世这样的法学家,特别善于把灵性的罪与法律上的犯罪联系在一起,以至于他很容易地把"异端"与世俗法律中的"叛逆"类比。①

从教会处置民众异端的进程来看,针对异端的教令越来越严格、具体而琐碎,这也意味着,教会并不能很好地理解和容纳民间产生的"异于常规"的敬虔情感,而不得不增强法律的强制。这类强制措施并不能重新容纳那些偏离体制正轨的团体,其更大的作用看起来是通过界定边缘群体、明确界限、设立罚则而巩固内部成员的服从。② 于是,我们在图卢兹会议颁布的教令中,已经可以观察到某种针对不同人群、充满敌意的"划界"措施。隐藏在这类措施背后的心态,显然不是早期教会的"爱与仁慈",不是充满自信的外向包容,而是一种对边界以外领域的恐惧感,一种内向的防御。

凯利解释中世纪教会对纠问制的运用,认为流行的说法误解了纠问制,当时并没有一个中央化的"裁判所"机构,纠问制最初的目的也不是专门针对异端,只不过后来被运用于异端裁判而已,并且产

---

① See Deane, Jennifer Kolpacoff. *A History of Medieval Heresy and Inquisition*. Lanham, Md.: Rowman & Littlefield, 2011, 89.
② Ibid., 95.

生了背离制度设计的滥用。① 从法律技术的角度看,凯利的这些观察都有道理。但是,问题在于,纠问制确实因为被用作管制异端的工具而变得日益细化和僵硬,也同样由于并未那么容易地达成设想的效果,才发生了滥用。

法律一旦开始变得细致,它就必然会变得更细致。图卢兹会议的教令规定了许多处置异端人员的具体方法,进一步,我们就看到实际处置异端案件的教会神职人员发展出了更为具体的纠问手册,用以指导司法实践。大约在图卢兹会议二十年后,我们就看到了一份供审查人员使用的非常详细的手册,使我们能够大概了解,日益正规的"宗教裁判"是怎样的面貌。②

一位多明我会的裁判官向法国南部卡尔卡松的两位同事发出委任信函,要求他们"努力而谨慎地"调查当地的异端(包括"名声不佳的人"),并划定了工作的地区。委任信函之后附有详细的纠问程序指引,包括各种文件的样稿。

首先,裁判官来到委任函指定地区的某个地方,召集当地的神职人员和群众,向他们布道。在其中,裁判官需要宣读教宗和当地修院长关于此次调查的授权书信,说明必要性,解释审理过程的形式,接着就对在场者发出一个集体的传召令,而对那些当时不在场者,则可以发出书面传召令。具体的传召工作由教区司铎执行,十四岁以上的男性和十二岁以上的女性,有异端嫌疑者,都需传召到庭;如果当地此前没有实施过宗教裁判,则给予一定的宽限期,要求有问题的人自

---

① See Kelly, Henry Ansgar. "Inquisition and the Prosecution of Heresy: Misconceptions and Abuses." *Church History* 58, no. 4 (1989): 439-451.

② 以下参见 Peters, Edward, ed. *Heresy and Authority in Medieval Europe: Documents in Translation*. Philadelphia: University of Pennsylvania Press, 1980, 200-206。

第三章 良心问题的宗教渊源

行前来报告并解释。

传召到庭的异端分子，即被要求忏悔，弃绝一切异端，并宣誓：自己在陈述中会完全保持诚实；捍卫大公信仰；不再跟从任何派别的异端，不会与异端分子保持友好或相信他们，反而要积极追捕，至少向教会或世俗权威报告；绝不妨碍调查；等等。接下来，裁判官要仔细地审问被传召者：他是否见过异端分子，何时何地见过，频率如何，有无同行者，其他被指控者情况如何；是否听过异端分子布道，是否为他们提供食宿或安排藏身所；是否带领他们从一地去往他处，或者护送他们，或者安排向导；是否与他们一同吃喝，是否吃过他们祝福过的饼；是否赠送过任何东西给他们；是否担任过他们的财务代理人、信使或助手；是否持有他们的存款；是否曾受异端分子的"祝福"；是否参加过他们的圣餐礼，向他们忏悔自己的罪，从他们那里接受过补赎；是否有过协议、礼物交换，约定隐瞒真相；是否知道任何其他人有过上述情况……纠问完毕，内容做成书面记录，经本人和旁证查验确认。如果在某地异端已经传开，可以做集体纠问，对每个人的询问都做成书面记录。

针对特定的嫌疑人，裁判官也会发出书面的传召令，要求他在规定的时间和规定的地点前来就其信仰问题接受询问。传召的内容也可能是要求对象为特定的罪名前来接受询问，或者接受监禁的判决，或者为特定行为作补赎，或者为已故的亲人应诉，等等。手册也表示，裁判官允许嫌疑人为自己辩护，也注意遵守确定的法律程序，但是，依照教宗的谕令，证人的姓名并不向嫌疑人公开。

在依照书面指示详细询问嫌疑人后，裁判官将会作出判决。如果嫌疑人在接受纠问的过程中表现良好——意思是，要么令裁判官确信他的信仰纯正，并非异端，要么以可信的方式认罪并愿意悔改，希望回归大公教会——他就在接受补赎的判决后被释放。或者，那些状态有疑问的异端嫌疑人，将会被送到指定的城市收监，关押在"体面且人道的监狱"，同时按规定执行补赎，如此，即被教会重新接纳。如果嫌疑人在纠问过程中被证明持有异端立场、附从异端团体，且顽固地不愿悔改，或者在被教会重新接纳后再犯，表明其悔改虚假，则将被交付世俗权柄处置。因此，在异端案件中，最后的处置方式大约是两种：一种是被开释，但需要作补赎；另一种则是被定罪，交给世俗权柄。

四、补赎

凯利尝试为教会的纠问制辩护。[①] 在文章中，他指出并澄清了许多关于纠问制的"普遍误解"。比如：获得授权审理异端案件的教会法官并不比其他法官拥有更大的权力；异端审判的程序也并没有超越寻常的惯例，程序启动后基本上是确定的；在异端审判中，被告也并非事先就被推定有罪，同样需要适当的证明，被告供述用于定罪仅限主动认罪的情形；被告在诉讼中也享有各种权利，包括请代理人、向教宗提出上诉等等。

当然，凯利也承认，教会的异端审判在实践中发生了偏差甚至败坏。教宗的谕令逐渐放松了原本较为严格的程序性规定，例如允许异端审判采取简易程序，在审判时向嫌疑人隐藏证人姓名，甚至隐藏罪名。凯利总结说，纠问制是杰出的发明，构成了大陆刑事程序的基础。在特别的异端裁判中，这个制度的执行出现了偏差，这应归咎于"过于热忱和不够审慎的法官"，当时的教会法学也有责任，未能及

---

① See Kelly, Henry Ansgar. "Inquisition and the Prosecution of Heresy: Misconceptions and Abuses." *Church History* 58, no. 4 (1989): 439-451.

时意识到问题并加以补救。

凯利的观察有合理之处。有一点常常被人忽视，那就是纠问制最初的用途并不是用来对付异端，而是在克吕尼运动后，随着敬虔情感的增长和教宗权力上升，用来针对教会中行为失范的高级神职人员。原本，对于那些道德有亏的主教，很难由下级发动某种纠正或制裁程序，而现在可以通过特定的纠问审判，对"买卖圣职""多重任职"和性犯罪等加以制裁。不过，凯利没有提到的是，纠问制被用于制裁异端后所发生的偏差，其实也正是由于这套制度未见得完全适合承担这项并非初始设计的任务。

针对高级神职人员的失范行为所设计的纠问制，程序相当严谨，尤其是，与整个教会官僚体制的发展相结合，以大量固定格式的文书作为程序的框架，灵活变通的余地很有限。这样一种制度所体现的，首先是教宗的权威和法学家的思维，所规制的，首先是被告的行为。尤其是，考虑到被告通常是熟悉教会体制的神职人员，长久的训练也使他们天然地倾向于附和这种严格、书面化的程序。

可是，一旦法官面对的被告变成了一群对教义的精微之处和教会体制都相当无知的平信徒，面对的问题不仅是要审查被告的行为，而且要确定他内心的信仰状态，原先的纠问制就显得有些捉襟见肘。事实上，这也就是为什么几任教宗都以谕令的方式对纠问制做了一个关键的补充：不向被告说明证人的姓名。在《纠问手册》中，多明我会的裁判官绝不是如凯利解释的那样，把这种设计视为对纠问制的"偏离"，而是称赞这样的做法乃是教宗"明智的规定"，"对信仰而言绝对必要"[1]。而这也正是托马斯·莫尔在与克里斯托弗·圣杰曼

---

[1] Peters, Edward, ed. *Heresy and Authority in Medieval Europe: Documents in Translation*. Philadelphia: University of Pennsylvania Press, 1980, 203.

论辩中反复陈明的立场。

因此,针对异端的制裁,在纠问之后,就移交给了教会的神职人员,由他们执行和监督补赎。补赎,是针对人的良心。

尽管教宗革命之后,教会的官僚制和法学显得日益坚固,但是,我们还是必须意识到,教会本身是一个"属灵"的机构,它的任务是确保人的灵魂能够进入天堂。这也就意味着,教会对人的管治在某些时候必然要"深入内心",这种对于人和上帝之间关系的管理,被称作对"良心庭"(forum of conscience)的管治。而在教会法上,关于管辖权的分类,有一对可能令现代人觉得很是陌生的概念,就是"内庭"(internal forum)与"外庭"(external forum)。内外庭指的主要是教会管治的不同领域,外庭是公开的领域,而内庭则是隐秘的领域,但在两个领域发生的事情都会对良心庭造成影响。换句话说,教会对人的灵魂拥有管辖权,而这种管辖权及于公开的场合与行为,也及于隐秘的场合与事务。进一步申言之,教会管理人的"罪"(sin)的问题。很多时候,罪当然涉及人的内心状况,于是教会自然会于内庭施加管治。但是,罪也会在外庭发生后果,于是教会也可能在外庭加以管治。教会处置异端,本质上是要处理当事人属灵之罪的问题,异端的罪尤其表现于内庭,教会法庭作出补赎的决定,就是在内庭的处理。但教会作出的处理也发生在外庭,比如判定异端接受外部的教会处罚(移居到特定地点、监禁、特定的标示),也会把异端送去世俗权柄处接受处罚。[①]

在中世纪的基督教神学中,良心是一个相当精细的问题,并且从

---

① See Coriden, James A., and Thomas J. Green, eds. *New Commentary on the Code of Canon Law*. New York: Paulist Press, 1999, 186; *New Catholic Encyclopedia*, 2nd Edition. 15 vols. Detroit, Mich.: Gale Group in association with the Catholic University of America, 2003, vol. 8, 1234 ff.

一开始就与人的罪及其处理方式联系在一起。首先讨论这个问题的是坎特伯雷的安瑟伦,他在《上帝何以降生为人》中指出,故意犯罪与无知犯罪有重大区别,如果一个人出于无知而犯了一个"若事先知道其罪重大而绝不敢犯的罪",这个罪的严重性就要降低,只构成轻罪。①

12世纪,阿伯拉尔论到良心问题,就把它与罪放在一起讨论。他认为良心是一个人内心对上帝及律法的认识,违背良心就构成犯罪,反过来,如果没有违背良心,则不构成犯罪。如此,阿伯拉尔就必须回答一个重要的问题:如果一个人基于自己错误的良心做出了违反上帝的行为,是否构成犯罪。阿伯拉尔的回答是,如果当事人对于良心的错误并无过错,乃是出于不可克服的疏忽,并不构成犯罪。② 阿伯拉尔的这个说法显然会令教会担忧,因为这很容易令异端脱罪。(当然,阿伯拉尔本人也是个离经叛道者,被教会定过异端。)不过,他至少指出了一个重要的问题:教会要如何根据人的内心状态确定罪?

阿伯拉尔之后,神学家彼得·隆巴德(Peter Lombard)就良心问题引入了一个重要的概念。他在探讨"罪人的内心何以仍然有向善的动力"时,引用了耶柔米的说法,认为上帝在人心里放置了"理性的火花",它始终是向善的,哪怕人的意愿因受罪的玷污而败坏。在引用耶柔米时,隆巴德使用了希腊文的词"synderesis"来指称这种"良心的火花"。后来的注释者则进一步把这个概念解释为"更高级

---

① 参见〔法〕雅克·勒高夫:《炼狱的诞生》,周莽译,商务印书馆2021年版,第326—327页。
② 参见侣化强:《形式与神韵:基督教良心与宪政、刑事诉讼》,上海三联书店2012年版,第125—126页。

的理性"和"自然法"。① 重要的是,这样一来,神学家们就开始拥有两个与"良心"有关的概念工具:conscientia 和 synderesis。

坎特伯雷大主教朗顿(Stephen Langton,就是协调起草《大宪章》的那位)作了进一步的细分。他解释说,人内心支配道德生活的力量包括低级的欲望(appetite)、理性和良知(synderesis),理性居于欲望和良知之上,欲望诱惑理性为恶,良知引导理性向善。按照他的解释,良知属于抽象的原则,而理性则在具体的情形中作出实践性的选择,"良心的责备"(remorse of conscience)就属于后者。②

到13世纪,法国神学家腓力(Philip the Chancellor)又对这个问题作出了重要的发展。他认为良知(synderesis)是理性的一个部分,并且是亚当堕落之后依然存留的"原初的正义",是上帝放在人心里的亮光。这样,按照腓力的论述,良知就位于人的理性之上,是一种"总体的善"、一种"天性的潜能",是不会出错的。但人堕落的理性在与良知结合时,却有可能作出错误的选择,因此,所谓"良心"(conscientia)是会出错的。腓力用三段论解释良知与良心的关系:良知构成大前提,理性提供了小前提,良心则在两者结合之下提供了结论,如果结论出现了错误,并非大前提出错,而是作为小前提的理性出现了错误。③

最后,托马斯·阿奎那对这个问题作了综合。托马斯继承了腓力的说法,认为良知(synderesis)是概括性的原则、理性中不可变更的部分,是不会出错的,而把原则应用于具体的处境时则可能出错,

---

① 参见侣化强:《形式与神韵:基督教良心与宪政、刑事诉讼》,上海三联书店2012年版,第127—129页。
② 同上书,第129页。
③ 同上书,第129—133页。

conscientia 就是具体的应用。所以，在托马斯那里，"良心"更倾向于一种实践的机能，亦即"良知之用"。进一步，托马斯就把 conscientia 的道德含义基本剥离，不再是某种道德潜能或者对上帝的认知，而变成仅仅是一种实际的认知状态，一个"行为"，也就当然可能出错了。而对于具体的道德实践，托马斯认为，正确的良知之用与错误的良知之用在对人的约束方式上有所不同，正确的良知之用具有无限的约束力，而错误的良知之用只有相对、偶然的约束力。异端分子的内心状态出了问题，发生了信仰的偏差，也就是其良知之用出现了错误。而对于错误的良知之用，人的责任是置之不理。由于托马斯倾向于抽空"良知之用"的道德内容，使其仅仅成为一个行为，那么，一个人的道德选择就难以依赖自己的良知之用，而不得不附从于更高的权威，尤其是教会的权威。因此，自托马斯以降，个人的良心难以作为判断的标准，而必须依照教会的训导，尤其是依照教会的法律进行塑造和充实。[1]

我们不难发现，12 世纪以降，教会关于良心问题的神学发展，也与其对异端的处理有关联。克吕尼运动引起的敬虔心态，令神职人员和平信徒转向对"罪"的敏感，尤其是转向"内在化与个人化"，信徒的忏悔与神职人员施行补赎的判断相结合，以此处理人的罪咎问题。但是，在这一过程中，教会组织与信徒个人之间的某种张力也开始出现。经过神学家的努力（也包括日益严重的异端威胁的影响），个人良心与罪的联系受到极大的约束，教会方面强烈地倾向于由教会权威来控制个人良心，充实其内容。而针对不断蔓延的异端，纠问制这种司法形式面对个人良心时显得不够牢靠，因而需要以补赎（忏

---

[1] 参见侣化强：《形式与神韵：基督教良心与宪政、刑事诉讼》，上海三联书店 2012 年版，第 140—151 页。

悔)的圣事附加控制。因此，在确立纠问制的第四次拉特兰公会议上，另有一条教规，就是规定每一名信徒一年至少需有一次履行忏悔的圣事。①

随着教会自身体制的发展，以及应对异端的需求增大，整个西方教会日益倾向于运用各种工具，包括法律的、圣事的，来审查、控制、管理人的内心。而对人内心的严厉管治，尤其是以法律形式施加的管治，则不可避免地制造出越来越多的焦虑和敌意。

伟大的教会法学家英诺森三世在一则布道文中描绘了一幅五层结构和三支军队的世界图景：天堂位于最高处，地狱位于最下方，现世处于中间，在现世与天堂之间还有乐园(活着被提的以诺和以利亚生活在其中)，在现世与地狱之间则是炼狱；住在乐园中的人构成一支军队，即"得胜的教会"，中间的军队是"争战的教会"，处于炼狱火焰中的则是"炼罪(受苦)的教会"。② 在这个图景中，现世教会的"争战"就在于尽力拯救人的灵魂脱离魔鬼和地狱，那也就意味着以各种方式规管人们的良心，并敦促他们带着一种紧迫感保持战斗的状态。

针对异端的审判是一场正义的战争，而针对异教徒的战争也是一场审判。

五、十字军

1095 年 3 月，教宗乌尔班二世在皮亚琴察召开了任期内的首次

---

① 参见〔法〕雅克·勒高夫:《炼狱的诞生》，周莽译，商务印书馆 2021 年版，第 330 页。
② 同上书，第 265—267 页。

大公会议，通过的教规涉及教会改革、异端问题、裂教问题以及法国国王腓力的通奸罪问题。同时，会议也接见了拜占庭特使，后者代表皇帝请求军事支援，教宗则给予了肯定的答复。夏天，乌尔班开始巡游法国，并在进入法国后宣布于 11 月在克莱蒙召开大公会议。随后，他沿着显然精心选择的路线访问法国各地，从普罗旺斯到朗格多克，再到里昂和勃艮第，于 10 月达到克吕尼总院（他曾是克吕尼的副院长）。乌尔班每到一地，往往向当地神职人员、贵族及平民布道。11月，大公会议于克莱蒙召开。会议讨论了教会改革等重要问题。教宗则在向神职人员发表的讲话中特别提到，在这个动荡的时代，需要恢复人们对和平的渴望，进一步呼吁"上帝休战"。[1]

11 月 27 日，会议结束。教宗乌尔班二世发表了一篇布道，正是这次布道点燃了十字军运动之火。

教宗的布道没有留下书面稿，很可能是在一路酝酿的基础上所作的即兴演讲。学者们从编年史和嗣后教廷发布的文书中尝试了解教宗布道的内容，虽然多有歧异，但对于几项重点能够大约达成一致。首先，教宗的布道一定充满了热情，令在场的人激动起来，被一种敬虔的热忱掌控，以至于贵族们当场宣誓出征。其次，有许多记录指出，教宗宣讲了耶路撒冷的重要性，前往圣地解救被蹂躏的基督徒构成了一种特别的朝圣之旅。另外，很重要的一点是，教宗表示，参加解救圣城和基督徒的军事行动，将被视为一种补赎，参与者将获得许多属灵的好处。[2]

十字军运动是当时的一件大事，扰动了整个欧洲。在此，我不想

---

[1] See Cole, Penny J. *The Preaching of the Crusades to the Holy Land, 1095-1270.* Cambridge, Mass.: Medieval Academy of America, 1991, 1-2.

[2] See Cowdrey, H. E. J. "Pope Urban II's Preaching of the First Crusade." *History* 55, no. 184 (1970): 177-188.

追溯十字军具体的军事行动，也不打算探讨十字军所涉及的许多重要的问题。就本书目的而言，我希望略微探索的，是教宗发起的这场运动在法律和思想的层面上有何意义。

事实上，乌尔班二世并不是十字军最初的设想者。早在1074年，格里高利七世在得到突厥人入侵的消息后，就提出要亲自率领一支五万人的军队前去"解放"东部的基督徒，甚至计划率军一路杀向耶路撒冷的圣墓。① 我们当然需要理解中世纪欧洲人的宗教热忱，这种"在此世争战"的心态也同样可以追溯到克吕尼运动。但是，我们也需要注意，在教会势力上升的过程中，有一个重要的维度，就是教会尝试控制世俗贵族的武力。教会倡导的"上帝和平"运动在很大程度上改变了封建贵族私斗的风气。同时，格里高利七世将教宗权力的理论推高到极致，产生了某种脱出教俗二元权力结构的倾向，但他的理论在现实中遇到的最大阻碍就是皇帝的军队。格里高利七世本人在与亨利四世的斗争中，最终被武力驱逐并死于流亡。因此，如果教宗能够通过属灵权威影响甚至主导世俗武力的运用，才能真正巩固自己的地位。乌尔班二世不可能对此缺乏领悟，因为他自己也是在流亡中即位，直到1094年才驱逐了伪教宗，回到罗马，并通过皮亚琴察大公会议巩固了权力。② 而接下来他立刻着手进行的，就是宣传和动员了十字军。考虑到克莱蒙会议公开宣布法国国王腓力犯通奸罪，并将其逐出教会，教宗不可能不考虑与世俗权力的关系问题。

教宗的布道，包括此后绝大多数专门为动员十字军而设计的布道，不得不面对一个重要的理论问题，即如何论证暴力的正当性。毕

---

① 参见[英]乔纳森·赖利-史密斯：《十字军史》，欧阳敏译，商务印书馆2016年版，第3—4页。
② 同上书，第9页。

竟，在克莱蒙大公会议上，宣讲和推动"上帝和平"依然是重要议题之一。有学者指出，在基督教神学和法学思想中，"正义战争"的观念由来已久，奥古斯丁首先区分了"正义战争"与"可允许的战争"。而此后的神学家和教会法学家逐渐把正义战争的标准定为三项：有正义的理由，由合法的权威发起，参与者需保持正当的动机。① 如果再加上"上帝的规定"，那就成了"圣战"。因此，乌尔班在布道中特意强调"解放耶路撒冷""保护受压迫的基督徒"，都是为了满足当时教会法对正义战争的要求。② 借助"正义战争"具备的神学和法学背景，针对异教徒的战争行动也可以被解释为上帝通过基督徒执行的审判。

教宗通过布道的方式引导听众的宗教敬虔，也是引人注目的操作。克吕尼运动激发民众的敬虔后，人们出现了一种对自己灵魂最终结局的担忧，这种担忧则直接反映在现世的行动中。中世纪的异端往往倾向于追求某种彻底贫困、"纯洁"的生活，情感上的动力也与此有关。只是，在神职人员看来，由于对教义的无知，异端分子的良心出现了错误的认识，使他们成为教会内部的敌对者。教会在此过程中试图做的，是尽力确认、评估、纠正以及充实那些平信徒的"良心"。通过布道对信徒的良心施加正确的影响，也就是一种类似的操作。此前神职人员告诉世俗贵族，不可滥用武力，否则可能对灵魂造成危险；而如今他们则教导，按照教会法的界定正确地运用武力，将会为灵魂带来许多益处。

当我们从这些角度观察，就会发现教廷在发动十字军与处置异端

---

① See Riley-Smith, Jonathan. *What Were the Crusades?* 3rd ed. San Francisco: Ignatius Press, 2002, 6.

② See Cole, Penny J. *The Preaching of the Crusades to the Holy Land, 1095—1270.* Cambridge, Mass.: Medieval Academy of America, 1991, 4.

的种种措施上，具有某些深层的结构相似性。敬虔运动激发了人们的宗教热忱，教会在此基础上发起改革，形成了一种高效率的管治体制。但在体制形成后，平信徒中未受规制的敬虔情感就引起了注意，需要不断管制。于是，一方面，教会运用纠问制和补赎圣事控制信徒的良心，规制异端；另一方面，教会通过布道引导人们的热忱，进而间接影响了世俗武力，将其指向异教徒。这样，一种结合了"争战"与"审判"因素的心态就不断强化。在教会的主导下，整个社会共同体对内部和外部的"敌人"变得日益敏感，并不断形成与之战斗的态势。因此，我们会发现，指向内部的异端处置与指向外部的十字军运动之间可以互通和转化。比如，我们会看到当时的意见领袖和道德楷模明谷的伯尔纳，一方面前往法国南部巡回布道，试图感化异端，另一方面也在各地布道，动员人们参加十字军，在他那里，这两者毫无障碍地对接在一起。另外一个显著的例子是，在布道感化和纠问的效果不足以压服异端的情况下，教宗英诺森三世于 1209 年发起了一场针对法国南部异端的十字军运动。而在 1089 年，十字军领袖攻占叙利亚的安提阿后写信给教宗乌尔班，表示他们已经战胜了突厥人和异教徒，但难以处置当地的异端，请求教宗亲自前来扫除一切异端分子。[①]

英诺森三世即位后，由于圣地战事不利，他表现出了对十字军的极大热心，并运用他的权威不断推进十字军的动员活动，甚至建立了一种带有标准化性质的系统。英诺森向各地派出特使，携带自己的信函，并给予特别指示。每到一地，特使依令行事，招聚当地信众，（以当地语言的译本）向他们大声宣读教宗信函，并作招募十字军的

---

① See Riley-Smith, Jonathan. *What Were the Crusades?* 3rd ed. San Francisco: Ignatius Press, 2002, 10.

布道(布道的要点也有详细指示)。① 这些特使外出巡回布道，往往针对人口比较集中的地区，除此之外，英诺森也把布道的责任交给教区主教和地方上的神职人员，要求他们在日常工作中不断向辖区内的群众宣讲十字军，以此保证更多的人以更高的频率听到布道。②

我们可以看到，随着针对内部和外部敌人的斗争不断展开，教廷采取的具体组织形式也具有内在的一致性，倾向于深入社群，以专门的人员、详细规定的方式，向信众的良心灌输确定的信息，并要求他们作出积极的回应。而这类规管行动，又与民众的敬虔情感相结合，诉诸他们对灵魂失丧的恐惧或者对灵魂得救的热望。而与这样一个总体机制形成对抗的群体，就被识别为敌人，针对敌人的暴力和压迫也就具有正义的理由。③

六、新教：失控的良心

在中世纪晚期到宗教改革时期，我们可以观察到欧洲基督教世界普遍充斥着焦虑感。在这种焦虑感的推动下，出现了各种新的变化。吉莱斯皮把这一时期重大的思想变化追溯到唯名论与实在论之争。④ 中世纪的经院哲学继承了古典时代的实在论，认为"种""属"

---

① See Riley-Smith, Jonathan. *What Were the Crusades?* 3rd ed. San Francisco: Ignatius Press, 2002, 30; Timothy Guard, "Pulpit and Cross: Preaching the Crusade in Fourteenth-Century England." *The English Historical Review* 129, no. 541 (2015): 1319-1345.

② See Cole, Penny J. *The Preaching of the Crusades to the Holy Land, 1095-1270*. Cambridge, Mass.: Medieval Academy of America, 1991, 85.

③ See Riley-Smith, Jonathan. *What Were the Crusades?* 3rd ed. San Francisco: Ignatius Press, 2002, 7.

④ 参见〔美〕米歇尔·艾伦·吉莱斯皮：《现代性的神学起源》，张卜天译，湖南科学技术出版社2012年版，第一章"唯名论革命与现代性的起源"。

这类"共相"是最终的实体,是真实存在的,个体的存在物只是共相的特例。经院哲学家认为共相是上帝使人认识到的他的理性。而中世纪人对整个世界的理解也以从上帝而来的理性为基础,在他们看来,整个自然都是由一系列符合理性、和谐、有次序、有关联的存在物组成的,通过类比,人可以从自然认识上帝这位理性的创造者。

十字军运动带来了思想的输入,阿维森纳和阿威罗伊这些伊斯兰哲学家对亚里士多德哲学的激进解释传入了欧洲。他们的观点在教会看来过分强调了理性,以至于产生了一种排除上帝的倾向。忧心忡忡的教会作出了反击,为了回应伊斯兰思想家,他们谴责了亚里士多德主义,并极力强调上帝的全能,如此就形成了一种强调上帝的主权意志,使之居于理性之上的倾向。

在这个基础上,出现了一种新的神哲学路径,即唯名论。像奥卡姆的威廉这样的唯名论者,则认为共相只是人借以认识万物的概念和符号,并非实际存有。威廉认为,上帝是全能的,他可以做一切可能之事,亦即任何不产生矛盾的事情。于是,只是因为上帝意愿其存在,每一个事物才存在;每一个事物如此存在,只是因为上帝如此意愿。创世纯粹是一种恩典行为,只有通过启示才能理解。上帝创造世界,并且继续在其中行动,既不受制于世界的法则,也不受他以前决定的约束。他完全按照自己的意愿行动。因此,除非通过启示,不存在可被人理解的、不变的自然秩序或理性秩序,不存在关于上帝的知识。如此,威廉否定了经院哲学(托马斯·阿奎那)对理性与启示的综合,破坏了中世纪世界的神学基础。

按照唯名论的推论,上帝就不再是经院哲学中那个仁慈的可以在一定程度上预知的上帝。人与上帝之间的鸿沟大大增加。上帝不能被人理解或影响,上帝的行动乃是出于其绝对的自由意志,对后果并不

第三章 良心问题的宗教渊源

关心。他为人的行为设定了规则，但可以随时改变规则。如此，人就面对了一位难以捉摸、令人生畏的主权者，无法通过自然的理性认识他，那么，寻找、认识上帝的途径就变成了贫穷和苦行。这种受到唯名论焦虑推动的对信仰生活的设想，出现在方济各会，也出现在许多大众异端之中。

方济各会批判教会和教士腐败堕落，呼吁离开教廷和皇宫，到贫穷和苦行中去寻找基督。更激进的方济各会士会要求效法基督及其门徒原初的生活形态，放弃财产、拥抱贫穷。教会尝试压制唯名论，但收效甚微，这种新的思想不断传开。事实上，这也是中世纪晚期教会难以应对大众异端的思想根源。现在，教会不得不运用各种体制性的力量，试图控制受到唯名论影响的大众的良心。

唯名论的影响与新教改革也有很大关联。

马丁·路德原本是一个特别顺从教会良心控制机制的人，然而，可能出于天然的禀赋，他那敏感的良心始终无法在其中得到安宁。路德曾经说：

> 我是好修士，我严谨地恪守修道会的一切规则；严谨到了一个地步，如果曾经有修士因为修行的缘故而得以进入天堂，我敢说那就是我了。所有在修道院认识我的弟兄可以为我见证。假若我继续这样下去，终会给守夜、祷告、阅读和其他工作夺去我的性命。[①]

路德还自述在修院时日日忏悔，曾有一日长达六小时之久，以至

[①] 〔美〕罗伦·培登：《这是我的立场：改教先导马丁·路德传记》，古乐人、陆中石译，上海三联书店2013年版，第22页。

于他的导师和告解神父施道皮茨让他提出值得忏悔的罪过来,不要纠结于鸡毛蒜皮的小事。①

教会所发展的各种塑造良心的机制,纠问、告解和补赎、布道,都是要向人的良心灌注教会所确定的内容,使个人的良心附从于教会的标准。也就是说,在中世纪的教会,良心始终是集体、公共的良心,信仰意味着完全赞同和服从教会的监督引导。中世纪的基督教完全不了解"信仰"可以由个人对宗教的意见来构成。②

但是,针对个人良心的规训措施,被路德以极大的强度运用在自己的身上,造成了一种出人意料的效果:这位修士出于敬虔的动机,最终无法赞同教会集体的立场。尽管路德对教义的理解与此前的那些异端不同,尽管新教如今已经被视为"正统"教会,但路德的心理机制确实与中世纪的异端有类似之处。

路德提出信徒需要凭借"信心"(而非权威、知识、礼仪或传统)来建立与上帝的关系,实际上也是在唯名论影响下重建确定性的一种努力。路德同意唯名论首先把人定义为一个有意志的存在,那么,人与上帝之间的稳定关系,就首先有赖于一种"正确的意志",即人的信心。路德认为人通过信仰《圣经》,就能够获得从上帝而来的正确意志,人与上帝重建"联合"的关系,人变成了上帝的居所,上帝变成了人生命的内在指导原则,也即路德所说的"良心"。③

因此,路德的"良心"与经院哲学家的"良心"有显著的不同,后者所说的良心建立在理性的基础上,而路德的良心建立在意志的基

---

① 〔美〕罗伦·培登:《这是我的立场:改教先导马丁·路德传记》,古乐人、陆中石译,上海三联书店2013年版,第32页。
② 参见〔美〕伊桑·H. 沙甘:《现代信仰的诞生:从中世纪到启蒙运动的信仰与判断》,唐建清译,社会科学文献出版社2020年版,第62页。
③ 参见〔美〕米歇尔·艾伦·吉莱斯皮:《现代性的神学起源》,张卜天译,湖南科学技术出版社2012年版,第45—46页。

础上，尽管路德强调这个意志接受《圣经》的规范。这种意志化的良心，可以说是激进主义的源头，它似乎要回应唯名论造成的一些问题，但本身也建立在唯名论之上。因此，就会产生一些内在的矛盾。

1519年，路德被邀请到莱比锡，与公教方面的代表埃克公开辩论。双方在关于教义最终权威的论题上针锋相对，埃克坚持以教宗为代表的教会拥有最高的权威，路德则否认这一点，认为《圣经》的权威高于教宗。埃克指出，路德的观点正是以前被定异端的胡斯的说法。最终，路德在查阅文件后，不得不承认那就是胡斯的观点，但依然坚持《圣经》为最高的权威。对此，埃克相当尖锐地指出：

> 但这是波西米亚的毒素，把更多的分量放在自己对《圣经》的解释上，甚于放在教宗和大公会议、博士们和各大学对《圣经》的解释上。当路德弟兄说，这是那段经文真正的意义时，教宗和大公会议说："不对，这位弟兄并未正确了解那段经文。"这样，我情愿相信大公会议，而放弃那弟兄了。否则，所有异端都会卷土重来。他们都引用《圣经》，而且相信自己的解释是正确的，声言教宗和大公会议都错了，正如路德现在所做的……①

或许路德起初批评教会的赎罪券政策时尚未意识到背后潜伏着"如何安放个人良心"的问题，不过，等到在沃尔姆斯帝国会议上面对要求他承认错误、收回著作的质问时，最终，他说出了著名的答复：

---

① 〔美〕罗伦·培登：《这是我的立场：改教先导马丁·路德传记》，古乐人、陆中石译，上海三联书店2013年版，第93页。

除非用《圣经》和明白的理由证明我有罪——我不接受教宗和大公会议的权威，因为它们彼此矛盾——我的良心是被上帝的道束缚的；我不能而且不愿撤销任何东西，因为违背良心是不对的，也是不安全的。愿上帝帮助我。阿门。[1]

我们并不需要评判新教与公教的教义之争，只是，就权威问题而言，路德既然反对教会的一切权威，坚持自己的立场，最终就不得不把落脚点建立在自己的身上。这也意味着，他必然将信仰的方向转向自己的内心。尽管他非常谨慎地申言，自己的良心受《圣经》的束缚，但是，如此一来，他就削弱了良心的理性内涵，也消解了数世纪以来教会建立的所有那些控制个人良心的措施。

路德自己很快也体会到了"良心失控"导致的焦虑。路德离开帝国会议后，被萨克森选帝侯腓特烈保护起来，隐居于瓦特堡。在他隐居期间，他在维滕堡大学的同事卡尔施塔特继续领导改革事业。卡尔施塔特着手清除旧教的礼仪、形象和袍服，他在圣餐礼和洗礼问题上的立场也与路德不合。最终，卡尔施塔特于1524年遭到驱逐，去往南德，最后落脚于巴塞尔。卡尔施塔特与路德的争议，后来在斯特拉斯堡引起不安，最终导致路德与另一位重要的改教家慈运理决裂。[2] 由此，新教就日益呈现出"良心失控"之后的破碎画面。更严重的是，出现了愈加激进的团体，有一部分人甚至拒绝《圣经》对良心的规管，声称人可以直接领受从上帝而来的启示。这个群体奉托马斯·闵采尔为领袖，在阿尔施泰特发起了一场激进的革命。群众打碎

―――――――
[1] ［美］罗伦·培登：《这是我的立场：改教先导马丁·路德传记》，古乐人、陆中石译，上海三联书店2013年版，第163页。
[2] 参见《路德文集》第2卷，上海三联书店2005年版，第128—130页。

一切宗教形式，并诉诸暴力建立地上的天国，鼓动农民起义攻击政府。路德遂于 1524 年 7 月致信萨克森各地统治者，称之为"叛逆之灵"，提醒他们叛乱的危险，并主张镇压。①

马丁·路德拥有一个极度敏感的内心，以至于用尽了教会提供的手段进行自我规训，却依然不能获得平安。最终，他找到的神学上的解决方法，是走向一种个人倾向和外在的人-神关系。他在上帝面前的平安，来自自己与这位超越者的关联，同时，被奉为唯一依靠的"信心"，并不需要实质内容的填充，尤其不需要一个体制性的教会来掌管、监督、灌输和审判。

路德在与教会的争辩中，最终也不得不承认，既然他难以在教会传统中找到可靠的立足点，就不得不依靠个人的良心。于是，"良心的自由"也成了新教传统的特征。另外，路德在世俗贵族和新近发明的印刷机支持下，以一种与中世纪教会类似的战斗心态，把"异端"的名号加倍奉还给教宗，并辅以比教会更加激烈的修辞。这样，我们可以观察到一个相当有趣的现象，那就是：尽管路德的改革似乎在教义方面，甚至在体制方面与天主教决裂，但就对"良心"的运用和控制，以及对敌人的识别，战斗的心态和修辞而言，却与 12 世纪以来的天主教会具有内在的相通性。

现在的问题是，路德解开了教会对个人良心的控制，诚然大大促进了人们思想的活力，但他也就必须面对各种各样以自己的良心为依据的团体，并且，这些团体之间不可避免地彼此仇视。新教改革以后的历史，也就是教会不断分解、碎裂成大大小小的宗派和异端的过程。不同的团体互相指责对方为异端，不惜以最大的敌意彼此相待，

---

① 参见《路德文集》第 2 卷，上海三联书店 2005 年版，第 107—109 页。

却失去了确定异端的权威和机制。进一步，教会的势力被瓦解后，这种良心的失控状态也就变成了世俗国家的事务，国王们不得不面对如何控制臣民良心的问题。

七、"迫害性社会"

在1248年的《纠问手册》中，还有一则信函格式，适用于那些经审讯后判定情况不甚严重，表示悔改而被教会重新接纳的当事人。他们不需要受监禁，但必须依照规定的方式执行补赎：

> 裁判官（某某）致所有检视本信函的，忠信的基督徒。鉴于持信者（某某），因犯异端之罪，本人已在我们主持的审理过程中亲口承认，并且，已自愿谦卑地回归圣教会的怀抱，弃绝异端之罪，现已依照教会的裁定从绝罚的锁链中释放，兹判令：为表示憎恶自己的错误，他须佩戴十字架两个，其一在胸口，其二在肩头，黄色，高二掌，宽二掌，横竖条宽三指。他佩戴十字架时所穿的衣服不得为黄色。他在余生都需要于主日和宗教节日出席弥撒和晚祷，他应在所居住的村庄参加巡游（若干）年，如巡游期间有公开布道亦须参加。参加巡游时，他应当手持宽大的树枝，行走在司铎和民众之间，向众人显明自己乃是由于实施了抵触信仰的行为而实行补赎。他须在（若干）年间拜访甲、乙等处圣坛，在该等朝圣途中他须要呈交我们的信函，我们希望他持信函交予所拜访教堂的教长，并带回一封回函交予我们，证明朝圣依正确的形式完成。因此，蒙爱的收信人，（某某）持有我们的信函，佩戴十字架，履行我们因其所犯抵触信仰之罪而判令他执

行的事务，若他在各方面的表现符合一名公教信徒的样式，我们请求你绝不妨碍或允许他人妨碍他。但是，如果你发现他的表现相反，或者试图如此行事，则应判定他为伪誓者、受绝罚者，并且被更严重的罪所捆绑。从此时起，我们判令，授予他的和好与怜悯不再发生效力，并且，依照我们所享有的权柄，不仅以绝罚之锁链捆绑他这个异端分子，而且，一切故意窝藏或保护他，或者以任何其他方式给予他协助、建议或好处的人，也按照异端的附从者、接受者或捍卫者同样处置。①

罗伯特·摩尔(R. I. Moore)认为，在12、13世纪，西欧形成了一种"迫害性社会"(persecuting society)的社会形态。这种状态与"有迫害的社会"(society with persecution)有很大不同。后者虽然也有迫害事件，甚至有可能烈度很高，但属于个别、偶发现象，往往与特定的统治者、事件有密切关联。而在所谓"迫害性社会"，发展出了一整套的心态(包括对被迫害者的妖魔化)，以及各种成体系的机制(包括纠问制)。② 在迫害性社会中，针对被迫害者的修辞和机制有能力不断地、随意地把矛头指向不同的社会边缘人群(异端、犹太人、麻风病人、同性恋群体)，甚至塑造和"发明"受害者群体。③ 被迫害群体的品性、信念和行为，都可以(有意或无意地)通过社会机制不断生产出来，以协助迫害行动的展开。如此，便形成了一种恒常、普遍的迫害机制，尽管它并没有被恒常、普遍地运用。④

---

① Peters, Edward, ed. *Heresy and Authority in Medieval Europe: Documents in Translation*. Philadelphia: University of Pennsylvania Press, 1980, 204-205.
② See Moore, R. I. *The Formation of a Persecuting Society: Authority and Deviance in Western Europe 950-1250*. 2nd ed. Malden, MA: Blackwell Publishing, 2007, 154.
③ Ibid., 151.
④ Ibid., 154.

摩尔的观察能够帮助理解上文所述中世纪"良心问题"的种种发展。一种体制性的教会，行政官僚化的神职人员群体，对内部和外部敌人的警惕和焦虑，上升到永恒境界的战斗心态，一种抽空了道德内容和理性内涵、着重意志的关于个人良心的神学，一套严格的法庭程序和技术……它们共同起作用，不断形成针对个人内心的外部控制（强制），并塑造了深深的焦虑感和敌意。

在这样的背景下，我们再回头观察莫尔与圣杰曼关于异端审判程序的争论，就会发现事实上双方意识到了同一个问题，只是，可能是联结在一起的两面。对莫尔而言，异端就是重大的政治问题，如果不能对个人的良心加以控制，必然引起动乱和败坏，而要控制人的内心，还是必须采用早已被证明有效的纠问制。对圣杰曼而言，异端审判的形式很难控制深层的敌意，而这种基于无可调和之敌意的迫害，同样也是重大的政治问题。

当两位富有远见的法律家相持不下的时候，国王的介入直接终止了这场争论。因为国王已经不得不亲自面对这个问题，他当然有自己的一套做法。

第四章
控制良心的国家政治与审判形式

　　今日我们已然熟悉的"法律的正当程序",并非向来如此。这个观念/制度起源于英格兰,但在 17 世纪的法庭上,我们看到,受过训练的职业法律家面对李尔本或五骑士的"程序性权利主张",多少显得有些不知所措,因为那是一套他们并不熟悉的修辞,也不符合他们所掌握的法律知识。在当时,"正当程序"更接近于某种激进的观念。莫尔与圣杰曼的辩论则揭示了这种"激进性"的根源是针对教会异端审判程序的攻击,更大的背景则是整个欧洲在近代早期的巨变。

　　用现在的"正当程序"标准去衡量教会针对异端采用的纠问制程序,很容易令后者显得不公平。但教会异端审判自有其着眼点,亦即对受审者内心的管控。在 12 世纪以降的西欧,教会不断发展出一套控制人内心的文化和机制,以至于形成了某种"迫害性社会"的样态。在这种样态下,类似纠问制和补赎这样的机制,事实上既是"迫害"的形式,也是维持社会和平的方式,以保持教会作为权威机构管理民众的良心。

　　新教改革标示了十分重大的改变,它打破了教会对个人良心的管控,释放出自由的动力,但同时,也就打破了原先的良心管控机制,使政治秩序陷入动荡的危机。这种动荡并非限于教会。从中世纪晚期到近代早期,世俗国家在文化和制度方面与教会多有勾连,双方之间往往出现某些奇异的融合、交换现象。

本章希望探讨的，就是当教会对个人良心的控制措施遭到拆解后，世俗国家同样不得不面对类似的困难。以前教宗需要管控信众的良心，现在变成国王需要管控臣民的良心。在国王发展针对臣民良心的控制措施的过程中，我们可以观察到冲突和矛盾的产生，以及政府为获得稳定与和平所作的努力，尤其是在法律方面。

一、莫尔受审

莫尔与圣杰曼的辩论因前者被捕而中断。针对莫尔的审判，令我们有机会观察国王主导下的一种政治和司法活动。

根据莫尔1534年4月被关进伦敦塔之后写给女儿的信，他受到传召，于4月13日前往坎特伯雷大主教驻地兰伯特宫，接受国王专员（包括大法官奥德利、坎特伯雷大主教克兰麦、诺福克和萨福克两位公爵）的询问。当时国王专员传召了许多人前来（莫尔是其中唯一的平信徒，其余都是教士），要求他们按照此前议会通过的法律（当时是《继承法》）宣誓。莫尔要求查阅誓词内容和《继承法》，随后表示，他并不反对《继承法》，但不能按照格式宣誓，因为这"有悖于他的良心"。专员们劝说未果。在稍后的再次询问中，莫尔依然拒绝宣誓。威斯敏斯特修道院院长提出，莫尔坚持按照自己的"良心"作回应，但私人的"良心"可能出错，而议会的法律表明了全国上下一致的决定，莫尔应当依照这更确定的意见改变自己的良心。对此莫尔回应，他的意见并非仅仅依赖个人的良心，而是根据更大范围的一致意见，即整个"基督教世界"的共同意见，一国的意见不能对抗整个基督教共同体的意见。于是，莫尔被送到威斯敏斯特修道院暂时关押，随后被送入伦敦塔。①

莫尔在狱中被关押了许久，其间他始终拒绝按照国王的要求宣誓。而在他被关押期间，议会接连通过了《王权至尊法》《叛逆法》。1535年5月，三名修士在受审之后被处决。5月2日，国王的秘书托马斯·克伦威尔到伦敦塔对莫尔进行询问。克伦威尔询问莫尔是否已经读过议会新的立法文件，并要求他对制定法规定的"国王为教会至高元首"作出回应。莫尔表示他不发表意见，但是他对国王十分忠诚。克伦威尔要求莫尔顺服并效忠国王，否则将依照法律惩治。莫尔回答：

> 我是国王真正忠心的臣民，每日为陛下和他的整个王国祷告祈求。我没有伤害任何人，我的言语没有伤害，我的思想没有伤害，我希望每个人都好。如果这还不足以让一个人活下去，说实话，我也不想再活了。②

克伦威尔继续追问莫尔关于制定法的意见，莫尔称将继续保持沉默，克伦威尔表示将上奏国王。

6月3日，莫尔再次受审，审问者都是国王咨议会的成员，包括大法官奥德利、坎特伯雷大主教克兰麦、克伦威尔、维特夏尔伯爵（安·博林的父亲）以及萨福克公爵（国王的妹夫）。克伦威尔表示已与国王沟通，国王不满意莫尔的答复，并认为莫尔的行为"在王国内造成了许多怨言和伤害"，要求莫尔给出明确回答。对此莫尔继续

---

① See Wegemer, Gerard B., and Stephen W. Smith, eds. *A Thomas More Source Book*. Washington, D. C.: The Catholic University of America Press, 2004, 311-315.
② Ibid., 345-346.

保持沉默,并再次以"整个基督教世界"的共同法对抗王国的立法。这次审问仍然未能使莫尔屈服。①

6月22日,约翰·费什主教在受审后被处决。②

6月26日,米德塞克斯郡重案巡回法庭组成特别审判庭,③ 命令郡长两日后将大陪审团带到威斯敏斯特厅。28日,大陪审团审核针对莫尔的起诉状。

诉状首先列举了起诉所依据的法律,即《王权至尊法》和《叛逆法》,接着对莫尔提出指控,所犯的罪行包括三方面:(1)5月7日,在接受克伦威尔询问时,"恶意地"保持沉默,拒绝直接回答,试图否认国王的"教会至高元首"头衔。在后来的审问中亦继续如此。(2)在狱中,于5月12日和26日,两次"恶意地"写信给约翰·费什主教,与他串通,向他传授在法庭上的应对方法。后费什于法庭上果然保持沉默。费什与莫尔已将双方通信烧毁。(3)6月12日,莫尔对理查德·里奇(Richard Rich)说,议会立法不能使国王成为至尊元首。④ 大陪审团很快裁定对莫尔的起诉可以成立,法庭遂命令7月1日将莫尔带来受审。

---

① See Wegemer, Gerard B., and Stephen W. Smith, eds. *A Thomas More Source Book*. Washington, D. C.: The Catholic University of America Press, 2004, 348–351.

② See Chambers, R. W. *Thomas More*. London: Jonathan Cape, 1938, 332–334.

③ 这个特别审判庭由12名咨议会成员和7名法官组成,咨议会成员包括大法官奥德利、两位公爵、数名其他贵族(包括安·博林的父亲和哥哥)、国王的秘书克伦威尔以及另外3名国王内府官员,法官包括了王座法院和普通诉讼法院的院长,以及王座、普通诉讼和财政署三所普通法法院的法官。关于莫尔受审的过程,最近的研究见 Kelly, Henry Ansgar, Louis W. Karlin, and Gerard Wegemer, eds. *Thomas More's Trial by Jury: A Procedural and Legal Review with a Collection of Documents*. Woodbridge: Boydell, 2011, 澄清了此前研究的一些不确之处,并对莫尔案的法律问题有详尽探讨。以下关于莫尔受审的过程基本采用凯利的研究结果。

④ See Kelly, Henry Ansgar, Louis W. Karlin, and Gerard Wegemer, eds. *Thomas More's Trial by Jury: A Procedural and Legal Review with a Collection of Documents*. Woodbridge: Boydell, 2011, 7–8.

7月1日，庭审开始，莫尔当庭否认有罪，法庭遂命令郡长于当日组织小陪审团，案件进入实质的审理阶段。国王的起诉人海勒斯（Christopher Hales）负责对莫尔提出指控，他的职位相当于后来的总检察长（attorney general）。当时，海勒斯表示他还需要一位助手一同工作，即副总检察长（solicitor general）里奇。令人异常惊讶的是，里奇事实上是导致莫尔被定罪的最关键的一个证人，而他的证词则被莫尔斥为伪证。按照当时的叛逆案件程序，莫尔并没有辩护律师，他只能自己为自己辩护。

第一项指控的关键是莫尔的沉默构成了恶意否认国王的头衔。莫尔一直拒绝按照规定的格式宣誓，同时拒绝解释原因，面对追问一概保持沉默。鉴于莫尔精通法律，他在研究了《叛逆法》的规定后采取了这一策略是经过专业考量的。我们现在没有材料可以证实所要求的誓词内容究竟为何，显然与莫尔的（天主教）信仰相违背，很可能与国王的头衔有关。他显然注意到了《叛逆法》规定的犯罪构成是"恶意地……贬损"国王的头衔，而保持沉默将令控方难以证实"恶意"。当克伦威尔向莫尔询问他对议会新制定的法律的看法时，莫尔照样拒绝发表意见：

> 我明确地答复你，因为我如此保持沉默而判处我死刑是不合法的，因为无论是你的制定法还是全世界法律中的任何内容，都不能正当地处罚任何人，除非此人在言辞或行为上有犯罪行为，因为法律不惩罚沉默。[1]

---

[1] See Kelly, Henry Ansgar, Louis W. Karlin, and Gerard Wegemer, eds. *Thomas More's Trial by Jury: A Procedural and Legal Review with a Collection of Documents*. Woodbridge: Boydell, 2011, 18.

莫尔被指控的罪名一共有三方面，依照关于莫尔受审的早期记录，传统上认为法庭撤销了前两项指控，整个案件最终仅仅以里奇的证言判定莫尔有罪。[1] 但凯利新近的研究认为法庭并未撤销指控，而是向陪审团解释之后作了一并判决。[2] 我们可以相信，尽管莫尔根据自己的法律专业知识选择了最有利的策略，也在法庭上为自己作了有力的辩护，但法官们最终指示陪审团，他的沉默本身构成了《叛逆法》所说的"恶意"。这是一个糟糕的判决，但当时法庭确实承受了巨大的压力。

第二项指控是莫尔与费什的串通。起诉书指控莫尔与费什串通的证据是他们互相通信，并在同一天的审问中以同样的措辞谈论议会通过的制定法。不过，因为两人的通信已经烧毁，对仆人的审讯也没有得到有关信件内容的证据，因此，这项指控事实上很难成立。[3]

最后一项指控，完全建立在副总检察长里奇与莫尔狱中谈话的基础之上，也就是说，只有里奇的证言作为依据。里奇到狱中与莫尔谈话，并不是审讯，而是私人的聊天。他们谈到议会的立法权问题，莫尔表示，英格兰议会有权将他（里奇）设立为国王，但无权将他设立为教宗，即便英国承认，整个大公教会并不会承认，这就好像议会不能立法规定上帝不是上帝。莫尔这个假设的说法，显然是在讨论关于议会立法授予国王"教会元首"头衔的一般性法理问题。莫尔在这

---

[1] See Roper, William. "Life of Sir Thomas More, Knight." In *A Thomas More Source Book*, edited by Gerard B. Wegemer and Stephen W. Smith, Washington, D. C. : The Catholic University of America Press, 2004, 57–60; Derrett, J. Duncan M. "The 'New' Document on Thomas More's Trial." *Moreana*, no. 3(Jun. 1964): 5–22.

[2] See Kelly, Henry Ansgar, Louis W. Karlin, and Gerard Wegemer, eds. *Thomas More's Trial by Jury: A Procedural and Legal Review with a Collection of Documents*. Woodbridge: Boydell, 2011, 48–52.

[3] Ibid., 31–35.

里的说法与他一直坚持的"英国的立法不能有悖于整个基督教世界"的立场一致。但是，里奇在法庭上作证时，指证莫尔当时所说的是"议会不能授予亨利八世'教会元首'头衔"。按照莫尔的女婿罗珀所写的传记，莫尔当庭称里奇作伪证。并且，两人私下的谈话，并不能构成证据。当时在场的另外两人都作证表示，他们并没有听见莫尔对里奇所说的话。[1]

在当时的刑事案件中，陪审团也会离开法庭讨论决定，通常会花一个小时左右的时间，但在莫尔的案件中，陪审团只用了大约一刻钟就作出了有罪判决。根据另一份记录，陪审团作出判决的速度更快，几乎立即就作出了裁定。[2]

1535年7月6日，莫尔被处决。

在上文中，我们已经了解，圣杰曼不遗余力地对教会法庭适用的异端法展开了攻击，所依据的是他所说的"正当程序"原则。圣杰曼指出，教会法庭允许法官主动发起诉讼，并隐藏指控者和证人身份，实际上是在令当事人自证其罪；同时，教会法庭接受声誉存在瑕疵的证人，也是重大的弊端之一。莫尔则认为，教会法与普通法是不同的法律体系，在刑事程序方面有差异，但不能认为教会法的程序本身会导致巨大的不公，在普通法程序中，陪审团同样靠不住，他乐意信任法官而非陪审团。莫尔还特别指出，普通法在处理叛逆案件时，实际上有许多操作与教会法庭处理异端案件类似，圣杰曼则予以否

---

[1] See Roper, William. "Life of Sir Thomas More, Knight." In *A Thomas More Source Book*, edited by Gerard B. Wegemer and Stephen W. Smith, Washington, D. C.: The Catholic University of America Press, 2004, 57-59.

[2] See Kelly, Henry Ansgar, Louis W. Karlin, and Gerard Wegemer, eds. *Thomas More's Trial by Jury: A Procedural and Legal Review with a Collection of Documents*. Woodbridge: Boydell, 2011, 38-39.

认,双方在几部来往的论战作品中,围绕这一点有许多辩论。

在莫尔案中,我们看到,这正是一个依照普通法审理的叛逆案件。莫尔被指控有叛逆罪行,依照普通法通过重罪刑事法庭对他进行审理,依次组建了决定起诉书是否成立的大陪审团和裁决是否有罪的小陪审团,负责审判的不仅有国王咨议会的重要贵族,还有七名法官,包括王座法院和普通诉讼法院的首席法官。

但是,相当具有讽刺意味的是,这显然不是一场公正的审判。指控莫尔的罪名并没有充分的证据支持。最终的定罪极大地依赖唯一一名证人,而该证人同时担任检察官的角色,负责提出指控。陪审团花了很短的时间就在这样的证据条件下作出了有罪判决。这一切恰恰证明了莫尔之前在论战中提出的观点:陪审团也靠不住。

在最后的庭审中,当莫尔以"良心"为由保持沉默时,主导了这一系列立法和司法工作的托马斯·克伦威尔向莫尔指出,眼前的程序正与教会法处理异端的方式相同,教会法庭常常会反复讯问异端嫌疑人,要求他们明确回答是否承认教宗是教会的元首,并且会要求他们作出明确的答复。①

至于对证人的运用,圣杰曼认为教会法接受瑕疵证人的做法不妥,后来在议会改革过的新异端法中,也对证人的运用提出了更高的要求,法官至少需要有两名证人才能定异端罪。然而,在莫尔案中,非但理查德·里奇的证人身份存在重大瑕疵(同时是检察官),并且他的证词还十分可疑(有两名在场者不愿与他一同作证)。

圣杰曼曾经引用《大宪章》和普通法传统指责教会法的异端审理程序"不符合理性"。在莫尔案中,莫尔最后也同样引用《大宪章》还

---

① See Wegemer, Gerard B., and Stephen W. Smith, eds. *A Thomas More Source Book*. Washington, D. C.: The Catholic University of America Press, 2004, 349.

有国王的加冕誓词，证明自己无罪，但并不能阻止被定罪。[①]

由此看来，莫尔被捕入狱导致他与圣杰曼的论战终止。但在另一种意义上，这场论战仍然在持续。莫尔用自己在国王法庭的遭遇展示了一个活生生的例子，证明普通法的"正当程序"在某些情况下并不能保障当事人的权利，也不能避免冤案。或者说，莫尔证明了，以普通法为审判机制的英格兰，在当时，也同样会实行某种实质意义上的世俗形式的"异端审判"。我们当然不能说，这是莫尔事先做好的计划，但是，他被审判、定罪和处死，确实证明了他在论战中的许多观点。

如果这样去观察，莫尔与圣杰曼论战的结局，就显得相当奇异。莫尔坚持认为，异端不仅是信仰问题，也是政治问题。或者，换句话说，在当时的社会状况下，信仰本来就不是私人喜好问题，而是重要的公共事务。而对公共秩序造成破坏的，正是异端分子不受约束的内心意见，因此，教会的裁判官必须通过一些能够确定、辨别、控制人内心的方式执行审判。然而，当莫尔被投入这场国王命令的普通法审判时，其缘由乃是莫尔拒绝依照议会立法宣誓效忠，甚至，莫尔所拒绝的，是国王的官员所展示的"誓言格式"。宣誓，恰恰是国王用来管控臣民内心的手段。换句话说，尽管英格兰的宗教改革与大陆相比显得很不同，其起因并非神学家的研究，而是国王的离婚诉求，但最终，却同样走向了对教会控制个人良心措施的解除，以及，不得不很快面对的问题：政府对个人良心的收拢。

[①] See Roper, William. "Life of Sir Thomas More, Knight." In *A Thomas More Source Book*, edited by Gerard B. Wegemer and Stephen W. Smith, Washington, D. C.: The Catholic University of America Press, 2004, 60.

二、国王的良心

如此,我们需要略微追溯英格兰的宗教改革。这场改革始于亨利八世国王的离婚诉求。

亨利八世的王后凯瑟琳是西班牙公主,1502 年嫁给亨利的哥哥亚瑟,亚瑟很快去世,两国君主协商后决定由亨利迎娶凯瑟琳,并向教宗获取了姻亲关系豁免。亨利于 1509 年即位时与凯瑟琳完婚。但是,到 1527 年,亨利八世开始寻求结束这段已经持续 18 年的婚姻。他的理由是自己多年的婚姻实际上违背了《圣经·旧约·利未记》规定的律法,即"人不可娶弟兄之妻",因而处在上帝的咒诅之中。[①] 从一开始,亨利便声称他生活在巨大的"良心不安"之中,不得不要求确认自己的婚姻无效。自始至终,"良心"一直是国王在离婚案中的立论基础。[②]

按照当时的法律体系,婚姻案件须由教会法庭审理。在 1527 年和 1529 年,分别有两次教宗特使法庭在英国开庭审理国王的离婚案。第一次是由大法官、约克主教沃尔西(他有教宗特使头衔)与坎特伯雷大主教沃尔汉主持,后一次则由教宗派遣来的特使坎帕吉奥与沃尔西共同主持。在 1527 年 5 月沃尔西主持的教宗特使法庭上,所采用的是"依职权"诉讼,亦即纠问制的形式。在开庭之初,沃尔西首先向国王解释庭审的目的,表示他出于教宗特使职分的责任,有必要

[①] Scarisbrick, J. J. *Henry VIII*. London: Eyre & Spottiswoode, 1968, Ch. 7, 对国王的离婚理由有详细说明。

[②] See Elton, G. R. *England under the Tudors*. London: Methuen & Co., 1955, 101-103.

进行此次诉讼,因为他的内心常常为一件有关国王灵魂得救的事烦恼。因此,他在坎特伯雷大主教沃尔汉的陪同下,于格林威治王宫当面责备国王,并要求他到威斯敏斯特出席庭审,依照教会的裁判习惯和程序规定接受法庭审理,以平复他们为国王灵魂不安的良心。沃尔西请求由沃尔汉担任他的助理法官(assessor),国王则表示同意。①

这个诉讼形式当然是事先商量好的,是一个法律上的"拟制"(fiction)。这类拟制在当时的司法过程中很常见,目的是借助某种(与案件实质不同的)形式在实践上达到所追求的目的。沃尔西是亨利八世当时最倚重的大臣,国王希望他来安排离婚事务是理所当然的。然而,问题在于,在这个拟制的法庭形式中,所选用的措辞并非不产生实际的影响。沃尔西以自己的"良心"作为开场白,固然是启动程序的方式,但这显然并非首先出于沃尔西的意愿,而是出自亨利八世的授意。在教会法庭中,形式上仍然表现为高级教士对君主属灵和道德生活的关心,承担某种"监管责任",甚至要以"当面责备君王"这样近似于《圣经》中先知行为的做法开始。但是,其实质却恰恰相反,是国王因婚姻私事指示他的大臣,尽可能迅速地为自己取得离婚的结果。对此沃尔西毫无抵制的意愿,他在法庭上的"良心看护者"形象越明显,其实质就被瓦解得越彻底。

在离婚案发生之初,这件王室私事的影响力还没有完全显现,但首先表现为一个基于"良心问题"的司法案件。随着离婚案的进展,其间的微妙关系也在不断发生变化。

1529年5月,在繁杂的外交工作和一再拖延之后,教宗特使法庭再次在伦敦开庭。亨利八世亲自出庭,并当众解释了寻求离婚的理

---

① See Kelly, H. A. *The Matrimonial Trials of Henry VIII*. California: Stanford University Press, 1976, 22-24.

由，在他的讲话中，反复提到了自己的"良心"：

> 法国国王的大使巴永主教彼时说的一些话，引起了某种不安（scrupulosity），刺痛了我的良心……他的这番话进入了我那不安的良心（my scrupulous conscience），在我胸中酝酿起一种怀疑，这种怀疑刺痛、扰乱、折磨我的心智，使我不得安宁。……我希望解除我那不安良心（scrupulous conscience）的重担……现在，朕将所有这些不安都交给众位为此而聚集的高级教士和本国牧师，请各位以博学的智慧和判断来裁定；我将这件事交予各位的良心与裁判，朕必定谦卑顺服。①

这次开庭是相当重要的，亨利八世为此准备了许久，对离婚判决寄予很大的希望。从亨利对离婚事务的整体控制来看，这个讲话即便不是完全由他自己准备，也一定是在他的授意下请人预备或修饰的。亨利在这里表示整个案件的起因是自己的良心，他甚至专门为沃尔西撇清，当众说明不是受后者的激发，同时也表示，自己并不是因为王后的年龄、品德而要抛弃她，但没有继承人则确实是部分的考虑。②

在这次庭审中，国王仍然以自己的良心作为发起论辩的基础，向高级教士申诉自己因此遭受的痛苦。在他的开场白中，"不安的良心"这样的措辞一再出现，表现为一种相当谦恭的态度。而最后，他诉诸主持法庭的教士们的"良心"，也表示愿意接受他们的裁定。

但这个法庭从一开始就注定了要陷入僵局。第一次教宗特使法庭

---

① Cavendish, George. *The Life of Cardinal Wolsey*. Vol. 1. London: Harding, Triphook & Lepard, 1825, 153–156.
② Ibid., 153.

草草收场的重要原因，是罗马遭到查理五世皇帝军队的洗劫，教宗出逃，处于皇帝的控制之下，而凯瑟琳王后是皇帝的姑妈。① 于是，教廷就处在一个非常尴尬的位置上：无法同时满足两位强大的君主。而当亨利以"良心"为由，在教会法框架内提出诉求时，教廷就只好尽力拖延。② 第二次教宗特使法庭也并未作出判决，而是试图继续拖延和回避。③ 这表明，事实上双方都理解，教廷已经极大地丧失了对国王"良心"的客观性约束，而如果教廷真的要在形式上加以约束，只能造成对自身的伤害。

无论如何，亨利的诉求在教会法庭上仍然遭到了暂时的挫败，但国王的"良心"必定要继续不断地显现出背后正在发生的真实变化。

在托马斯·克兰麦的建议下，国王派出了一批信任的学者，带着论题前往欧洲各大学，要求学者们提供裁决。④ 事实上，在离婚案爆发之初，亨利八世就开始有目的地组织学者为他提供神学和法学论证。第二次教宗特使法庭开庭时，亨利八世已经组建了一个自己信任的学者团队，专门负责法庭论辩和宣传材料的制作。⑤ 到1530年，国王的学者团队一共获得包括巴黎、博洛尼亚、帕多瓦等七所大学支持己方观点的裁定。1531年1月，议会召开会议，各大学的裁定被提交到议会宣读和讨论。

---

① See Scarisbrick, J. J. *Henry VIII*. London: Eyre & Spottiswoode, 1968, 198-202.
② Ibid., 213-214.
③ Ibid., 226-227.
④ See Pollard, A. F. *Thomas Cranmer and the English Reformation, 1489-1556*. New York and London: G. P. Putnam's Sons, 1906, 38-39; MacCulloch, Diarmaid. *Thomas Cranmer: A Life*. New Haven, Conn.; London: Yale University Press, 1996, 45 ff.
⑤ See Murphy, Virginia. "The Literature and Propaganda of Henry VIII's First Divorce." In *The Reign of Henry VIII: Politics, Policy and Piety*, edited by Diarmaid MacCulloch, Basingstoke: Macmillan, 1995, 135-158.

1531年4月，皇家印书人贝特莱出版了《各大学之裁定》。① 这本书的首部刊印各大学支持国王离婚理由的裁定书，随后的主体部分详细阐述了国王的离婚理由。各大学处理的问题大致是两个：一是娶兄弟之妻是否违法（包括神法和自然法），一是教宗能否豁免。昂热大学、巴黎大学神学系、帕多瓦大学和图卢兹大学的裁定明确提到这样的婚姻违反神法和自然法；博洛尼亚大学的裁定肯定其违反神法，并几乎表示违反自然法；奥尔良大学的裁定仅提及违反神法；而巴黎大学法学系的裁定未涉及婚姻违法问题，只对娶兄弟遗孀（且前次婚姻已经圆房）的婚姻可否由教宗豁免作出裁决。所有的裁定在第二个问题上均判定教宗无权豁免。②

该书前言采用了第一人称复数的形式，表示系国王本人向读者说话。开头表达本书的目的，向"公正的读者"呈上欧洲各著名大学公正的裁定，确认了《圣经·利未记》所载的律法：人不得娶已故（无子女）兄弟之妻。如今有各大学博学智慧之士，经过大量的研究考证，在真理的基础上作出了裁定。而国王认为，对这些裁定仍然有必要进一步说明理由，故诉诸《圣经》、大公会议、教会法、教会各博士之著作，且以理性与自然为证。为此，请求读者查验本书所作之论证，其中有深入的解释，以及对反对意见错谬之揭示。前言再次指出所讨论的两个问题：第一，上帝律法和自然法是否禁止基督徒娶已故兄弟（无子女）之妻；第二，教宗是否有权豁免此种婚姻，无论婚约是否已经缔结。最后则强调了《圣经》律法的性质与功效。③

---

① 现代校勘本为 Surtz, Edward, and Virginia Murphy, eds. *The Divorce Tracts of Henry VIII*. Angers: Moreana, 1988。
② Ibid., 7-27.
③ See Surtz, Edward, and Virginia Murphy, eds. *The Divorce Tracts of Henry VIII*. Angers: Moreana, 1988, 30-35.

在主体部分的七章中，前四章与后三章构成大致的段落区分，两大部分都证明了同样的命题，但论证方式不同。前四章引用各种权威证明人不可娶兄弟之妻，并且教宗不能赦免；第五、六两章论述法律理论，从法律的分类入手，证明《利未记》中的律法属于道德律而非民事律，具有在今日仍然适用的效力；最后一章则专门论述教宗无权豁免这样的婚姻，且基督徒有责任不服从教宗。

在《裁定》的最后一部分中，论证神职人员甚至平信徒均有责任在教宗违反神法的情况下加以抵制，其中提出了这样的观点：

> 教宗乌尔班说，存在两种法律，一种是公的，另一种是私的。公法律是指，经过圣教父们著作确认的法律。私法律是指，由圣灵的默示写在人心里的法，正如那位使徒[保罗]肯定地说，就是上帝写在他们心里的法律。
>
> 在另一处他说，没有律法的外邦人按照本性行事，也就是说，只按照圣灵的默示，而没有成文的、命令如何做的法律，他们自己就是自己的律法。乌尔班说，因此，如果有子民属于他的堂会，在主教管辖之下，并且过着在俗生活，而如果此人受到他自己良心的私法的推动，亦即圣灵的感动，就没有理由认为，他受公法的约束。因为，私法比公法更尊贵。……如果你被神的灵带领，就不在律法以下，就是说，如果我们追随圣灵和我们良心的感动，我们就不在公法以下，公法理应让位于私法。因为，论到上帝律法所禁止的事情，我们必须服从我们的良心，而在其他事情上服从教会。①

---

① Surtz, Edward, and Virginia Murphy, eds. *The Divorce Tracts of Henry VIII*. Angers: Moreana, 1988, 267–269.

在这里，显然出现了一个重大变动。在之前的特使法庭中，虽然国王同样诉诸自己的良心，但表示将最终的裁判权交给主教们的良心判断。教会的管制，不只是通过主教们的个别的良心，或多个良心的集合，同时也是由历代的权威著作构成的，这是个客观性相当强的限定。而在经历了国王授意下反复的学术论证，以及议会针对教会的攻击后，在《裁定》的结尾处，国王已经将主观性的私人良心抬高到了"公法"之上，不再接受教会权威的管制。

这样一种论证，在许多方面突破了原先设定的界限。一方面，国王的学者们在论证时引用了保罗在《罗马书》中的说法，赋予其一种非常规的解释。因为保罗在《罗马书》中将有成文神定法的犹太人与没有神圣律法的外邦人作对比，论证所有人都犯罪，违背了上帝的命令，由此并不能得出没有律法的外邦人，其心中的道德律，效力要高于成文的神定法，也不能得出个人的良心高于教会的权威。另一方面，前文已经提到过，按照中世纪经院哲学，虽然认为良知是上帝植入人内心的"理性之光"，但在良知进入实践的过程中，"良知之用"仍然是可能出错的，因而需要有某种客观性的措施加以限定。而在这里，按照《裁定》中的说法，并不讨论私人良心是否会出错，从行文看，基本上将私人良心等同于圣灵的作用，这样就不存在良心出错的情况。

接着，国王的离婚案进入另一个阶段，冲突日趋深刻且激烈。亨利的离婚愿望在第二次教宗特使法庭遭到挫败后，他立即宣布召集议会，即后世所称的"宗教改革议会"（Reformation Parliament），此时距离上一届议会集议已经有六年之久。国王显然要借用议会之力。

议会第一次会议于 1529 年 12 月闭会，原定 1530 年 4 月召开第二次会议，之后几次延期，最终一直到 1531 年 1 月才开始开会。官方的理由是伦敦附近发生瘟疫，这可能是事实，但这几次延期在客观上也给了国王的学术团队拿到大学裁定的时间。① 在第二次会议闭会之前，国王命令在议会当众宣读八份大学裁定，对议员施加影响。② 接着，国王借助下院，不断对教会施加压力。以"藐视王权罪"(Praemunire)起诉和威胁高级教士，索要高额贡金，并要求教会承认国王为"英格兰教会保护者和唯一元首"。③ 到 1532 年 5 月 15 日，与议会同时召开的教士大会(convacation)最终决议放弃教会立法权。

1532 年 3 月，议会通过了《有条件禁止支付初年圣俸法》④，规定原先教士任职第一年须向罗马缴纳的圣俸不再继续支付，若罗马拒绝为国王任命的教士祝圣，则由本国教士为之祝圣。这部法律中还提道：

> 进一步规定，若教宗发布绝罚或禁罚令，国王及其平信徒臣民得无须有任何良心上的不安(scruple of conscience)……在王国内，合法地尊崇全能上主，增进和维护美德及良善的榜样，继续享受圣教会的圣礼、礼仪和服事，无论教宗有何等谴责。

在第二次特使法庭上，国王在开场白中反复提到自己"良心上的不安"，并恭敬地将这种不安交托给教会众主教的集体良心来裁

---

① See Lehmberg, S. E. *The Reformation Parliament, 1529–1536*. Cambridge: Cambridge University Press, 1970, 105.
② See Scarisbrick, J. J. *Henry VIII*. London: Eyre & Spottiswoode, 1968, 259.
③ See Guy, J. A. "Henry VIII and the Praemunire Manoeuvres of 1530–1531." *The English Historical Review* 97, no. 384 (1982): 481–503.
④ 23 Henry VIII, c. 20. See Elton, G. R., ed. *The Tudor Constitution: Documents and Commentary*. 2nd ed. Cambridge: Cambridge University Press, 1982, 350–353.

定。而在这里，情况已经变得截然不同，国王直接命令臣民，无须对教会承担任何良心上的不安。而原先在《裁定》中的学术论证，在这里进入了国家的立法文件，成为法律规定，并直接指示臣民无视教廷，实际上是以议会立法规定臣民的个人良心，或者说，要以立法的形式将国王的个人良心灌注在臣民的心里。

1533年4月，议会通过了《禁止向罗马上诉法》[①]。这部法律在国王离婚案中起到了重要作用，正是通过这部法律，亨利切断了婚姻案件向罗马上诉的途径，规定坎特伯雷大主教享有终审权。托马斯·克兰麦于3月30日受祝圣担任坎特伯雷大主教，4月立即召开法庭审理国王的离婚案，5月23日作出判决，宣告亨利八世与凯瑟琳的婚姻违反上帝律法，自始无效。[②] 到此时，国王的离婚目的已经达成，但由此启动的改革进程仍在深入，涉及"良心"问题的冲突则进一步激化。

因此，我们在英格兰宗教改革不断发展的过程中，可以看到一种有趣的现象。亨利八世和马丁·路德与教廷交恶的出发点截然不同。甚至，在1520年，亨利国王还站在教廷的立场亲自撰书驳斥路德的圣礼观，为此获得教宗褒奖，授予"信仰捍卫者"的头衔。但是，当离婚案发动之后，国王阵营的法学和神学论证却与路德殊途同归，最终走到了"以(私人良心辨识和判断的)《圣经》取代教宗权威"的地步。由此，我们似乎有理由提出，宗教改革的要点可能并不限于教义，而同样在于对私人良心的管控。

问题是，当国王打破教廷对自己良心的管控，也就同时打破以往

[①] 24 Henry VIII, c. 12. See Elton, G. R., ed. *The Tudor Constitution: Documents and Commentary*. 2nd ed. Cambridge: Cambridge University Press, 1982, 353-358.

[②] See Kelly, H. A. *The Matrimonial Trials of Henry VIII*. California: Stanford University Press, 1976, 210-211.

加在民众良心上的限制；当国王排除了教会法庭的管理，他也就必须自己承担起对臣民良心的管控。

三、国王控制良心的措施：立法与宣誓

显然，亨利八世在驱逐教廷权威的过程中，就已经意识到需要控制臣民的良心。而他的管理措施，也与他获得离婚的方式一样，即通过议会的立法。

改教议会于 1534 年 1 月召开第五期会议，在这一期会议上，通过几部针对罗马教廷的立法，都可以视为《禁止上诉法》之后进一步的压制行动。

一方面，议会通过法案，使 1532 年 5 月教士大会向国王顺服的决议成为制定法。① 该法重申，英格兰全体教士通过教士大会决议向国王顺服，从此放弃教士大会制定教会法的权力。并且，对于现有的教会法，由国王指定 32 人(其中教士 16 人，上下院议员 16 人)组成委员会进行审查。同时，重申《禁止上诉法》的相关规定，并加以拓展。凡涉及教会法事务的案件，均由本国教会法庭处理；从大主教法庭还可以向国王的大法官法庭上诉。最后，该法规定违反者将遭受藐视王权罪的处罚。②

另一方面，议会还通过了一部《禁止支付初年圣俸法》③。在 1532 年的第三次会议中，议会已经通过了《有条件禁止支付初年圣俸法》，

---

① 25 Henry VIII, c. 19.
② See Wood, A. J., ed. *The Statutes*. Revised Edition. 15 vols. Vol. 1. London: Eyre & Spottiswoode, 1870, 415-418.
③ 25 Henry VIII, c. 20.

宣布停止向罗马教廷支付教士任职后习惯支付的初年圣俸，但当时附有条件，未直接实施。到了 1534 年，亨利在与罗马决裂的道路上越走越远，与凯瑟琳正式离婚后，已经不再有所顾忌，故议会宣布该法生效，并增加了若干条款。而这部新法中增加的条款，实际上剥夺了教宗的教士授职权，而将之归于国王。

该法在第一条引用了 1532 年的立法，表示教宗已经清楚知道该法，现由国王允准生效。接着，该法重申，自此以后，凡教士任职，不再向罗马提名人选，亦不接受罗马的确认文件，以往为任何该等任职确认文件向罗马支付的一切费用一概废止。自此以后，高级教士由国王授权教会选举产生，若不能选出则由国王任命。同时，该法详细规定了高级教士的选举流程，任何违反规定者，按藐视王权罪处罚。[1]

议会通过的另一部法律是《反罗马压榨法》[2]。就内容而言，这部法律是《禁止上诉法》之后的又一项重要立法。这部法律共有 23 条之多，其中涉及许多相当重大的问题。

在序言部分，《反罗马压榨法》表示，臣民们遭受罗马教廷各种苛捐杂税的压榨日久，不堪其扰，故请求国王与议会施以救济。《反罗马压榨法》承续了《禁止上诉法》所开创的"帝国王权论"，重申国王的至高权力，尤其是国王的法权：

> 就陛下所享有之王国而言，在上帝以下，除陛下之外，再不承认有任何更高权位者。除本国制定之法，以及本国设立之初所

---

[1] See Wood, A. J., ed. *The Statutes*. Revised Edition. 15 vols. Vol. 1. London: Eyre & Spottiswoode, 1870, 418-423.
[2] 25 Henry VIII, c. 21.

传传统古老法律外,陛下无须服从于任何人定之法……以及任何外国君主、统治者或教士之法律。①

因此,教宗发布各种豁免令,针对某些法律问题进行豁免,也就构成对君主权力的侵害。在《反罗马压榨法》中,除提到国王的"帝国王权"外,还反复指出教宗的"僭权":

> 上述罗马主教不仅须为其前述之僭权(usurpation),还须为其苦待和欺骗陛下之臣民而遭到谴责。因为他假冒、劝服他们,表示他有完全的权力豁免与涉及一切所谓属灵事务的案件相关的各国人定法、惯例和习惯。他及其诸多前任业已僭取、实施该等所谓权力多年,对陛下之帝王尊位和皇家权力(imperial crown and authority royal)造成极大损害,罔顾其法权与良心。②

《反罗马压榨法》第 1 条引用了之前教士大会授予国王的头衔,指出国王乃是"英格兰教会的元首"(supreme head of the Church of England),故命令自此停止向罗马教廷支付包括"彼得便士"(Peter's pence)在内的各种费用和贡金。③

《反罗马压榨法》的第 2—12 条禁止教宗发布豁免、许可一类的命令,并详细规定了在国内发布此类文件的程序,包括由坎特伯雷大主教发出、免税许可超过一定限额需要国王允准、授予程序、承办官

---

① Wood, A. J., ed. *The Statutes*. Revised Edition. 15 vols. Vol. 1. London: Eyre & Spottiswoode, 1870, 424.
② Ibid., 423-424.
③ Ibid., 424-425.

员、拒绝授予时的救济等等。①

第 13 条的内容颇有意味，这条解释本法的立法目的，表示并非离开大公信仰，也不是要从基督教世界分裂，而只是为了补正偏差，维护合一信仰和国家安宁。②

第 14 条规定，对修道院的巡察权由国王享有，不属罗马教廷，甚至也不归于坎特伯雷大主教。第 16 条规定了罚则，向罗马申请豁免、许可者按藐视王权罪处理。第 21 条则规定了将对赎罪券进行改革。③

另外，议会于第五期会议期间通过了一部与国王离婚事务直接相关的《继承法》④，同时，还处理了一个与离婚案有直接联系的司法案件。

克兰麦裁定亨利与凯瑟琳的婚姻无效，而亨利与安·博林结婚成立后，王位继承就成为需要澄清的问题。这部《继承法》的序言中，重申了"帝国王权"和国王离婚的理由，表示坎特伯雷大主教已经裁定亨利的前次婚姻无效，而与安的婚姻成立，因此，凯瑟琳的身份只是已故亚瑟王子的遗孀。序言中也列举了各大学的裁定以及国王前次婚姻无效的理由，包括娶兄弟之妻违反神法，以及任何人不得赦免。在正文中，则确认亨利与安·博林产出的后嗣享有王位继承权。接着，规定了攻击国王婚姻及博林所产后嗣的行为将受到惩处，尤其是以"写作、印刷"等方式恶意攻击者，一概按叛逆罪处罚。最后，

---

① Wood, A. J., ed. *The Statutes*. Revised Edition. 15 vols. Vol. 1. London: Eyre & Spottiswoode, 1870, 425-432.
② Ibid., 432.
③ Ibid., 432-436.
④ 25 Henry VIII, c. 22.

该法要求臣民宣誓效忠,执意违反者按叛逆罪惩处。①《继承法》通过后,莫尔随即因为不愿按规定的格式宣誓而被捕。

第五期会议于3月底闭会。《继承法》规定臣民须宣誓支持国王的婚姻,违者按叛逆罪惩处。4月底,因为不愿按国王的意思宣誓,莫尔与凯瑟琳王后的头号支持者费什主教被关入伦敦塔。6月,教宗裁定亨利与凯瑟琳婚姻有效的消息传到英国,亨利八世大怒。8月,伦敦的方济各修院被关闭,因为该院修士一直反对国王离婚,其成员牵涉反对国王的"肯特修女案",又不愿按《继承法》宣誓。②

在日益紧张的气氛下,改教议会第六期会议通过的第一部法律是《王权至尊法》。尽管国王的头衔在措辞上与此前教士大会授予以及《反罗马压榨法》提到的一致,但此处以立法方式专门重申,显得不同寻常。

《王权至尊法》这样规定:

> 国王,我们君尊之主、其继承人以及本国后续诸王,应被接受、承认、称为英格兰教会,即安立甘教会(Anglicana Ecclesia)在地上唯一至高之元首(the only supreme head in earth),且应拥有和享有该等教会最高元首之尊荣所具备和占有的一切荣誉、尊严、高位、管辖权、特权、权威、免除权、收益和利益,均系附合及联合于本国之帝国王权(imperial crown)及其相联之头衔与尊号。同时,我们上述君尊之主、其继承人及本国后续诸王,享有完全的权力和权柄,不时查验、抑制、补正、改革、命令、纠

---

① See Pickering, Danby, ed. *The Statutes at Large*. Vol. IV. Cambridge: Joseph Bentham, for Charles Bathurst, 1763, 305-312.
② Ibid., 199-201.

正、节制和修正一切错误、异端、滥用、侵害、犯罪和恶行,无论是何种情况,系依属灵之权柄或管辖权应当及可以以一切方式合法加以改革、抑制、命令、补正、纠正、节制或修正,使全能上帝的喜悦可以满足,基督宗教的美德可以增进,并且保护本国之和平、统一和安宁;而无须考虑任何与之相悖的惯例、习惯、外国法律、外国权威、条例或任何其他事物。①

在这里,议会以立法形式确认国王的"教会元首"头衔,并将其与"帝国王权"相联系,表明国王对教会的权力是后者的一部分。自《禁止上诉法》提出"帝国王权"以来,在几部法律中都提到这个概念,而到《王权至尊法》则完成了正式的法律表述。此时,国王表现的已经完全不再是供人辩论的姿态,而是以强制性的法律直接要求臣民服从。此外,在这部法律中,还规定了国王进一步实施宗教改革的权力。

议会通过的第二项法律,是要求臣民就《王权至尊法》宣誓,拒绝宣誓者交由王座法院处置。② 这期会议的第三项立法,则是规定今后教士原本向罗马教廷上缴的初年圣俸,由国王享有。③ 这两项立法,一方面继续以宣誓作为强制臣民服从的方式,另一方面则将原先教宗享有的经济利益收入国王手中,进一步具体化"国王是教会元首"的宣告。

接着,议会通过了用于制裁违反行为的《叛逆法》④。凡攻击、诋

---

① Pickering, Danby, ed. *The Statutes at Large*. Vol. IV. Cambridge: Joseph Bentham, for Charles Bathurst, 1763, 312-313.
② 26 Henry VIII, c. 2. See Pickering, Danby, ed. *The Statutes at Large*. Vol. IV. Cambridge: Joseph Bentham, for Charles Bathurst, 1763, 313.
③ 26 Henry VIII, c. 3. See Ibid., 313-325.
④ 26 Henry VIII, c. 13.

毁、诽谤国王、王后及其后嗣的行为均被归为叛逆行为，应受严厉惩处。尤其是，该法中对于叛逆行为的列举包括了：

> 以言辞或书面文字或工艺技术，恶意地希望、愿意或渴望设计、发明、实施或尝试对最尊贵的国王本人、王后或其后嗣实施任何身体伤害，或试图贬损其皇家尊荣、头衔或名誉，或者出于恶意和诽谤之心以出版或口头方式公开和宣告吾王君尊之主为异端、裂教、暴君、亵渎者或篡权者……①

此处的规定不仅指向伤害王室成员的行为，而且对口头诽谤和出版的行为也加以规制，作为叛逆行为处理，不得不说是相当严厉的。亨利对于臣民的不顺服，尤其是对离婚再娶的反对，似乎越来越不能忍耐。《叛逆法》的下文还规定了此类行为不享受避难权、在当地起诉的方式以及对逃亡国外者的制裁方式等，最后则规定犯此类叛逆罪者处死刑及没收财产等。②

另外值得注意的是，《叛逆法》规定了该法开始实施的时间为1535年2月。这意味着，在一部十分严厉的制裁性法律制定后，亨利设置了一段时间，充满警告意味，在此之后则将要开始动用这部法律作进一步的压制。

在1533—1536年间，国王以非常强大的力度不断推进他的"改革"：驱逐教廷的势力，切断其司法管辖权，令王权凌驾于教权之上。这些都是非常巨大的变革，颠覆了中世纪的政治和社会结构，显

---

① Pickering, Danby, ed. *The Statutes at Large*. Vol. IV. Cambridge: Joseph Bentham, for Charles Bathurst, 1763, 338.
② Ibid., 338-339.

然也需要获得民众的顺服,这也是此前长期不开议会的亨利八世在整个改革过程中都借助议会立法的原因。但是,只有纸面的法律还不够。前文已经提到,亨利八世的改革,始于离婚诉求未能获得教廷的满足,而国王一方关于离婚理由的论证最终走向了以(个人依良心解释的)《圣经》取代教宗的权威。于是,随着改革的日益深入,国王不得不处理如何控制臣民良心的问题。而他(可能在身边大臣的建议下)采用的方式是要求臣民宣誓。在包括《继承法》和《王权至尊法》的几部法律中,都规定了宣誓的要求,并通过他的大臣积极地实施。

从当时编年史家的记载中,我们不难发现亨利的心境。1532年5月,国王传召下院议长和12名议员代表,对他们如此说:

> 各位蒙爱的臣民,朕以为,本王国的全体神职人员都应当是全心全意的臣民,但是,现在朕深切地意识到,他们只是半吊子的臣民,甚至,都算不上是朕的臣民:因为所有的神职人员在任职接受圣祝时都向教宗做了宣誓,而这个誓言与他们对朕所做的明显抵触。所以,他们表面看起来是朕的臣民,但实际上不是。朕将两份誓言的文本都交给你们,请各位起草政令,以使朕不再受属灵臣民的欺哄。[①]

我们在这里就可以发现亨利要求臣民宣誓的首要关心,即神职人员的忠诚问题。因为国王在寻求离婚和发起改革的过程中,遭到了神职人员显著的抵抗。从神职人员这边而言,这样的反应并非不能理

[①] Hall, Edward. *Hall's Chronicle*. Edited by Richard Grafton and Henry Ellis. London: Printed for J. Johnson; F. C. and J. Rivington; T. Payne; Wilkie and Robinson; Longman, Hurst, Rees and Orme; Cadell and Davies; and J. Mawman, 1809, 788. See also, Gray, J. M. *Oaths and the English Reformation*. Cambridge: Cambridge University Press, 2013, 86.

解。当国王开始寻求离婚时，明确反对的人并不多，毕竟这类安排在中世纪并非鲜见。在国王向教廷申请确认前次婚姻无效的操作中，也有许多神职人员积极地参与其中。但是，等到国王通过议会立法切断教宗的司法管辖权，将自己放在"英格兰教会元首"的地位上时，教士们当然开始犹豫。即便是几位此前曾积极为国王的离婚案奔走的高级教士（例如斯蒂芬·加迪纳和约翰·斯托克斯利），后来也因为在宣誓等问题上表现得不够坚决而遭到国王的疏远。因此，《王权至尊法》规定的宣誓要求就尤其针对神职人员，全体都需要宣誓，而平信徒只有在以前曾经有过相反的宣誓时，才需要做新的宣誓。

另外，国王对大学教师和修院修士也表现出了特别的关注。前者是当时的知识和文化权威，而且在离婚案中，牛津和剑桥的表现也并非完全服从；而后者则常常向民众布道，正是教廷传统下对民众良心的塑造者。因此，这些群体都受到了国王特别的关注，严格地要求他们宣誓。同时，国王也并非仅仅关心这些重点关注的群体，而是把宣誓的范围基本上扩大到全体臣民。因此，我们看到，《继承法》的宣誓要求在人群范围方面相当激进，几乎要求全体男性臣民宣誓，无论社会等级如何，但誓词的内容较为模糊笼统；而《王权至尊法》则聚焦于神职人员等少数群体，但其规定的誓言内容则相当明确而严格。[1]

议会立法之后，国王的大臣们（包括他在改教过程中提拔的托马斯·克伦威尔和新任坎特伯雷大主教克兰麦等）开始积极地实施法律。政府派出专员（commissioner）前往各郡，监督执行民众的宣誓工作。从现有的资料推断，当时英国民众宣誓的人口比例可能相当之

---

[1] See Gray, J. M. *Oaths and the English Reformation*. Cambridge: Cambridge University Press, 2013, 82-83.

高。比如在肯特郡，专员报告："肯特郡的绝大多数人或者所有人都已经按照国王的令状宣誓，除了两名托钵修士（米奇森神父和甘神父），西丁伯恩的本堂牧师和他的附属教堂司铎。"① 许多地方的民众甚至表现得极为热忱。在温切斯特教区，当地绅士和神职人员都"非常顺从地"做了关于王位继承的宣誓；在诺里奇，许多少年完全自愿地宣誓，甚至"亲吻文书"。其他地方的执行情况也大略类似，甚至在通常并不那么顺服的北部地区也是如此，大批民众都按照法律的规定做了宣誓。②

四、臣民的抵抗

不过，当然并非所有人都如此宣誓，也有人对此做了抵制，抵制者包括国王重点照顾的群体，也有大众中的抵制者。

最著名的拒绝宣誓者，就是约翰·费什主教与托马斯·莫尔，两人后来都因为此事而被定罪处决。费什与莫尔因《继承法》的规定而被要求宣誓，负责监督这两位重要人物宣誓的是国王当时最信任的大臣托马斯·克伦威尔和坎特伯雷大主教克兰麦。《继承法》本身并没有规定誓词的内容，因此，当事人需要陈述的具体誓词内容，很可能是由负责执行的官员提供的。而在这两位重要人物的案件中，我们有理由相信，负责具体执行的克伦威尔和克兰麦很可能有来自国王的直接指示。

按照费什和莫尔留下的记录，他们表示并不反对就继承问题宣

---

① Gray, J. M. *Oaths and the English Reformation*. Cambridge: Cambridge University Press, 2013, 117.

② Ibid., 127-128.

誓。费什说："我愿意就关于继承的这部分誓言宣誓。……但是我拒绝对另外一部分宣誓，因为我的良心禁止我如此行。"莫尔也有类似的表达，他在给女儿的信中解释说：

> 我的良心在这件事上如此推动我，以至于，尽管我并不拒绝就王位继承宣誓，但是对于提供给我的这份誓言，我不能宣誓，这会导致我的灵魂有受永远咒诅的危险。……照此宣誓，有悖于我的良心。[1]

所以，他们拒绝的是誓词中某些其他内容。鉴于莫尔并非神职人员，因此他们拒绝的内容也不太可能是针对神职人员任职时向教宗所作的宣誓。坎特伯雷大主教克兰麦在给托马斯·克伦威尔的一封信中说，费什和莫尔并不排斥就王位继承宣誓，但他们不愿"对序言宣誓"。克兰麦表示，他并不清楚二人拒绝宣誓的理由，但"想必要么是贬低罗马主教的权威，要么是否定国王所谓的第一次婚姻"[2]。而克伦威尔则在给克兰麦的回信中称，如果允许二人仅仅就誓词本身宣誓，而撇开序言，就会开一个先例，让后来者也提出类似的要求，而这样做，就有可能被人认为是确认教宗的权威，或者否定国王的第二次婚姻。[3]

如此，我们可以推测，尽管《继承法》本身没有明确规定誓词的内容，但在费什和莫尔的案例中，他们很有可能拿到了一份附带有

---

[1] Wegemer, Gerard B., and Stephen W. Smith, eds. *A Thomas More Source Book*. Washington, D. C.: The Catholic University of America Press, 2004, 311-331.

[2] Cranmer, *Miscellaneous Writings and Letters*, 285-286. See Gray, J. M. *Oaths and the English Reformation*. Cambridge: Cambridge University Press, 2013, 121.

[3] See Gray, J. M. *Oaths and the English Reformation*. Cambridge: Cambridge University Press, 2013, 122.

"序言"的誓词。作为法律专家的莫尔自然会抗辩，这个要求并不合理。但同样有可能的是，负责具体实施宣誓的官员得到了国王本人的明确指示，要求特定的人员增加否认教宗权威或否认第一次婚姻效力的内容。费什和莫尔正是拒绝这些事实上增加的内容，而这些内容来自国王的直接指令，恰恰又是克伦威尔不能放过的。我们当然不能确定费什和莫尔拿到的誓词究竟包含了什么内容。但是，结合前后的证据来看，有把握确定，国王在这个案件中施加了直接的影响力。也就是说，在《继承法》的宣誓活动中，国王选择了一些特定的人员，以多少超出立法内容的方式，强迫他们宣誓。在这个过程中，宣誓的内容未必是头等重要的，更重要的是，国王试图通过立法和强制措施，直接地控制不顺服的臣民的内心。对此，莫尔提出了明确的抵抗。

莫尔在给女儿的信中记述了自己第三次被审问的情况，其中提到，自己不能完全依照规定的誓言宣誓，因为这有悖于良心，会导致灵魂的失丧，同时，他也不能明确说反对宣誓，因为这会导致身体的毁灭。

对此，秘书大人[克伦威尔]说，以前我做大法官的时候，会盘问异端、盗贼和其他犯人，并给予我超过应得的称赞。他又说，在他看来，既然主教们确实在审讯中盘问异端分子，查问他们是否相信教宗是教会的元首，并常常强迫他们作出明确的回答。那么，既然法律已经规定国王陛下是教会的元首，为什么国王就不可以强迫人按照法律明确答复，就像以前回答关于教宗问题时那样呢。

我回答说，我声明，我并不是要为争论中的任何意见或观点辩护；但是，我要说，这两种情况之间是有差异的，因为，在当

第四章　控制良心的国家政治与审判形式

时,在这里以及基督教世界全体(the corps of Christendom)的其他地方,教宗的权力都被承认为毫无疑问的事情,看起来与只在本国获得同意、在其他国家被认为与真理违背的事情不同。对此,秘书大人回答说,他们因为拒绝那个而被烧死,与因为拒绝这个而被砍头,是一样的,所以强制他们像对待那个一样对这个作出明确答复是很合理的。

对此我回答,鉴于在这种情况下,一个人并不是被一个国家的一项法律约束自己的良心,而是有一项涉及信仰的基督教世界整体的法律与此相反,他就要受这个整体的法律的约束,尽管在某个地方有一项地方法律碰巧与此相反,约束一个人作出精确答复的合理性或不合理性,并不在于砍头和烧死的异同,而是因为,涉及良心的管理,其差异是存在于砍头或地狱之间。[1]

在这个对话中,莫尔与克伦威尔之间形成了意味深长的对抗。

克伦威尔做了一个明确的类比,即把国王通过立法强制臣民宣誓的做法,与教会法庭以及大法官法庭处理异端案件的做法相对照。从他的立场看来,第一,国王的世俗权力与(原先)教宗的属灵权力同等;第二,因此,国王的世俗权力能够强制人的良心;第三,这个强制力的源头,来自实定法的有效性,甚至是实定法所规定的惩罚的有效性;第四,在克伦威尔看来,因为惩罚导致的死亡结果一样,又反证了两种权力的性质并没有分别。

如此,在大规模的立法活动之后,制定法本身构成了权力的形式

---

[1] Kelly, Henry Ansgar, Louis W. Karlin, and Gerard Wegemer, eds. *Thomas More's Trial by Jury: A Procedural and Legal Review with a Collection of Documents.* Woodbridge: Boydell, 2011, 349-350.

来源，而这种权力能够强制臣民的私人良心。换句话说，国王的私人良心通过立法活动成为一种公共性的良心，而臣民则因法律的缘故必须使自己的良心接受这种外加的规定。

也就是说，国王的私人良心首先脱离了教会的客观性限定，然后，又通过一种自我立法行动，以制定法的方式获得一种新的客观性。到这个时候，国王的私人良心，就不再是他个人的私事，而成为整个国家的公共规范，同时，也就引导臣民个人的良心离开原先由教会设定的客观性，进入由国家法律设定的新客观性。在这个过程中，个人必须接受强制的灌注，否则他就成为这个新生领域中新的"异端"。

莫尔在两个方向上作了抵抗。一方面，他举出"基督教世界整体的法律"，抵抗国王制定法的至高性，同时也表明，良心的内容需要接受更大范围团体的检验，而不只是以一国议会的立法来规定；另一方面，他的沉默则是试图利用普通法的程序性规定，以避免自己遭到伤害。对莫尔的审判，是依照普通法进行的，是一场陪审团审判。但最终，普通法的程序并不能保护莫尔，因为，这个法庭实质上变成了一个"良心法庭"。

显然，费什、莫尔以及与他们同期被关押的若干神职人员（尤其是伦敦的托钵修士），是国王特别想要压制的对象。当他们坚持不宣誓时，国王主导的审判最终把他们送上了刑场。

不过，在另一种情况下，即在针对大众的宣誓过程中，国王的强制就显得不那么有效了。尽管大部分民众相当顺服地接受了宣誓，但也有少数人并不服从。而民众中的不服从者采取的方法往往是较迂回的规避策略。有的较为公开，比方在宣誓时添加条件，或者另外写一份声明宣布自己对誓词的解释；也有隐秘的形式，比方单纯地伪证，

第四章 控制良心的国家政治与审判形式

以及秘密地添加内心的修改条款。① 有时，宣誓者会故意使用模棱两可的措辞，比如一位教堂的圣器保管员在被要求宣誓，回答如何看待国王时，他说："我看待他正如上帝和圣教会看待他；并且我确信他也不会以其他方式看待自己。"②

随着关于宣誓的内心斗争的出现，尤其随着国王施加的巨大强制的出现，对誓言的理解也在暗中发生某种微妙的变化。莫尔在给女儿的一封信中提到，如果有人"心口不一"，上帝更看重内心而非言辞，因此，他们的宣誓就以思想而非言辞为准。③ 这意味着，在国王的重压之下，人们对誓言效力的解释出现了变化，受到压迫的人可以采用某种"逃向内心"的策略来维持表面的宣誓形式。尽管莫尔自己决心赴死，但他也已经指出了存在这样逃避的可能。1537 年 5 月，伦敦加尔西都会的修士们在重压之下被迫宣誓，但在宣誓前，他们祷告说：

> 哦，上帝，你是人心的检视者，你知道，我们被迫给出的同意与我们的内心是如何相反……我们祈求你，因你无尽的良善和温柔，恩慈地赦免你仆人的罪，尽管我们的心和良心抵抗，但就要以嘴唇犯下这罪。④

随着这类规避行动的蔓延，国王也有所察觉。因此，到 1535 年，

---

① See Gray, J. M. *Oaths and the English Reformation*. Cambridge：Cambridge University Press, 2013, 129.
② Ibid., 130.
③ More, Correspondence, 521. See Gray, J. M. *Oaths and the English Reformation*. Cambridge：Cambridge University Press, 2013, 132.
④ Gray, J. M. *Oaths and the English Reformation*. Cambridge：Cambridge University Press, 2013, 132.

他要求大学教师宣誓时,增加了一条内容,要求宣誓者宣告"本人未受强力或恐惧胁迫,也没有任何欺骗或诡计,而是以自主的思想和主动的意愿,完全、纯粹、自愿地宣誓"①。这些言辞显然表明,国王已经陷入一场与虚假宣誓者(或者说,向他关闭良心者)的斗争。

到1536年,这场战斗愈加猛烈起来。英格兰北部民众发起了一场叛乱,即所谓"求恩巡礼"(Pilgrim of Grace)运动。这场叛乱的特异之处在于,叛乱者并没有动用武力,而是采取了相当和平的姿态,以"朝圣者"的名义恳求国王改变宗教政策。如果说叛乱者动用了武器,那这武器就是宣誓。他们也采用强制的方式,包括针对人身和财产的威胁,迫使当地的乡绅宣誓加入自己的运动。② 这种方式已经超出了之前的规避行动,而是拿起自己的誓言武器与国王对抗。尽管没有发生现实的暴力冲突,但这种针对个人良心的争夺,其激烈程度并不稍弱,以至于有学者说:"亨利的改教运动乃是一场通过宣誓进行的战争。"③

亨利虽然通过刚猛的议会立法,在形式上驱逐了教宗的权威,但不得不着手处理控制臣民良心的问题。他运用的工具是宣誓,这可能是当教会多年以来建立起的司法(纠问)和圣事(补赎)工具退出之后,他能够动用的最有威力的武器。然而,随着宣誓活动的广度和深度不断提高,尽管大多数人的良心受到了控制,但对于少数异议者却始终不能完全压制,反而在围绕宣誓争夺的过程中,令宣誓本身的效力遭到削弱。而到求恩巡礼运动,国王虽然最终粉碎了叛乱,但叛乱者以对抗的方式运用宣誓工具,令国王控制臣民良心的努力进一步受挫。

---

① Gray, J. M. *Oaths and the English Reformation*. Cambridge: Cambridge University Press, 2013, 133.
② Ibid., 168.
③ Ibid., 169.

五、清教徒的良心

亨利八世之后，关于控制良心的斗争并没有停歇。相反，由于亨利晚年把三个信仰各异的儿女都列入了继承人名单，英格兰后来陷入相当严重的动荡。在爱德华六世激烈地倒向新教，玛丽一世更激烈地复辟天主教之后，伊丽莎白一世采取了温和与妥协的态度，才使国家的状态稳定下来。可是，经历了这些激烈转向之后，激进的新教思想已经在英格兰找到了为数众多的信徒。这些人被称为"清教徒"。

清教徒的思想脉络并不容易探究，其中包含了一些奇异的"背反"。

新教思想家们并非没有意识到良心失控的危险。从路德拒绝为德国农民起义背书就可以看出，他对这个问题深有体悟。尽管在面对教廷的重压时，路德不得不将自己的立足点建立在个人的良心之上，但他也逐渐发展出了一套神学-政治理论，以避免社会秩序丧失的危险。那就是路德著名的"两国论"。

路德的"两国论"显得相当驳杂，具有多重含义，但大体上他的论证是：上帝设立了人必然要居住在其中的两个国度或两个领域，即地上之国和天上之国。地上之国是受造物的领域，是自然生活和市民生活的领域，人在其中主要依靠理性和律法行事；天上之国是救赎的领域，是属灵生活和永生的领域，人在其中主要依靠信心和爱心行事。基督徒同时是这两个国度的公民，处于两个国度各自不同的治理之下。作为天上之国的公民，基督徒在良心里是自由的，蒙召完全按照上帝之道的亮光来生活；但作为地上之国的公民，基督徒就受律法的束缚，蒙召顺服上帝所命定并维持的家庭、国家和教会的自然秩序。①

路德的"两国论"具有两方面的意义。一方面,他打破了古代到中世纪的"存在之链"宇宙论,即认为万物从上帝发出,逐级向下,各安其位。"两国论"撤销了等级制这个宇宙论基础,将之改编为一种扁平的结构,在这个结构中,每个人都是平等的,每个人的良心都独立地向上帝负责。另一方面,路德也借此稳定住了社会和政治秩序。因为,按照"两国论",天上之国与地上之国纠缠在一起,基督徒并非仅仅属于天上之国,而是以不同的方式分属两国,基督徒在地上之国中依照其秩序生活。尤其是,教会也分属两国,天上之国的教会纯洁完美,但须以信心才能看见;而地上之国的教会,才是基督徒今生所属的机构,其中有各种不足。于是,基督徒所生活于其中的教会,并非全然的属灵机构,而是上帝所命定的自然秩序的一种,接受理性的规则。所以,像闵采尔那种激进的主张,在"两国论"看来就是混淆了天上之国与地上之国,把依信心接受、将来在永恒中才能实现的政体搬到了地上,当然会引起混乱。

由此,路德也日益表现出某种"远离政治"的样式,因为在他看来,地上的政府都是上帝命定的,自有运行的法则,基督徒并不需要设想一种"更加属灵"的改革方案。所以,路德宗的教会也逐渐地安定在国家政府之中,"良心"并不觉得为难。

不过,在新教改革的另一重要支流加尔文宗那里,情况就有了变化。

加尔文在早期采纳了类似路德"两国论"的立场,也提出基督徒应当尽量顺服民事政府,但是,随着新教群体在天主教国家遭受的

---

① 参见〔美〕约翰·维特:《法律与新教:路德改革的法律教导》,钟瑞华译,中国法制出版社2013年版,第118—119页。

逼迫日益加重，加尔文自己的影响力却在日内瓦不断上升，他的思想开始逐渐远离"两国论"。

加尔文提出一种"道德律"理论，认为上帝使用道德律统摄天上之国和地上之国。上帝把道德律刻在人的良心里，也写在《圣经》中。上帝以三种方式使用道德律：在神学上，道德律谴责每一个人的良心，迫使他们追求救赎之恩；在民政上，道德律抑制非信徒的罪孽；在教育上，道德律教导信徒不断长进。[1] 关键之处在于，加尔文认为，基督徒"良心自由"的意义，乃是在天上之国和地上之国都严谨地遵守道德律。[2] 这种良心并不接受世间法律的规范。[3] 这样一来，与路德宗接受国家教会的倾向不同，加尔文宗就产生了一种要把属灵规范严格地实施于今世的教会进而实施于整个社会的倾向。

路德发起改教之初，常常显得咄咄逼人，但越到晚年，越发谦和，显出某种"退隐"的气质，因为他并不把注意力放在"创设一种教会政体"这样的"事业"之上。而加尔文看起来却正好相反，显得日益严厉。他在日内瓦的改教工作也逐渐走向了对社会体制的改造和规制，形成了一种教会与政府融合的体制。在其中，教会的任务就变成塑造、训练和监管信徒/公民的良心。所以，我们会看到，日内瓦同样实行异端审判。在加尔文的主导下，在神学上不正确的塞尔维特被烧死在火刑柱上。

在这一时期，我们可以观察到"良心失控"导致的政治和社会结果：天主教法国以残忍的手段迫害胡格诺派信徒，英格兰的玛丽一

---

[1] 参见〔美〕约翰·维特：《权利的变革：早期加尔文教中的法律、宗教和人权》，苗文龙等译，中国法制出版社 2011 年版，第 69—71 页。
[2] 同上书，第 73 页。
[3] 参见〔美〕迈克尔·沃尔泽：《清教徒的革命》，张蓉、王东兴译，商务印书馆 2016 年版，第 46 页。

世也在大规模的火刑中得到了"血腥"的称号。而在玛丽一世统治时期，有相当多的英国新教人士流亡国外，并且受到了日内瓦深刻的影响。这些人就是所谓"清教徒"的先驱。

流亡海外的英国人并非都是清教徒，其中有一部分类似于以往在政治斗争中失利的贵族，但另外有许多人则是出于信念。这些英国流亡者无法在法国安定下来，在法兰克福形成了一个社区后，其中对新教信仰的追求更为热切坚定的那部分人离开，最终到达了日内瓦。正是在这个群体中，一种"清教徒的心性"慢慢发展了起来。他们理所当然地视玛丽为敌基督者，并且，他们进一步对亨利八世的改教也抱有深深的敌意。他们的目标也不是回到爱德华六世的改革方案中去，他们的理想教会，也即理想城邦，乃是加尔文的日内瓦。①

流亡，在流亡之中再次遭到排斥，最终抵达理想之地——这一整套现实中的经历进一步强化了流亡者对加尔文神学的坚定信念，令他们将此世视为一个神圣的战斗场所，毫不妥协地要把天上之国的原则灌注到现实生活中来。于是，清教徒的"良心"就不再处于某种模棱两可的状态，反而日益坚硬。沃格林指出，圣公会的神学家理查德·胡克在《教会政体》序言中对这种"清教徒心性"有十分深刻的描绘。清教徒拥有一宗"事业"，他们进入大众之中，对上层阶级大加批判，将大众的憎恶集中到现有的政府身上，进一步，就推动了一种涤荡腐败、扫除罪恶的群众运动。清教徒领袖们将《圣经》中的段落和话语与这项事业和运动密切关联起来，而将不相容的经文自动排除在外。哪怕这种关联实为无稽，也不妨碍他们反而以"圣灵的特殊光照"之名强化这种难以用理性说服所有人的立场。而遭到质疑

---

① 参见〔美〕迈克尔·沃尔泽：《清教徒的革命》，张蓉、王东兴译，商务印书馆2016年版，第110页。

和反对的经历，则被用来证明"地上之国"公民的愚昧和冥顽，以及"天上之国"的国民必然在世间"为真理遭受逼迫"。接受了这样一种信念的人，将极难通过劝说使其改变立场，因为他们的良心已经在各个方向上封闭了入口，一切支持的说法和一切反对的声音都被用来强化既有的立场。①

奇异之处在于，在经历了良心失控的不安定状态之后，清教徒看起来以一种"神圣的封闭"重新固定住了良心。但这样一种充满战斗精神的心性，恰恰与宗教改革之前，十字军运动所塑造的充满敌意的正义战争论不谋而合。② 换句话说，一种针对异端的神圣战争，在经历了大公教会的破碎之后，以一种看起来更加强大而牢固的形态重新回来，尤其是，在这种心性的支撑下，战斗必然进入政治和社会领域。清教徒领袖们所设想的，乃是一场革命。在那些先知式清教领袖们的激烈言辞中，确实透露出某种预言性的论断。比如，古德曼表示，革命的关键时刻，就是对国王的死刑判决，而审判国王的，并不是他自己的法律，而是一种完全不同的法律；诺克斯则呼吁贵族和人民，他们的"职责不仅是要反对血腥玛丽，而且要判处她死刑"③。

六、审判查理一世

引起英国内战的原因当然非常复杂，从政治、经济、社会到文化

---

① 参见〔美〕埃里克·沃格林：《政治的新科学》，孙嘉琪译，上海三联书店2019年版，第169—172页。
② 参见〔美〕迈克尔·沃尔泽：《清教徒的革命》，张蓉、王东兴译，商务印书馆2016年版，第308页。
③ 同上书，第122—124页。

和思想观念，学者们的观点各有侧重。① 尽管英国的宗教改革始于都铎时期，并且国家的宗教政策在爱德华和玛丽时期发生了剧烈的波动，但伊丽莎白回到了寻求安宁的国教路线。不过，女王的统治只是将矛盾暂时隐藏起来，而斯图亚特王朝的君主们则不得不直面毫不妥协的斗争。到查理一世统治时期，国王与议会的冲突逐渐变得不可调和。议会强烈批评国王的政策，尤其不满种种绕开议会的筹资手段（第一章中提到的"五骑士案"就由此而起），而国王的反应则是于1629 年解散了议会，开始了君主一人的统治。查理鲁莽的宗教政策最终引发了与苏格兰的战争，战争则迫使他于 1640 年召集议会筹措资金。遭受议会批评的国王很快解散了议会，但随着战争形势的发展，又不得不在冬季再次召集议会。1642 年，国王与议会之间的战争终于爆发。在以清教徒为主体的议会军在战场上不断取胜之后，1648 年，查理一世最终要面临一场针对他的审判。

我们或许应当把清教徒的激进思想列在诸多引起英国内战的原因之中，但是，就国王受审和被处决而言，清教徒坚硬的良心显然在其中扮演了非常重要的角色。清教徒接受了加尔文主义的大部分神学，但并不完全接受加尔文的教会论。随着内战的进展，军队中占优势的独立派与议会中占优势的长老会派在这一点上的分歧日趋严重。独立派认为信徒通过良心接受《圣经》启示，真正的教会应当由信徒自愿组成，每个地方教会都是独立的，教会内的最高权力属于全体会众。② 长老会派对于独立派激烈的"良心自由"倾向十分担忧，一位

---

① 参见〔美〕劳伦斯·斯通：《英国革命之起因》，舒丽萍译，北京师范大学出版社 2018 年版。
② 参见〔英〕查尔斯·哈丁·费尔斯：《奥利弗·克伦威尔与清教徒革命》，曾瑞云译，华文出版社 2020 年版，第 224 页。

长老会的神学家表示:"让人们凭良心侍奉上帝,无异于把一个鬼赶出去,放七个鬼进来。"① 值得注意的是,查理一世与议会的谈判过程中,国王认定真正教会应当坚持主教制和使徒统绪,如果废除了主教制,教会也就不存在了。查理十分坚持这一点,因为,他同样认为,违背良心的屈服将是"莫大的罪"。② 一个意见统一的良心看起来越来越难以获得,这进一步导致了议会的分裂,以及强制措施烈度的提高。

1649年1月,议会通过一项法令,决议设立一个专门的法庭来审判国王。问题是,此时议会的"代表性"已经很成问题。内战爆发之时(1642年),议会下院就发生了分裂,当时有302名议员留在伦敦支持议会,有236名议员逃亡支持国王。③ 随着战争的进展,议会中的长老会派与作为军队主体的独立派矛盾日深,两派在补选议员时也常常发生激烈的竞争。长老会派对军队极为忌惮,而军队领袖则对长老会派倾向于与国王议和也大为不满。到1648年12月,军队终于清洗了议会中的长老会派。普莱德上校(Colonel Thomas Pride)把守住议会的大门,逮捕了45人,驱逐了186人,另有86人以离开表示抗议。④ 到1649年1月时,仍然留在下院的议员只剩下了不超过90人,由此形成了听命于军队的"残缺议会"(Rump Parliament)。⑤ 而当残缺议会设立法庭审判国王时,大部分上议院议员拒绝参与表决,

---

① 〔英〕查尔斯·哈丁·费尔斯:《奥利弗·克伦威尔与清教徒革命》,曾瑞云译,华文出版社2020年版,第229页。
② 同上书,第230页。
③ 参见〔美〕克莱顿·罗伯茨、戴维·罗伯茨、道格拉斯·R. 比松:《英国史(上册)》,潘兴明等译,商务印书馆2016年版,第420页。
④ See Braddick, M. J., ed. *The Oxford Handbook of the English Revolution*. Oxford: Oxford University Press, 2015, 251.
⑤ 参见〔英〕查尔斯·哈丁·费尔斯:《奥利弗·克伦威尔与清教徒革命》,曾瑞云译,华文出版社2020年版,第317页。

因此,这项法令是由(已然残缺的)议会下院作出的。

法令的开头这样说:

> 鉴于,众所周知,查理·斯图亚特,现任英格兰国王,不满足于其前任已经对人民的权利和自由(rights and freedoms)所做的诸多侵犯,邪恶地计划完全颠覆本国古老和根本的法律及自由(ancient and fundamental laws and liberties of this nation),代之以一种专断和暴君式的统治(an arbitrary and tyrannical government),除了一切其他邪恶方式和手段,他以火焰和刀剑(fire and sword)将此计划付诸实施,在本国发动并维持了一场残酷的战争,反抗议会和本王国,导致田园悲惨地遭到蹂躏、公共资财耗尽、贸易衰败、数以千计的人遭到谋杀,还犯下了无数其他的恶行。对于所有这些严重和叛国性质的犯罪(high and treasonable offences),查理·斯图亚特长久以来并未受到惩戒性和恰当的惩罚……①

我们当然可以认为,这场审判从属于亨利八世发起宗教改革以来的一系列政治性审判,只不过,之前用于压制异议者的武器,现在被用到了国王身上。而当这样的审判最终被实施在国王身上时,其中所蕴含的矛盾也就表现得更加显著。尽管法令也提到要维持"正当的程序"(due proceeding of the court)②,但看起来其含义距离英国法的"正当程序"相当遥远(与令状毫无关联),更像是表达某种对顺利执行庭审的期待。依照设立法庭的法令,议会下院指定了承审专员(commissioner),并没有陪审团,判决将由他们直接作出。法令也指

---

① Kesselring, K. J., ed. *The Trial of Charles I*. Peterborough: Broadview Press, 2016, 20.
② Ibid., 22.

定了主持庭审的法官和承担起诉人角色的律师。国王没有获得辩护律师的协助,他自己为自己辩护。庭审的过程也显得相当轻简:1649年1月20日查理出庭受审,接着在22日和23日两次出庭;25日法庭听取了证人证言并审查了其他证据,决议起草判决书,国王并未出庭答辩;27日,国王到庭听取了判决;29日判决书签署;30日,国王被处决。

托马斯·莫尔在1535年,约翰·李尔本在1649年10月,查理·斯图亚特在1649年1月,都在法庭上以某种方式拒绝回答法官的问题。不过,他们拒绝按照法官指示的路径作出回应的原因各不相同。莫尔,身为一流的普通法律师,以普通法规定的沉默拒绝法庭对他内心的探究,以此尽力为自己争取安全;李尔本,拒绝跟随法庭程序答辩,以"生来自由"的权利诉诸听众,并确实打动了陪审团,最终脱罪;而查理一世则有另外的理由。

面对法庭的指控,查理自始至终拒绝答辩(回答"有罪"或"无罪"),他坚持拒绝承认法庭的权威。这样一个回应确实有法律上的理由。在16、17世纪,英格兰的至高权力属于"王在议会"(the King in Parliament)已经是共识。亨利八世能够完全掌控议会,却也依然承认这一点。所以,查理指出审判他的这个法庭权威可疑,有很浅白的理由:构成"王在议会"的三者,国王在被告席上,上议院拒绝参与而缺席,单单只剩下下院,而且还是一个经过清洗,只剩下少数议员的残缺下院,甚至在残缺下院中,还有不少议员逃避参与对国王的审判。查理在庭审中很明白地指出,议会下院在英格兰从未被认为享有司法权,也不能被认为有权设立一个法庭。①

---

① See Kesselring, K. J., ed. *The Trial of Charles I*. Peterborough: Broadview Press, 2016, 37, 42-43.

对于国王的抗辩，法庭提出的解释是：国王是被人民选举而担任的，向人民负责，现在的下院乃是代表人民指控背弃了誓约、反叛的国王。而国王则提出了另一个说法，表示自己才是为人民的权利和自由而斗争。查理从庭审之初就这样表达，并且坚持始终。在第二次庭审中，法庭要求查理针对被指控的罪名明确答辩，否则视为认罪，对此查理这样说：

> 这并不是唯独关涉我的案件，这涉及英格兰人民的自由和权利(the freedom and the liberty of the people of England)。你们尽可以假装自己的意图，而我才是更关心他们权利的那个人。因为，如果没有法律的权力可以制定法律，那么，它就可以改变王国的根本法(fundamental laws of the kingdom)，若是如此，我不知道还有哪个英格兰臣民可以对自己的生命或者任何他称作属于自己的东西保持安心。①

查理继续解释他拒绝按照法庭规定的程序作出答辩的理由：

> 因此，当我来到这里，我真的希望听到详细的理由，希望知道你们依据什么法律、什么权威在这里审判我；并且，因此，我也略微思考了在这个问题上要对你们说些什么，因为肯定的说法需要证明，否定的说法通常很难证明。但是，鉴于我无法说服你们告诉我理由，我就尽量简短地把我的理由说出来吧。依照我的良心，以及我首先向上帝负有，其次向人民负有的责任，为了保

---

① Kesselring, K. J., ed. *The Trial of Charles I*. Peterborough: Broadview Press, 2016, 41.

全他们的生命、权利和财产……①

当查理试图说明自己关于这个问题的理由时，主持庭审的主席布拉德肖打断了他，表示类似的说法法庭已经听过，国王只是不接受法庭的权威而已。事实上，在第一天的庭审中，双方的交锋最后就止于这个问题，事后法庭还专门商讨如何应对国王的这种策略。

在第一天的庭审中，最后的对话是这样的：

国王：先生，我希望你能给我以及全天下人一个满意的答复。让我告诉你，这可不是一件小事。……你应当好好说明，首先是对上帝、其次是对国民，讲清楚你这样做是依据什么权柄……

布拉德肖：法庭要求你给他们一个最终的答复。他们希望休庭至下周一。如果你自己觉得不满意，尽管我们确实告诉了你，我们的权柄来自何处，我们对于自己的权柄感到满意；它来自上帝的权柄和本王国的权柄。至于你提到的和平，当正义得到施行之时就能获得，而这正是我们现在的工作。

国王：作为答复，让我告诉你，你并没有以令任何讲道理的人满意的方式表明自己拥有合法的权柄。

布拉德肖：那是你的理解；我们是你的法官，对此我们很满意。

国王：这个问题不是按照我的理解，也不是你的，这个问题需要裁定。

---

① Kesselring, K. J., ed. *The Trial of Charles I*. Peterborough: Broadview Press, 2016, 41.

布拉德肖：本庭已经听取了你的解释，你将会按照他们的命令接受处置。①

针对查理一世的审判当然是政治性的，其结果在审判之前就已经定好了，就像莫尔接受的审判一样。在军队控制下的经过清洗的议会决定通过一场公开的审判杀死国王。这样做有政治上的理由，正如控方在庭审中所说，国王早就以其行动证明了自己是个不可信任的暴君。然而，在当时的处境下，杀死国王的法律理由确实不够坚实。查理一世自知这场审判是走过场，遂决定采用拒绝合作的态度，以暴露法庭（就当时的思想背景而言）虚弱的法理依据。

法庭遭遇了国王出人意料的反抗，只是在事后商讨后，才多少有些勉强地确定了一套解释以及应急的措施：把"人民"抬高，把国王的职位解释为具有选举性质，把（残缺的）下院解释为人民的代表，把国王的行为定性为针对人民的反叛，并且在国王拒绝遵循法庭规定的程序时尽量压制他的声音。在第一天的庭审中，主持者布拉德肖看起来还没有做好那么充分的准备，以至于在最后允许将争议问题表达为"法庭的权柄来自何处"，并且承认双方对此问题"理解不同"，而自己坚称本方已经"满意"，拒绝国王"详细说明理由"的要求。换句话说，对于法庭的权柄，双方的良心有截然相反的认识，此种认识并不是通过对话、举证和说服来评估和证明，而是由内心的信念直接决定。

我们没有理由预期，如果查理一世接受了法庭规定的程序，接下去就会出现某种对证人和证据进行审查的场面。事实上，在 1 月 25

---

① Kesselring, K. J., ed. *The Trial of Charles I*. Peterborough: Broadview Press, 2016, 37–38.

日的庭审中，国王并没有得到出庭和发言的机会，法庭听取了所有证人的证言，接着就着手起草死刑的判决书。可能，更有意义的观察不在于这场审判是否遵循了"法律的正当程序"，而是在参与者都心知肚明的情况下，双方对于谁代表了"人民的自由和英格兰的根本法"这个问题的争夺。法庭表示，这是一宗通过公开审判诛杀暴君的正义行动，而国王则竭力表示，若他可以如此受审，全体臣民的自由和根本法都无从谈起。

按照议会的法令，有135人被任命为承审专员，亦即承担法官和陪审员的角色。但在庭审记录中，我们看到承审专员称病不到场，以及法庭在审判过程中补充规定，禁止承审专员未经特别允许离开。[1] 死刑判决书起草完毕后，只有67人投票同意，而其中只有59人在最终的死刑命令书上签字，甚至未达到法庭承审专员的半数。

日益明显的问题是：军队、议会、法庭、死刑，看起来都不足以补救因各人良心的内容有异而产生的分歧，尤其是因分歧而产生的深深敌意，以及由敌意而自然带来的压迫性的立法、司法和行政。

查理一世作为暴君受审、被杀，暴君则是人民必须铲除的异端。

七、共和国的难题

内战爆发时，议会驱逐了保王派议员；1648年，军队驱逐了长老会派议员；而军队控制下的议会，还得面对平等派的挑战。

我们的老朋友约翰·李尔本曾经是奥利弗·克伦威尔的崇敬者，因为正是时任议员的克伦威尔在1637年将李尔本解救出星宫法庭。

---

[1] See Kesselring, K. J., ed. *The Trial of Charles I*. Peterborough: Broadview Press, 2016, 29, 45.

嗣后，李尔本在内战中也是新模范军中一名忠诚而勇敢的军官。然而，由于李尔本激进的平等派立场，他们之间的矛盾日益加深。

克伦威尔是军队的司令官，也是独立派的领袖，甚至，他"就是独立派本身，不代表任何特定派别的独立教派，而是整个独立派"①。克伦威尔自称不属于任何教派，也不加入任何党派，他同情所有人，欢迎他们加入军队，"通过良心自由将所有人联系在一起，而这是能让他们团结一致的共同利益"②。克伦威尔所说的良心自由，与清教徒的激进主义良心有所不同。尽管克伦威尔本人也常被视为清教徒的代表，一系列奇迹般的胜利令他确信自己享有上帝的护佑，但常年领兵打仗也使他很清楚地知道人如何需要倚重实践的智慧。因此，克伦威尔在政治上并没有某种自视为真理的立场，甚至表示自己并不拘泥于任何形式的政府。③通过一场审判杀死国王，诚然是克伦威尔主导下的政治安排，但克伦威尔之所以如此决策，并不只是出于某种宗教信念，同样也是对政治形势的判断。造成极端政治形势的，首要的则是之前长老会派主导下议会的压迫性政策。议会通过立法规定对否认三位一体和道成肉身教义的人处以死刑，对否定婴儿洗礼和其他重要教义的人处以终身监禁。在意识到这类政策引起了军队中激进派(比如李尔本)的强烈反对后，议会又出于恐惧试图解除军队的武装并与国王议和，最终令克伦威尔不得不选择清洗长老会派并除掉国王。

国王死后，议会通过特别法令所设立的法庭并未关闭，而是继续运作，审判了五名在内战中投降被俘的保王党人，最终将其中三人送

---

① 〔英〕查尔斯·哈丁·费尔斯：《奥利弗·克伦威尔与清教徒革命》，曾瑞云译，华文出版社2020年版，第227页。
② 同上书，第228页。
③ 同上书，第264页。

上了刑场。这场审判显然毫无公正可言，只是更为明显的政治压迫。此前就不同意处死国王的李尔本为此更加警觉起来。1649 年 2 月底，李尔本出版了一本小册子《英格兰的新锁链》(England's New Chains)，对新政权提出了严厉的批评。李尔本指出，残缺议会设立的特别法庭剥夺了犯人接受陪审团审判的权利；现政权对出版的审查和压制相比长老会派当政时期更为严厉；新设立的国务委员会缺乏法律依据，更没有对其权力的制约。李尔本在小册子中要求解散残缺议会、进行适当的选举、军队退出政治、取消什一税、改革司法、解散国务委员会等。①

3 月底，李尔本出版了《新锁链》的第二部分，继续批评共和政府，要求尽快实行改革，选出真正具有代表性的机构，事实上也就是进一步要求军队退出对政府的控制，并指控当权者实际上是在僭夺政权。② 为此，李尔本受到伦敦市民和普通士兵的极大拥戴，也当然成为军队上层当权者的敌人，很快就遭到逮捕。于是，他与其他三名同伴因出版煽动性的小册子被关押到伦敦塔，罪名是重大叛逆罪。李尔本等人在狱中继续战斗，于 5 月发出新一版的《人民公约》(Agreement of the People)草稿，其中内容与小册子类似。这份文件进一步激起了军队中下级士兵的反抗行动，最终引起了一场哗变，但旋即遭到镇压。

面对反对的声音，共和政府的回应则是通过立法继续加强压制。残缺议会于 1649 年 5 月和 7 月连续颁布《叛逆法》，到 9 月，则进一步通过立法加强对出版的管制。我们在本书导论中看到的针对李尔本

---

① See Braddick, M. J. *The Common Freedom of the People: John Lilburne and the English Revolution*. Oxford: Oxford University Press, 2018, 162.
② Ibid., 166.

的审判，实际上是在这样一种背景下进行的。

因此，从新教改革以来困扰政府的良心冲突问题来看，除掉国王以后，总体的社会、政治形势看起来并没有实质性的改变。与此具有密切关联的是，国家的审判形式实际上也没有实质变化。一旦良心失控的状态直接表现为对当前政府的某种反叛，或者政府警惕地搜寻那些"不受规制"的良心进而施加强制，其法庭形式依然无法脱离中世纪晚期以来由教会发展起来、经由新教改革在世俗政府形成对等物的异端审判形态。掌握权力者通过深入内心的司法活动，试图控制个人良心的内容，但这类活动的效果始终并不成功。

任何主张、认信、宣扬、传播异端教义者，就构成异端之罪，将会受到教会的严厉制裁；任何以言辞、行动、文字甚至"恶意的沉默"否认至高王权，攻击国王、王后及其继承人者，构成重大叛逆罪，受国王法庭的制裁；任何以写作、出版、印刷、言辞等方式或类似的公开行动宣称共和政府专制、篡权和非法，或者煽动军队反抗政府的，也构成重大叛逆罪，受议会所设立的法庭制裁。

如此状态必然要求解决之道。在一个社会发生剧烈变动的时代，不可能立即找到令秩序重新稳固下来的方式。不过，在动荡之中，稳定的因素也正在慢慢出现和成形。

第五章
正当程序的现代基础：权利观

通过前文的观察，我们可以这样说：发生于 16 世纪的新教改革运动，并没有制造新的问题，或者，至多是一个具有连续性的老问题的新表现。从刑事审判的角度看，新教改革向我们提示了一个并非一望而知的问题，即（至少某一部分的）刑事审判是否以判别、规范、控制被告的内心为目标？

克吕尼运动激发了宗教热情。一方面，这种热情在教会上层逐渐导向了体制性的改革，并在 11 世纪以降塑造了一种具有理性化、官僚制和法制特色的教会组织。而在另一方面，有趣的是，敬虔的情感在教会下层的平信徒中却引向了一种脱离官方体制的大众运动趋势。这两种趋势纠缠在一起，开始产生某些意想不到的结果。理性、官僚取向的法制倾向于以官方、正式的教义定义和规范民众的敬虔运动，于是，在这样一个过程中，"异端"的问题日益显现。反过来说，如果没有教会的裁判官深入基层惩治异端，民间的敬虔运动未必会以法律的视角被加以解释和定义；而如果没有那些教义不清、主要诉诸情感的民众运动，教会也未必会发展出如此精细而规整的纠问制审判形式。

中世纪晚期的异端问题，逐渐呈现为一个官僚化的组织机构，努力地运用理性化的法律，试图管理和控制组织成员良心的活动。这个任务十分艰巨。如果不那么努力追求这个目标,则组织本身的目的也就显得模糊不清;如果努力地追求这个目标,则必须不断提高针对个人的压迫性管制。教会的异端审判在现代人眼中显得处处违反法律的正当程序,并非简单地因为教会邪恶、教士腐败,而是以法律规条管理人的良心几乎必然的结果。问题是,在采取了种种压迫性措施之后,未必能管住良心,或者,一以贯之的悖论是,恰恰由于压迫措施,良心显得日益松动。

新教改革进一步放大了良心失控的问题。并且,经过一系列世俗化过程后,原本令教会烦恼的异端问题,变成了世俗政府的麻烦。国王利用自由的良心击退教会,占据国家的至高权位后,也就不得不接手控制臣民良心的任务。异端是针对上帝的叛逆,叛逆则是某种破坏国家政治的异端。照样,国王也接过了法律的武器,通过立法和司法试图掌管人们的良心,由此也类似地催生了各种压迫性的措施。臣民因良心不能服从而被砍头,国王因被定为反叛人民的异端而被审判,审判者自己很快就面临类似的指控,而他的回应则是对异议者提出另一个叛逆罪的指控。在这个充满敌意的竞技场中,一时还看不出重建和平的方式。

在圣杰曼与莫尔的论辩中,前者提出"法律的正当程序"看起来是改变迫害性刑事审判的方法,但后者也毫不犹豫地指出,如果没有解决隐藏在这一切背后的良心失控问题,改变审判形式并无意义。问题是,教会原本倾向于以非法律措施(以圣事为代表的教牧活动)怀柔、充实、塑造个人良心,并使之与集体保持一致,如今这一整套机制已经不可恢复,那么,现在的国家要从哪里开始着手建立一整套新的机制呢?

我们生活在现代,生来就被置于其中,享受现代世界的和平。只是，这样的和平并非向来如此、天经地义。现代世界的这套新机制，也是逐步发展起来的。"法律的正当程序"取代了异端审判，一个重要的基础就是权利的观念。

一、新教法学家对权利的论证

宗教改革时期，新教教会和（主权的）民族国家通过一个相似的过程脱出了原先的二元结构。在此过程中，个人的良心成为理论和实践的立足点，但是，之后，教会和国家也不得不着手"收拢"私人良心。

如前所述，路德对待农民起义的态度表明，他已经清楚地意识到这个问题。在激烈的改革之后，新教教会和国家都需要一套稳定的社会结构，这显然需要大量的理论和实践工作。路德本人提出了"两国论"，这是一个相当有力的理论框架，但仍然需要进一步地发展和充实，承担这项工作的是路德宗的法学家们。

路德最重要的同事梅兰希顿首先进行了开拓。这位知识渊博的学者尝试将十诫归纳为自然法原则：敬拜上帝并遵行律法；保护生命；诚实地作见证；结婚并养育儿女；照顾亲属；不伤害任何人的人身、财产和名誉；顺服一切掌权者；公平分配和交换财产；遵守契约和诺言；反抗不义。[①] 梅兰希顿同意人因罪而败坏，因而无法认识自然法，必须通过上帝的启示明确宣示，人才能获得关于自然法的知识并加以实践。梅兰希顿进一步认为，国家的实定法有促进自然法目的的功效，由此，他认为世俗国家的法律应当确立和规定宗教，亦即：统

[①] 参见〔美〕约翰·维特：《法律与新教：路德改革的法律教导》，钟瑞华译，中国法制出版社2013年版，第138页。

治者颁布的实定法应当运用十诫的第一块法版,为人民确立正确的教义、敬拜形式和属灵道德。正是从他的这一论证出发,经由 1555 年的《奥格斯堡和约》和 1648 年的《威斯特伐利亚和约》,确立了"教随国定"的原则。①

法学家欧登道普进一步发展和修正了梅兰希顿的论述。他仍然从十诫出发,分别建立宪法、教会法律、刑法、财产和契约法、程序和证据法、家庭法、税法以及社会福利法。② 欧登道普处理良心问题的方法是,承认罪人不能完全无偏见地诉诸良心,但通过《圣经》、祷告、圣灵的帮助,能够理解上帝的律法,即便没有这些帮助,上帝所赐的良心也已经使人能够理解自然法。③

通过法学家的工作,路德的"两国论"得到了充实。由此我们可以观察到一种趋向,新教法学家们努力地令革命的不确定感通过法律制度和实践向一种新的日常生活过渡。不过,因不同的宗教立场而爆发的冲突,尤其是国家政权对(良心)持异见者的迫害,继续要求理论和实践的进展。

"教随国定"是一个妥协的结果,在此之前发生的是因宗教立场的不同而爆发的国与国之间的战争,以及一国内部针对少数派的压迫行动。新教教会和新兴的世俗国家都需要控制私人良心,以达成内部和外部的和平。

路德很反感农民起义的暴力活动,并不认可"出于良心的反抗权",而是要求基督徒顺服权柄。梅兰希顿巩固了国家的实在法,当然也同样要求人民顺服。起初,梅兰希顿倾向于绝对的服从,但随着

---

① 参见〔美〕约翰·维特:《法律与新教:路德改革的法律教导》,钟瑞华译,中国法制出版社 2013 年版,第 146—151 页。
② 同上书,第 180—181 页。
③ 同上书,第 182—183 页。

世俗国家权力不断扩大，如何保护臣民日益引起了他的注意。到《奥格斯堡和约》签订之前，梅兰希顿基本上已经承认了基于自然法反抗暴君的权利，认为官员实施的实在法若与自然法相抵触，就对人的良心没有约束力。①

另一位重要的改教思想家加尔文也谈到信徒的"良心"，并对此作了相当的限制，他谈到"良心自由"时，首先强调人以自由的良心遵行上帝诫命的自由，"私人个体"也负有按照基督徒良心的限度顺服暴虐统治者的义务。② 只有当统治者滥用权力，引导人不服从上帝时，臣民才有有限的权利进行反抗，并且，也只能通过低级官员实施。③

在另一边，世俗国家发现，若一国之内存在持不同信仰立场的团体，很可能对国家的政治稳定构成威胁。因此，民族国家在迈向现代的进程中，具有强烈的动机要统一臣民的良心，无法接受分裂的态势，并由此引发了激烈的冲突。三十年战争、法国对胡格诺派的大屠杀、玛丽对新教徒的迫害，包括之后的新教政府对不从国教者的迫害，都可以归入这同一个范畴。

在血腥的屠杀和压迫面前，新教学者不得不继续作出回应。如果一个政权意图肉体消灭持不同信仰立场者，消极的服从是否可行就成为一个紧要的问题。加尔文的接班人贝扎(Theodore Beza)提出了更宽松的反抗权理论。这是可以理解的，面对法国发生的针对改革宗的血腥屠杀，贝扎不得不作出回应。虽然他继续坚持加尔文所说的尽可能

---

① 参见〔美〕哈罗德·J. 伯尔曼：《法律与革命(第二卷)：新教改革对西方法律传统的影响》，袁瑜琤、苗文龙译，法律出版社2008年版，第91页。
② 参见〔美〕约翰·维特：《权利的变革：早期加尔文教中的法律、宗教和人权》，苗文龙等译，中国法制出版社2011年版，第57页。
③ 同上书，第58—61页。

忍耐，但同时也认为，公共官员的任职需要"公民的公共同意"，若官员不再尊重自己的职位，就不再代表上帝，公共同意就会变为"公共不同意"，下级官员应当表达这种不同意，令前者失去权威，如果有需要，可以强力剥夺他的职位。[①] 正是在这样一个近乎极端的"迫害"形势下，贝扎开始论证"权利"。

贝扎指出，政治契约要求统治者保护人民，尊重他们的基本权利，他将十诫视为基本人权的恰当来源和总结：宗教权利、生命权、财产权、婚姻权、家长权和荣誉权。[②]

在法国的宗教斗争中，胡格诺派信徒在巨大的政治压力下发展出了大量反抗权理论。他们进一步发展贝扎的论证说，政府是通过上帝、统治者与人民三方立约构成的，上帝保护和祝福统治者和人民，作为他们顺服律法的回报，统治者则同意遵守这些高级法并保护人民的核心权利。[③] 在荷兰革命和英国革命中，新教徒们（改革宗、清教徒）也发展出了类似的权利话语和论证。反抗皇帝统治的荷兰起义者们申诉说，反抗暴君的行动乃是以"神圣和自然权利"为基础。[④]

在这一类论证中，十诫仍然是首要的被引用对象，但是，其论证方式出现了一种显著的变化。简而言之，就是从义务论转向权利论。路德和加尔文论十诫时，重点都在于强调人有遵守上帝律法的义务。而到了荷兰改革宗法学家阿尔图修斯（Johannes Althusius）那里，对十诫的运用日益倾向于"权利"。他解释说，前四条诫命表达了宗教权利和自由，后六条表达了俗世的或民事的权利和自由，他认为这两个

---

① 参见〔美〕约翰·维特：《权利的变革：早期加尔文教中的法律、宗教和人权》，苗文龙等译，中国法制出版社2011年版，第123页。
② 同上书，第151页。
③ 同上书，第99页。
④ 同上书，第174页。

系列的自然权利都是"根本的权利",对于一个人或政体的存在都是必不可少的,对于一切实在法中的具体权利规定都是根基性的。① 根据宗教权利,阿尔图修斯将人的良心自由设定为需要保护的绝对权利,同样重要的是,根据世俗权力,人的自我保存也成为绝对的自然权利。

在英国革命中,权利话语得到了进一步清晰的阐述。古德曼(Christopher Goodman)论证说,十诫规定了上帝授予所有人民的不可剥夺的权利,"他们可以合法地将它们宣称为他们自己的拥有,同样必须在所有时间里都要去实践"。敬拜真上帝、免遭强迫敬拜假神,六日劳作和守安息日,生命,财产,婚姻,名誉,正当程序,都成了上帝赋予的权利。②

从义务到权利是一个十分重大的变化,尤其是赋予人"自然权利",对后来的政治理论有很大的影响。新教徒法学家的论证,随着世俗国家的建立、宗教冲突的发生与平定,日益走向一种去除了信仰因素的论述。也就是说,从宗教改革时期的反抗权论证,发展出了一种不限于基督徒、适用于所有人的"权利"。如果存在每个人生来就有的"自然权利",换句话说,也就必然包含了"异端的权利"。嗣后,在英国革命和美国建国历程中,清教徒就进一步推高了这种"无可置疑、不可让渡、不可剥夺并且也是神圣的"良心与宗教的权利。③

与自然权利并行的是契约论,后者的出现甚至更早一些。

路德宗法学家艾斯曼(Johannes Eisermann)尝试从人全然败坏的

---

① 参见[美]约翰·维特:《权利的变革:早期加尔文教中的法律、宗教和人权》,苗文龙等译,中国法制出版社2011年版,第201页。
② 同上书,第142—144页。
③ 同上书,第358页。

神学中构建出一种关于共同善的理论。他认为人起初是完美的，因犯罪而堕落，在这种堕落的自然状态中，人类的生命变得"野蛮"而"短暂"。但是，上帝放在人心中的美德的火花并没有完全熄灭，在人类历史中，人们依靠这类内在的火花组建了社会契约，根据契约接受法律和习惯的训练，学习服务他人和良善地生活。而基督徒组成的国家则依照保罗的教导，由许多"个人"（肢体）互相联络而成为一个整体。①

贝扎也提供了一种契约论的论证，认为上帝、统治者和人民之间构成一种三方协约，统治者的权力虽然由上帝赋予，但也要通过人民的同意才能获得。②

阿尔图修斯则发展出一套更完整的论述。他从一种"自然状态"开始论证。上帝将人造成权利的所有者，赋予其自然的主权。自然状态中的人具有道德能力、理性、社会生活的倾向，只是处在十分脆弱的状态。随着人的成长，他会意识到需要进入与他人的联合，以实现自身的特性，并保护自己的人身、财产和名誉。阿尔图修斯进一步区分了三种联合：私人的自然联合，私人的自愿联合，公共或政治的联合。成员通过建立某个契约而进入联合。权威和服从的结构是"非自然"的，但却是必要的。当人进入这样的联合时，将自己的权利转移给他人，同意服从这个权威结构的束缚。而获得权力者则有义务保护成员的权利和自由。③

教会法学家的论证不断进展，到阿尔图修斯，已经日益表现出一

---

① 参见〔美〕约翰·维特：《法律与新教：路德改革的法律教导》，钟瑞华译，中国法制出版社 2013 年版，第 161—167 页。
② 参见〔美〕约翰·维特：《权利的变革：早期加尔文教中的法律、宗教和人权》，苗文龙等译，中国法制出版社 2011 年版，第 146—147 页。
③ 同上书，第 215—219 页。

种容忍多元主义的面貌,尽管教会法学家始终将"宗教权利"置于首位。这类论证方式不久就被学者们用于论证政治国家的构成。

在宗教改革时期,新教教会与新兴的民族国家同步发展起来,世俗国家同样经历了一场结构重整。不同信仰立场的群体之间的冲突给国家带来了极大的困扰,因此,世俗国家同样需要寻找解决之道。从阿尔图修斯的政治契约论和自然权利观出发,不需要再前进多少,就可以发现霍布斯的踪迹。类似地,霍布斯苦于内战带来的政制倾颓,尤其对人们以私人意见拒不服从既有权威的现象深恶痛绝(英国内战同样与信仰纷争直接有关)。于是,他在《利维坦》中构建了一套通过(一种全新的)自然法、契约将人从自然状态推入政治国家的理论。他的论证方式与前人显著地不同,不再诉诸上帝和历代权威,而是宣称以逻辑和科学作推演。但是,霍布斯理论的整体形态,与阿尔图修斯有极大的亲缘性。从后者的论述中,我们可以很容易地找到诸如"原初的自然状态"、人的自我保存权利、进入政治性联合的必要性等关键要素。

霍布斯开启了将上帝排除在政治国家设计之外的理论论述,显明了世俗化进程的不断进深。但霍布斯并非横空出世,他的论证乃是接续宗教改革以降教会的神学家和法学家不断构建的论述。从这个角度观察,现代世界的世俗化并非从启蒙运动开始,而是早已蕴含在宗教改革的进程之中了。

我们将在后文进一步观察霍布斯论证中的某些独特部分。在此需要提示的是,尽管学者们对"权利"观念的探索可以扩展到很大的范围,上至古希腊罗马,下接格劳秀斯、卢梭、康德,但宗教改革时期新教法学家的努力,却为我们提供了与历史背景和日常生活更密切的接触点。新教改革释放了良心自由,也导致了不同良心(或以之为名)带来的剧烈冲突和敌意,乃至国家以剥夺生命为目的的大规模、成系统的迫害活动。正是在此背景下,新教法学家们走向了对"权利"的论证。尤其是在对"十诫"的解释中,我们明显发现了一个从"神圣义务"不断走向"自然权利"的发展过程。从其发展来看,"权利"的观念首先采用的是一种消极和防御的态度,它并不要求个人做出直接的行动,而是要求他人消极地不干预。换言之,要求人控制针对不同信念者的敌意,减轻迫害的烈度。与后来权利观念在现代的繁荣发展相比,这是一个多少易被忽视的源头。"权利"的呼声可以代表某种激进观念,但在新教法学家的论证中,它主要带有保守性的功能。

二、爱德华·柯克爵士

与欧陆法学家努力转变"十诫"的方向,由此展开对权利的论证相比,英格兰的情况有所不同。英格兰的法律家们也提供了一种权利观,在此过程中,爱德华·柯克爵士无论如何是绕不开的。当李尔本在法庭上慷慨陈词时,大量引用的权威也是柯克。

柯克生于1552年,当时在位的还是爱德华六世。他在幼年经历了玛丽一世的统治,在伊丽莎白一世时期读书、接受法律训练并一路走上高位。最后,在詹姆斯一世时期与国王对抗,并因此成为英国法律史中近乎神话的人物。柯克生在一个法律世家,他的父亲和外公都是诺福克地方上有名的律师,服务于当地的世族大家。他的家庭受惠于亨利八世解散修道院后抛售的土地,属于上升的乡绅阶层。[①]

[①] See Boyer, A. D. *Sir Edward Coke and the Elizabethan Age*. California: Stanford University Press, 2003, 1-9.

柯克在本乡接受初级的人文教育后，于 1567 年进入剑桥大学三一学院，三年后离开，前往伦敦进入律师会馆学习法律，并由此成为出庭律师。他很早就表现出极强的能力，博识强记，充满活力，在法庭上善于辩驳。不过，由于出身并不高贵，他要在法律界取得成功，还是需要付出很多努力。柯克自己对此早有认识，也表现出了极大的渴望。他在自己购买和使用的《普劳登判例报告》上写了四行诗：[1]

> *By learning he which els hath nought*
> *From lowe estat to highe is brought*
> *And oft ye rude which treasures have*
> *Of Cresus riche, becom a knave*
> 学识能使除此以外一无所有的人
> 从低位升上高位
> 而无知则令拥有克洛伊索斯之财的人
> 成为一个无赖

因此，这位乡绅之子对于如何努力取悦主上也有充分的自觉。当他靠着法律知识和才能走上高位、被女王任命为总检察长时，显得极为忠顺而乐意为陛下效力。詹姆斯一世即位之初，柯克也继续着一贯的表现，在沃尔特·雷利爵士（Sir Walter Ralegh）的叛逆案中严酷地压制被告，在法庭上大声辱骂雷利：最臭名昭著的叛徒，野兽，恶毒的毒蛇，最纯粹的叛徒，最大胆妄为的叛徒……当雷利抗议这种恶意的对待时，柯克再次爆发：

---

[1] Boyer, A. D. *Sir Edward Coke and the Elizabethan Age*. California: Stanford University Press, 2003, 191.

检察官：你就是有史以来最最恶毒、最该受咒诅的叛徒。

雷利：你说话鲁莽、野蛮且无礼。

检察官：我希望找到足够的词汇，来揭露你恶毒的叛逆罪行。

雷利：我觉得你确实需要找到词汇，因为你反反复复在说同样的话。

检察官：你是个令人作呕的家伙，因为你的傲慢，英格兰王国全体国民都憎恶你的名字。

雷利：你欺人太甚了，检察官。[①]

对此，19世纪的英国法律史家斯蒂芬（Sir J. F. Stephen）认为，柯克可以列入史上最凶残的检察官名单；[②] 丹宁勋爵则表示，对雷利的审判是极为荒谬的，而柯克的行为则是荒唐的，针对被告提出的每一个证据都不能被法庭承认，都是些道听途说、谣言和猜测。[③] 柯克在职业生涯中积累了大量的财富，其中大部分是土地，有时他会利用自己的地位低价买进、高价售出。[④] 而他在自己的庄园中苛刻地对待佃农，随意地行使封建主的权力。[⑤] 他把自己的女儿绑在床架上鞭打，直到后者同意接受父亲安排的政治婚姻。[⑥] 他的财富在法律家中

[①] Boyer, A. D. *Sir Edward Coke and the Elizabethan Age*. California: Stanford University Press, 2003, 203.

[②] Ibid., 203-204.

[③] 参见〔英〕丹宁勋爵：《法律的界碑》，刘庸安、张弘译，法律出版社1999年版，第16—17页。

[④] See Boyer, A. D. *Sir Edward Coke and the Elizabethan Age*. California: Stanford University Press, 2003, 197.

[⑤] Ibid., 194-196.

[⑥] See Hill, Christopher. *The Intellectual Origins of the English Revolution Revisited*. Oxford: Clarendon Press, 1997, 202.

显得过于突出，以至于国王觉得已经超出了一个臣民应有的限度。① 他与一生的宿敌弗朗西斯·培根(Francis Bacon)争夺交际花哈顿夫人，以十分仓促的方式抢在培根之前结婚，嗣后在教会法庭上面对关于婚姻效力的质询，这位伟大的法学家以"对法律无知"为由轻松地脱罪。② 大法官埃尔兹米尔男爵(Baron Ellesmere)说他是个"愚蠢而狂热的家伙"，"脑子有病，思维混乱而无目的"。③ 而当詹姆斯一世捏紧拳头威胁他时，这位首席法官吓得当场瘫倒在地。④

可是，爱德华·柯克爵士又是英国法治神话的重要人物，他阻止国王亲自断案，宣称"国王受制于上帝和法律"。他的四卷本《英国法总论》(Institutes of the Lawes of England)成为英国法学史上的里程碑。尤其是，他在其中论证了英国人民生来具有的自由，使其著作在查理一世时期则构成了议会对抗国王的重要武器，以至于他去世之后，国王要派人劫走尚未出版的手稿，而长期议会控制住局势后，立刻命令追回手稿并刊行出版。

读柯克爵士的传记，很容易引起我们的疑惑：如果爱德华·柯克是宪法和人民自由权利的守护神，为何在他的人生事迹中可以找到那么多奇异的矛盾？为何一位看起来使出浑身解数迫害被告、以此讨好新王的检察官，在数年之间就会变成当面抵挡君主的法律斗士？他的奋斗并非虚假，他的著作广为流传，问题是，他的目标究竟为何？仅仅是为英国人与生俱来的权利提供了充分的法律论证？

---

① See Hill, Christopher. *The Intellectual Origins of the English Revolution Revisited*. Oxford: Clarendon Press, 1997, 202.
② Ibid.
③ Boyer, A. D. *Sir Edward Coke and the Elizabethan Age*. California: Stanford University Press, 2003, 204.
④ See Hill, Christopher. *The Intellectual Origins of the English Revolution Revisited*. Oxford: Clarendon Press, 1997, 202.

这些都是合理的疑问。

三、柯克的方法与目的

在柯克的《判例报告》第八卷中，他记载了著名的"邦汉案"（Dr. Bonham's Case）。这是一个涉及"非法监禁"的案件。

位于伦敦的皇家外科医生学会（College of Physicians）设立于1518年，获得了亨利八世的特许状。学会的主要职责是行业监督，向医生颁发行医许可。为此，亨利八世以开封特许状授予学会特权，如有人未经学会许可在伦敦城开业行医，则学会可处以100先令罚金（一半归国王，一半归学会主席）。该特许状嗣后获得了制定法的确认（14 & 15 Henry VIII, c.5，玛丽一世时还通过制定法扩大了其权利）。托马斯·邦汉医生未经许可在伦敦城行医，于是在1606年被学会传召，学会认定其没有职业资格，禁止其执业。但邦汉继续行医，遂遭到罚款和监禁处罚。但他继续开业，并在再次受传召后没有出席答辩，于是被罚款10镑，判令逮捕关押。邦汉聘请律师出席学院的法庭，辩称自己已经取得了剑桥大学的医学博士学位，他认为亨利八世的法令授予学会的权力并不包括牛津和剑桥的毕业生。邦汉被捕下狱后，他的律师向普通诉讼法院申请人身保护令，并由法院审理该案。

柯克时任普通诉讼法院院长，判决外科医生学会无权审判邦汉，理由是：虽然亨利八世的制定法授予了学会审判和罚款的权力，但由于一半的罚款归学会会长所有，就使他成为享有利益的关系人，按照普通法的基本原则，与案件审理有利益关系者不能同时成为案件的审判者。柯克在判决书中写道：

从我们的许多书籍记载来看,在许多案件中,普通法控制议会的法令(the common law doth control Acts of Parliament),有时会判定它们完全无效;因为如果一项议会法令违背了普遍的正当和理性(common right and reason),或者令人憎恶(repugnant),或者不可能执行,则普通法将加以控制,并判定这类法令无效。①

大多数评论者对于柯克在此处的表达都感到略微惊讶,因为看起来柯克似乎表示:有一种"普通法"(common law)超越于议会的制定法之上,而这个"普通法"似乎不是指普通法法院惯常运作的判例法,而是一种"普遍的正当和理性",一种抽象的、高级的法,或者,也可以说是某种作为整体的"普通法"。

柯克为自己的观点提供了五个先例作为支持的证据。(1)柯克引用了1334年的"特雷戈尔案"(Thomas Tregor's Case)。在该案中,主审法官赫利(Herle)说:"有些制定法,制定的时候就违背法律和正当,那些制定法律者如果意识到这一点,就不会把它们付诸实施。"(2)柯克指出,《威斯敏斯特第二制定法》规定了在一些情况下,土地继承人可以获得双年停止收回土地令状(writ of *cessavit*),但在爱德华三世33年的一个案件中,法官判定:"鉴于这有悖于普遍的正当和理性(common right and reason),故普通法判定此项议会法令从此无效。"(3)柯克指出,爱德华一世35年的《卡莱尔法》对西妥会和奥古斯丁会修院保存印鉴和制作盖印书契的具体方式作了规定,但在亨利六世27年的一个案件中,法庭判定该法无效,因为其规定事实上无法操作。(4)柯克指出,爱德华六世第一年第14章的制定法规定,

---

① Coke, Edward Sir. *The Selected Writings and Speeches of Sir Edward Coke*. Edited by Steve Sheppard. Indianapolis: Liberty Fund [Lancaster: Gazelle], 2003, 275.

各小教堂归国王所有，除为捐赠人保留的之外，所有租金和宗教服侍亦属国王所有，"而普通法控制该法且判定该法无效，因为关于宗教服侍，如果由国王拥有一切针对其臣民提供的宗教服侍，乃是有悖普遍正当和理性的"。(5)一项议会法令向某人授予管辖其所拥有的戴尔庄园内所有诉讼的权利，"但他不能管辖自己是一方当事人的案件，因为法谚有云，任何人都不得为自己的法官"。

  普拉克奈特(T. F. T. Plucknett)在详细检查了柯克提供的论据后，认为他的论证很不牢靠，并不能支持他的论述。普拉克奈特发现，在第一个关于"特雷戈尔案"的论据中，柯克严重地错误引用了《年鉴》，扭曲了赫利法官的措辞，使之听起来好像是在谈论某种"更高级权利"的观念。在第二个关于双年停止收回土地令状的案例中，尽管法庭确实无视了议会法令的明显意思，但"鉴于这有悖于普遍的正当和理性"这句话是柯克自己窜入的。在第四个关于小礼拜堂的案例中，法庭报告中并没有柯克所说的"实施控制的普通法"这样的观念。① 而另一位学者索恩(S. E. Thorne)在考察了柯克的论据后，也得出了类似的结论，认为他的论证非常勉强，事实上只是在强调一点，即一个人不能做自己案件的法官。② 卡尔顿·阿兰爵士(Sir Carleton Allen)则认为，柯克错误理解了"特雷戈尔案"，而他所举出的其他案例，都不过是通过对法律作严格解释而得出一种与立法者意图不同的结果的例子，但所有的案例，都完全无法支撑一种司法机关有权"判定议会立法无效"的普遍原理。③

  所以，柯克基本上通过勉强引用一些案例，甚至故意添加、篡改

---

  ① See Gough, J. W. *Fundamental Law in English Constitutional History*. Oxford: Clarendon Press, 1961, 33-34.
  ② Ibid., 32-33.
  ③ Ibid., 35.

具体措辞，以达到构建自己理论的目的。尤其是，通过将自己所作的这个判决写进判例报告，就使得一种本来不那么牢靠的论证获得了更大的权威。柯克的这种做法在当时也遭到了反对。大法官埃尔兹米尔男爵在牛津伯爵案中就挑战了柯克在"邦汉案"中提出的观点，表示柯克对制定法的效力有失尊重。埃尔兹米尔认为柯克不恰当地拓宽了法官无视制定法文本字句的权力。[①] 不过，问题是，爱德华·柯克是这个时代甚至是几个时代以来英格兰最伟大的法学家。在他之前，英格兰的法律家们还没有多少可用的判例报告，而他自学生时代起，就开始记录法庭的判决。他把自己做律师时的判例记录下来（他败诉的案子都没有记录），成为法官后，也把自己的判决记录下来。尽管查理一世曾经试图没收他的手稿，也确实造成了一些损失，但最终还是形成了煌煌十三卷的《柯克判例报告集》——很多时候，权威建立在浩瀚的数量之上。

柯克权威的另一支柱，当然是他的四卷本《英国法总论》。第二卷的标题是"对诸多古老及其他制定法的解释"，在其中，最重要的是他对《大宪章》的解释。而在关于《大宪章》的解释中，最重要的是他对于第 29 条的解释。

1225 年《大宪章》第 29 条（在 1215 年的版本中为第 39、40 条）规定："任何自由人，如未经其同级贵族（parium suorum）之合法裁判，或依据本国法律（per legem terre）裁决，皆不得被逮捕、监禁、没收财产与权利、剥夺法律权益、流放，或加以任何其他损害，朕亦不可亲自或派人对之采取敌对行动。朕将不向任何人出售权利与正义，亦

[①] See Gough, J. W. *Fundamental Law in English Constitutional History*. Oxford: Clarendon Press, 1961, 38.

将不拒绝或延搁任何人之权利与正义。"①

柯克对这一条作了篇幅很长的注释②，其中最重要的是对所谓"本国法律"(Law of the Land)这个含义模糊的词汇所作的扩张性解释。③ 在这段注释开篇之后不远的地方，柯克就说，"本国法"的意思是指"普通法、制定法，或英格兰的习惯"。接着，他提到任何人都不得被剥夺占有时，将"合法判决"解释为"身份相同之人的判决"或者"依照本国之法(Law of the Land)"作出的判决。并且，他以一种决绝的口吻("to speak it once for all")，将"本国之法"等同于"正当的过程，以及法律的程序"(the due course, and processe of Law)。④

而在下文针对"依据本国之法"这一措辞的注释中，柯克运用了一个巧妙的操作。他引用了爱德华三世37年的制定法，表示根据此法，"依据本国之法"的含义被扩展为"未经法律的正当程序"。

我们在第一章中已经看到，爱德华三世及其他制定法，在提到"法律的正当程序"时，其实将其等同于令状程序。柯克避开了对其中细节的解释，实际上是简单地诉诸制定法的权威(有趣的是，在

---

① 译文引自蔺志强版本，参见钱乘旦、高岱主编：《英国史新探》第3卷，北京大学出版社2018年版，第262页。
② See Coke, Edward Sir. *The Selected Writings and Speeches of Sir Edward Coke*. Edited by Steve Sheppard. Indianapolis: Liberty Fund [Lancaster: Gazelle], 2003, 848-873.
③ 柯克对《大宪章》的注释极大地脱离了原初的历史语境，这一点已为学者们公认。在13世纪的语境中，"libertas"几乎肯定是指贵族的权利(特权)，而非全体人民普遍享有的权利。柯克显然清楚这一点，在他的注释中也无法回避，但他有意举出"libertas"的若干含义，并把"全体臣民享有的自由"这个解释置于特权之前。在对"同侪审判"的注释中，他也无法回避在他的时代众所周知的事实，即该条文适用于贵族，而非平民。柯克的这类对文字有意的操纵十分明显，按上文所讨论"邦汉案"的情况，这几乎是他的惯常操作。参见乔治·加尼特："爱德华·柯克爵士对《大宪章》的重构"，载钱乘旦、高岱主编：《英国史新探》第3卷，北京大学出版社2018年版，第177—187页。
④ See Coke, Edward Sir. *The Selected Writings and Speeches of Sir Edward Coke*. Edited by Steve Sheppard. Indianapolis: Liberty Fund [Lancaster: Gazelle], 2003, 849.

"邦汉案"中，我们看到他为了自己的目的相当轻易地动摇了制定法的权威），而并没有解释与他此前不同表述之间的关系——他在前文断言"本国之法"等同于"正当的过程，以及法律的程序"（我们在第一章中看到，所谓"法律的程序"就是令状程序）。进一步，柯克将"普通法的正当程序"解释为需要具备"向法官提交的诉状，或记录于案卷之事务（thing of record），或正当程序，或初始令状"①。在这里，柯克将等同于令状的"正当程序"（due proces）放在了他所说的"法律的正当程序"之下，这又是一个不太可能出于疏忽的混淆。

柯克对《大宪章》第 29 条的扩张性解释，与他在"邦汉案"中的立场具有一致性，都是通过一系列在细节上相当粗疏的论证，从以往的法律材料中抬举出某种貌似高于技术性法律规定的原则来。我们甚至可以说，这看起来是柯克一生所追求的一项重大的"事业"，贯穿在他作为法官和法学家的活动中。尽管他的《英国法总论》第二卷（由于查理一世的直接行动）生前并未出版，但他长久以来的思想当然贯彻在作为法官的司法活动中。我们能够找到一个很好的事例作为补充说明，那是 1614—1615 年，他与大法官埃尔兹米尔勋爵（以及一生之敌、后来继任大法官的弗朗西斯·培根）之间的一系列冲突。

在法学理论上，这是普通法法院与衡平法院之间的冲突。在英格兰，当臣民在普通法法院未能获得适当救济，就诉诸正义的源头，即国王。而大法官作为国王"良心"的看护人，就应当审理臣民的诉请，并提供救济。这是大法官法院管辖权的起源。但大法官的权力也有界限，比如柯克就依据《大宪章》第 29 条，认为大法官不能随意关

---

① Coke, Edward Sir. *The Selected Writings and Speeches of Sir Edward Coke*. Edited by Steve Sheppard. Indianapolis: Liberty Fund [Lancaster: Gazelle], 2003, 858-859.

押当事人。问题是，埃尔兹米尔勋爵认为，大法官的权力直接来源于国王，在某些情况下可以下令关押犯人。他的这个看法确有法理和先例的支持。①

1613年，大法官法院关押了一个名叫理查德·格兰维尔的人，原因是此人顽固地拒绝履行法院要求他放弃执行一项已被纠错令确认为错误的判决。② 格兰维尔向普通法法院申请人身保护令，并于1614年获得了柯克的批准。埃尔兹米尔勋爵于1615年再次下令关押了格兰维尔。后者再次申请人身保护令。这次返还的回执没有说明具体原因，柯克自然拒绝接受，命令释放犯人。但大法官随后命令第三次拘捕了格兰维尔，这次由一位纹章官助理(pursuivant)执行。选择这位"冷门"的官员是为了使人身保护令不知发往何处。除了此案，同一时期还发生了几件引起两家法院互相对抗的类似案件。于是，埃尔兹米尔与柯克之间的对抗就愈演愈烈，上诉法院与大法官法院之间爆发了一场管辖权之争。

埃尔兹米尔在培根和其他官员的帮助下，开始收集资料，撰写捍卫大法官法院管辖权的文章。1615年9月，一份题为"埃尔兹米尔勋爵所收集，供国王博学的律师所用之意见书或指示"的意见书开始广为流传。这份意见书的第一部分题作"关于制定法《大宪章》第29章，以及其他涉及大法官庭衡平和良心案件之程序的其他制定法的一些笔记和观察"，第二部分题作"关于《空缺圣职继任者法》和《藐视王权法》，尤其涉及大法官庭和其他衡平法庭程序的一些笔记

---

① See Baker, John H. *The Reinvention of Magna Carta 1216-1616*. Cambridge: Cambridge University Press, 2017, 411 ff.
② 当时司法程序尚未完善，以纠错令(writ of error)确认为错误的案件，原判决书并不当然丧失效力，而是需要等待原判撤销。这位格兰维尔在法庭命令他放弃执行已确认有错的判决书，当然是一种相当出格的事情。

和观察",几乎是在直接反驳柯克的观点。埃尔兹米尔最主要的观点是:"那些被诉至大法官庭的当事人,乃是依照适用于衡平和良心案件的正当程序被传召应诉,而那也就是'依照本国之法'(per legem terrae)。"[1] 而其背后的原因则在于,"古老的普通法"在实践中被证明因其规则僵化而造成了种种不公,于是,当事人才向正义的源头国王提出请求,由大法官依照衡平和良心给予符合正义的处置和救济。[2]

同样重要的是,埃尔兹米尔勋爵在他的意见书中展示了一种不同于柯克的方法。埃尔兹米尔在解释所涉及的制定法条文时,特别强调考虑"该制定法的意图",尤其是"按照字义来解释";[3] 还有,进一步需要考虑的,乃是"该制定法在制定的当时及不久之后如何理解和解释"[4]。换言之,对制定法含义的解释,需要更严格地考察其历史语境,并首先接受文本所体现的立法者意图。埃尔兹米尔勋爵的解释方法,与柯克对文本的扩张性解释,甚至有意无意地将当下的理解塞入判例的做法截然不同。

如此,柯克与埃尔兹米尔之间冲突的性质基本上已经明显了,关键在于,两人对于《大宪章》第 29 条中十分模糊的措辞"依照本国之法"有不同的解释。柯克将这句话解释为某种超越普通法技术性规定的"普通法原理",而对这种原理的解释和具体适用,是由国王的普通法法院执行的。埃尔兹米尔则认为,衡平法同样是"本国之法"

---

[1] Ellesmere, Thomas Egerton Baron. *Law and Politics in Jacobean England*. Edited by Louis A. Knafla. Cambridge: Cambridge University Press, 1977, 320. See also Baker, John H. *The Reinvention of Magna Carta 1216 - 1616*. Cambridge: Cambridge University Press, 416-417.
[2] See Ellesmere, Thomas Egerton Baron. *Law and Politics in Jacobean England*. Edited by Louis A. Knafla. Cambridge: Cambridge University Press, 1977, 320-321.
[3] Ibid., 322-325 passim.
[4] Ibid., 325.

的一部分，普通法也从未反对过衡平法程序，甚至有一些普通法法官自己也把诉讼案件提交到衡平法法院审理。衡平法的程序也是"正当程序"的一部分。有关联的是，两者的解释意图不同，所采用的方法也就大相径庭。

此后，双方的矛盾日益尖锐，甚至有上升到个人恩怨的趋势。格兰维尔等人在柯克的支持下，甚至计划对大法官埃尔兹米尔勋爵提起藐视王权的指控。大陪审团拒绝了这份诉状，柯克依据起诉人的要求三次将陪审团送回，要他们重新考虑，在依然遭到拒绝后，告诉郡长在下一个审判期另换一批"明白点的陪审员"。此举当然引起了埃尔兹米尔的极大不满。到下一个开庭期，格兰维尔等人被诉至星宫法庭，受到了严厉的盘问。这显然是大法官的一种报复姿态。由此，双方的仇怨日益加深。[①] 再加上埃尔兹米尔的继任者弗朗西斯·培根老早就与柯克结仇，冲突就愈发不可收拾。事实上，双方的仇怨最终导致了柯克于1616年11月被国王解除了王座法院首席法官的职务。但冲突并未停止，柯克由此成为下院中的领袖人物，并将战火越烧越旺。

问题是，我们如何解释柯克的一系列操作？他在1603年的雷利案中表现得像是国王忠诚的爪牙；而到1606年担任法官后，就以不甚牢靠的论证提出了关于正当程序的解释；在1615年与大法官的斗争中，一边主张衡平法庭须服从普通法的正当程序，一边试图操纵陪审团对大法官进行公开的攻击。从柯克的行动中，我们看到前后一贯的是，这位普通法法律家并不忌惮通过自己握有的法律武器操纵程序、攻击敌人。如此，一种可能是，他是个机会主义者，随着职位的迁移寻求最大的好处。但他与国王的对抗并不能带来现实的利益，反

[①] See Baker, John H. *The Reinvention of Magna Carta 1216-1616*. Cambridge: Cambridge University Press, 2017, 418-419.

倒引起危险。那么，我们就不得不考虑另一种可能性：他有某种更大的目标，为此不妨牺牲一些小节。

爱德华·柯克出身于诺福克郡的乡绅家庭，当地本就是清教徒活动频繁的地区。因此，尽管柯克并未公开宣称自己是清教徒，但他的信仰显然受到清教徒的巨大影响，并且与当时的清教徒领袖有许多联系。与柯克关系非常亲密的妹妹安妮，后来嫁给了他在三一学院的一位同学弗朗西斯·斯塔布斯。斯塔布斯家族是当地望族，弗朗西斯的妹妹阿丽斯则嫁给了剑桥的一位教师，那就是著名的清教神学家托马斯·卡特莱特(Thomas Cartwright)。[1]

柯克在剑桥学习时，坎特伯雷大主教惠特吉福特(John Whitgift)对卡特莱特宣扬的神学非常不满，因为后者在布道中公开攻击英国国教的主教制，要求改革为长老会体制。这场争端的结果是卡特莱特流亡海外，而他的去向则不出意外地是清教徒的圣地日内瓦。令人稍感意外的是，安妮·斯塔布斯的神学立场比卡特莱特还要激进，后者尚且承认英国国教并未完全败坏，但安妮却认定英国教会需要完全的革新。她甚至不接受长老会体制，而要求完全由会众自由选举产生神职人员。[2]

爱德华·柯克对国教神职人员的敌意很深，以至于埃尔兹米尔勋爵后来评论说，柯克的著作通篇都是处心积虑地要剥夺教会的权利，贬损神职人员的尊荣。[3] 而在另一边，他与清教传道人却过从甚密，并且给予各种支持。而那些敬虔的传道人对这位法律家也不吝赞美之词。当时有名的不从国教派神学家理查德·罗杰斯(Richard Rogers)与柯克有长久的联系，罗杰斯曾经对他说，上帝选中他成为王国重要

---

[1] See Boyer, A. D. *Sir Edward Coke and the Elizabethan Age*. California: Stanford University Press, 2003, 164-165.
[2] Ibid., 174.
[3] Ibid., 181.

的官员，赐给他重大的才能，使他有敬虔的宗教生活，但也要遇到敌人的阻挠，而上帝终将保佑和祝福他到生命的末了。①

柯克受到了清教徒的很大影响，即便他并不是公开宣告的清教徒，但在情感和心态上显然与他们相近。因此，柯克在职业生涯中所展现的坚定态度（有时甚至表现为略有一些"不择手段"），与这种"受到上帝呼召去完成使命"的思维模式颇有联系。而他所做的，正是建立起了一种以普通法为根基的权利观。这是他基于信念，在政治生活和法庭实践中所识别出的大事业。

四、普通法权利观

在爱德华·柯克爵士身上，我们可以发现一种普通法权利观的生成路径。大陆的新教法学家从十诫出发论证一种具有牢固基础的权利，与此不同，柯克运用了他的普通法技艺，论证了一种更偏重实践，尤其是用来抵御对个人良心管控的权利。因而，这种权利也就突出地表现为对"程序"的强调和争夺。

宗教事务高等法庭（Court of High Commission）起源于亨利八世任用托马斯·克伦威尔推进宗教改革之际。起初只是特别委任性质，供国王的大臣便宜行事，执行宗教政策。但是在伊丽莎白一世即位之初，《王权至尊法》规定女王可以发出加盖国玺的开封特许状，委任合适的人员处理各种宗教事务，包括处置异端以及各种不服从国教的行为，且授权极为广泛。② 于是，女王发出的委任状就被认为具有制定

---

① See Boyer, A. D. *Sir Edward Coke and the Elizabethan Age*. California: Stanford University Press, 2003, 185–186.
② I Eliz., c.1.

法授权的性质,该法庭也由此开始成为常设法庭。由于宗教事务高等法庭兼具政治与司法性质,其审判人员既有教士,也有平信徒,所管辖事务极为广泛,事实上,它逐渐成为宗教改革之后的英格兰权力最大的宗教法庭。鉴于其管辖的事务性质,所实行的程序与教会法庭类似。在1583年,特许状中首次特别提及"依职权"宣誓的审理方式。

所谓"依职权"宣誓的审理方式,大致接近教会的纠问程序。审判官员"依职权"主动发起程序,将被告传召到庭接受审问。被告须先行宣誓并"完全真实地"回答审判者的盘问,然后审判者才能制作指控文书,进入审理程序。被告若拒绝回答问题,或者部分回答问题,都会被判定藐视法庭,处以监禁。① 鉴于亨利八世改教之后,宗教事务成为英格兰王权管辖下的内容,由《王权至尊法》设立一个最高的宗教事务法庭正是其突出表现。换言之,以前由教会实施的对信徒的良心控制,现在转由国家接手。而且,由于不同信仰派别的剧烈冲突,中世纪那种教会占据绝对主流、对边缘群体施加压迫的态势,陡然变为力量大致相当的势力之间爆发的对抗。尽管英国国教看起来地位牢固,但依旧要由国家通过宣誓来严格控制臣民的良心,并且其手段相当严厉。在伊丽莎白一世时期,女王通过这种机制,一方面打击天主教徒,另一方面则压制不从国教者。到了斯特亚特王朝,清教徒和同情清教徒的普通法法律家的抵抗就开始变得日益强烈,在这场斗争中当然不会缺少爱德华·柯克。

1606年,国王的枢密院应下院请求向时任普通诉讼法院首席法官的柯克及王座法院首席法官波普汉(C. J. Popham)咨询法律意见,

---

① See Maguire, M. H. "Attack of the Common Lawyers on the Oath ex officio as Administered in the Ecclesiastical Courts in England." In Wittke, Carl Frederick. *Essays in History and Political Theory in Honor of Charles Howard Mcilwain*. Cambridge, Mass.: Harvard University Press, 1936, 199-229, at 215.

议题是：在哪些案件中，宗教法庭裁判官可以采用依职权要求宣誓的方式审讯任何人。两位法官商议后认为：第一，裁判官不能要求当事人作一种一般性的宣誓，承诺回答受到盘问的问题；而应当依照提交给被告的指控文书进行盘问，星宫法庭和大法官庭的程序也应如此，被告需要先拿到起诉状，否则无须答辩。第二，任何人都不应当因内心隐秘的想法或意见而受到审问，而只能因言语或行为受审。除婚姻和遗嘱事务外，平信徒不应当接受依职权的审问，因为平信徒往往欠缺知识，很容易落入陷阱，尤其是异端和教义错误这类案件。[①]

1607年，一位经常（以教会法庭无权要求人宣誓指证自己为由）帮助人在教会法庭脱罪的律师尼古拉斯·富勒（Nicholas Fuller）由于在法庭辩论中过于激动而发表了不当言论，遭到教会法庭的审问，罪名是裂教和教义错误，随后被定罪，遭到罚款和监禁。富勒向普通诉讼法院和王座法院都申请了人身保护令。柯克在判决书中坚定地认为，对伊丽莎白一世制定法以及宗教事务高等法庭开封特许状内容的解释权属于普通法法院，因为尽管宗教事务高等法院由开封特许状设立，但其权力来源终究是议会立法，解释权归世俗法院所有。另外，基于类似的原因，他还判定，关于宗教法庭的管辖权问题，其决定权也属于普通法法院。[②]

因此，依上文所述，新教改革不断展开后，大陆发生了新旧教派的激烈冲突，最终引导新教法学家从神学议题出发，论证了一种属于个人的权利。而在英格兰，我们可以观察到，尽管在宗教改革之后建立了国家教会，但王权的变动、国际形势的变化和激进派别的不断出

[①] See Coke, Edward Sir. *The Selected Writings and Speeches of Sir Edward Coke*. Edited by Steve Sheppard. Indianapolis: Liberty Fund [Lancaster: Gazelle], 2003, 433.

[②] Ibid., 454-456.

现，依然造成了某种难以和解的矛盾冲突状态。以爱德华·柯克为代表的普通法法律家提供了回应，其具体路径是论证并实践了一种颇具防卫性质的法律。

柯克一方面具有某些清教徒的心态，对神职人员和教会法庭极不信任，并在遭遇具体的司法案件时爆发出毫不妥协的战斗精神；另一方面，作为法官和法学家，他又特别意识到，长久以来，从教会到国家习以为常的良心管控措施并不能带来安定。于是，柯克确实发挥了自己的法律才能，以十三卷案例报告和四卷法学著作，构建起了普通法的权威。在此过程中，他对《大宪章》第 29 条作了扩张性的解释，在各个具体的案例中不遗余力地抬高普通法法院的管辖权。他在法学知识方面的权威，以及他在司法实践中的活动，一同构成了一道防护性的普通法高墙。这堵高墙为英格兰臣民提供了一种由来已久的主要涉及司法程序的"自由与权利"。这堵墙所用的材料，有时是砖石，有时是草木，其制造工艺，有时精巧，有时显得略微粗糙，但至终令其发挥作用的，首先是日益显得巨大的体量。

由此观之，关于柯克撰写四卷本《英国法总论》的意图（而非形式），以查士丁尼的《法学总论》作为类比或原型并不恰当。① 如果一定要寻找类比的对象，那或许是约翰·加尔文的《基督教要义》(Insti-

---

① 亨利八世时期的学者托马斯·斯塔基(Thomas Stakey)等人曾倡议全面引入罗马法，遭到了普通法法律家的强烈抵制。梅特兰认为这正是普通法生命力的体现，独有英格兰抵制住了文艺复兴以来的罗马法入侵，确保了英国人的自由。柯克之前，有约翰·克威尔(John Cowell)参照罗马法撰写的英国法著作，但柯克对于这类方法并不赞同。在爱德华·柯克的私人图书馆中，罗马法和教会法书籍数量相对较少，除了英国法律文献外，有四分之一左右是神学类作品，包括当时一些具有争议的新教论战作品，另外还有相当数量的历史著作。考虑到柯克对教会法庭的敌视，他确实不太可能抱着一种"参照"或"致敬"罗马法的心态撰写他的著作。参见〔英〕弗雷德里克·威廉·梅特兰、约翰·汉密尔顿·贝克：《英格兰法与文艺复兴》，易继明、杜颖译，北京大学出版社 2012 年版；以及 Coke, Edward. *A Catalogue of the Library of Sir Edward Coke*. Yale Law Library Publications. Edited by W. O. Hassall. New Haven: Yale University Press, 1950。

tutes of the Christian Religion)。二者都是在一片类似的空地上，构建起了一座全新的"解释的大厦"，后人无法绕开这座权威的大厦，即便提出某些反对意见，也极有可能造成为其添砖加瓦的效果。加尔文为新教徒提供了对《圣经》的解释，令信徒无须再凭借自己的力量个别地诉诸《圣经》原文，而柯克为英国人提供了对"本国法律"的解释，使他们无须在不同的解释之间犹豫不决。柯克所建立的权威，很大程度上阻断了对英国法的解释，也把管辖权牢牢地收入了普通法法官的手中。如此，也就可以阻断由不同宗教立场发源的政治争端。

亦由此，当我们再次观看柯克与詹姆斯一世的冲突（这宗神话本身也已经成为普通法防御墙的一部分），也会找到一种略微不同寻常的意涵。当国王以君王尤其出众但实际上人人皆有的自然理性为依据，要求裁判案件时，柯克以所谓"人工理性"（artificial reason）回应。这意味着，唯有律师会馆（而非大学）以某种排外的行会方式塑造（并祝圣）的普通法法律家，才是这道普通法防御墙手持秘符的守卫者，外行人（lay man，平信徒）唯有仰望之。

不过，以普通法为根基的权利观，并非仅仅依赖袍服森严的法官，它还有一些别处的支撑。

五、一种史学

在1602年出版的《判例报告》第三卷序言中，柯克花了相当多的篇幅叙述了一种关于普通法的历史，尤其是证明普通法的"古老性"。他提到，（"据说"）英国的第一位君王乃是（特洛伊的）布鲁图斯。当他来到这片土地，为了治理人民，就从特洛伊人的法律中选择材料，编写了一部"不列颠人的法律"。而这部法令集乃是"以希腊语写成"。柯克进一步表示：

> 古代不列颠人的法律，他们的契约和其他文书，以及法官的记录和司法程序，都是以希腊语书写和判决，按照清楚明白和毫无争议的证据，这是明显和了然无误的……①

接着，柯克举出了许多证据，包括恺撒、普林尼和斯特拉波的说法。他提到，法国南部的马赛，原本是希腊人的殖民地，于是希腊语就经由高卢传入了不列颠，尤其被传授给了"英国法的学者们"。英国法因其希腊起源，就比其他法律更为古老，甚至胜过了罗马帝国的法律。②

这样一种史学，显然会让现代人感到错愕，尤其是作者还特别强调了"证据"，也确实引用了历史资料加以证明，并由此坚持一种理直气壮、确凿无疑的态度。对此显然需要有所解释。

波考克(J. G. A. Pocock)在《古代宪法与封建法》中，认为以柯克为首，普通法法律家在17世纪表现出了一种"普通法心性"，是"根深蒂固的、无意识的心智习惯的产物"③；这是普通法思想所经历的一次"伟大的硬化和强化"④；而关键的要点在于否认诺曼征服对英国法造成了改变。⑤ 也有学者并不同意这样的解释，比如索默维尔

---

① Coke, Edward Sir. *The Selected Writings and Speeches of Sir Edward Coke*. Edited by Steve Sheppard. Indianapolis: Liberty Fund [Lancaster: Gazelle], 2003, 64.
② Ibid., 64-66.
③ 〔英〕J. G. A. 波考克：《古代宪法与封建法》，翟小波译，译林出版社2014年版，第30页。
④ 同上书，第29页。
⑤ 同上书，第39—40页。

(J. P. Sommerville)指出，柯克和其他普通法法律家都承认英国历史上确实发生过征服，并不是一次，而是很多次；法律的连续性曾经有过若干次的中断。还有其他学者指出，在这一历史时期，如果诉诸"神圣权利"，会更容易引向证明君主的统治权；以及，认为柯克诉诸中世纪式的史学，目的是推动法律改革。[①] 而波耶(A. D. Boyer)在仔细检视了柯克收入图书馆的历史类著作和材料后，认为他的史学立场主要是当时新生的民族主义意识形态塑造的。[②]

有一个需要解释的问题是，柯克并非完全以中世纪堆积权威的论证方式直接引用编年史材料，而是多少运用了对证据进行审查的方法，并努力构建某种证据链，来证明自己的立场。他的论证方式与法律家惯常的法律论证类似，总归需要拿出一个看起来合理的论证，即便(与他对《大宪章》的处理类似)很可能也已经有一个先入为主的目标。但是，他的目标究竟是什么呢？如果说这种"普通法心性"用于抗衡国王，那么，也还是需要注意到，他编纂前几部《判例报告》的同时，正在总检察长的职位上非常努力地追诉国王的敌人(尤其在若干重大的叛逆案件中)。

从柯克在《报告》中呈现的史学来看，他有一些明确反对的说法。在前两部《报告》的序言中，柯克并没有表现出强烈的论争意识。这两篇序言的篇幅都相对短小。在第一卷的序言中，柯克只是说，整理判例报告的目的是避免人们遗忘那些富有智慧的法律家所留下的遗产，同时，也是为了补正之前其他人制作的许多《判例报告》存在的

[①] See Smith, David Chan. *Sir Edward Coke and the Reformation of the Laws: Religion, Politics and Jurisprudence, 1578-1616*. Cambridge: Cambridge University Press, 2014, 116.

[②] See Boyer, A. D. *Sir Edward Coke and the Elizabethan Age*. California: Stanford University Press, 2003, 143.

不足。① 在第二卷的序言中，他只是简单地提到了英国法相较于其他国家法律的优点，并在文中称颂伊丽莎白一世女王治理有方。②

第一卷《报告》出版于 1600 年，而在 1598 年 11 月，年近五旬的柯克击败了竞争对手弗朗西斯·培根，与 20 岁的名媛伊丽莎白·哈顿结婚，并于九个月后诞下一女，由女王做了教母。所以，柯克在女王治下的生活很是得意，并没有什么不满。而 1603 年詹姆斯即位后，柯克夫人很快成为王后的密友，柯克也与之前一样，作为总检察长在法庭上为国王效力。所以，在 1602 年出版的第三卷《报告》中，我们看到了一篇冗长的、充满了历史材料的序言，不太可能是因为柯克此时与王室的关系出现了裂痕，要为反对王权的群体提供法律方面的素材。柯克并未责怪征服者威廉向普通法添加内容，因为那是为了王国的和平与安全。③

我们当然不难发现柯克所反对的论点，他最在意的是，某些"编年史"表示征服者威廉下令设立了各郡郡长、治安法官，甚至表示是威廉发明了陪审团，设立了存续至今的各种法庭。这些说法可见于当时一些颇为流行的编年史书，例如维杰尔(Polydore Vergil)和霍林斯赫德(Raphael Holinshed)的史书。④ 柯克的怒气显然是向他们发作，说这些作品"毫无疑问会领人走向错误"⑤，"不仅无耻、虚假，

---

① See Coke, Edward Sir. *The Selected Writings and Speeches of Sir Edward Coke*. Edited by Steve Sheppard. Indianapolis: Liberty Fund [Lancaster: Gazelle], 2003, 4-5.
② Ibid., 39-40.
③ See Smith, David Chan. *Sir Edward Coke and the Reformation of the Laws: Religion, Politics and Jurisprudence, 1578-1616*. Cambridge: Cambridge University Press, 2014, 126.
④ Ibid., 120.
⑤ Coke, Edward Sir. *The Selected Writings and Speeches of Sir Edward Coke*. Edited by Steve Sheppard. Indianapolis: Liberty Fund [Lancaster: Gazelle], 2003, 61.

满口诽谤，有一些还充满了恶意和无知"①。因此，柯克所反对的，不仅是那些叙述外国因素引入英国法的内容，同时也是提供这些叙述的方法，尤其是这类叙述对普通法造成的影响。

在第三卷《报告》的一开头，柯克就提出，普通法的巨大优点在于其"统一"（unity），身处王国各地的法官们"众口一词地作出同样的判决"。② 这样，在柯克看来，普通法的"古老"和"不可追忆"所造成的"完美""不变动"，其含义就不仅仅是一种纵向的"历史连续性"，而同时（甚至首先）是一种横向的"此世的稳定性"。我们需要意识到，现代人对历史的"纵向感"与进步的观念有密切联系，在强调朝向未知的发展时，比较不注意此世的稳定与秩序。而中世纪到近代早期的世界观，更重视事物具有一个"确定的来源"，因而整个现世就处在源自神圣创造和护理的稳定秩序之中。路易斯（C. S. Lewis）在总结不同世界观的特征时说："在现代思维里，换言之，在进化思维里，人类位于梯子的顶端，梯子的底部消失在黑暗中；在中世纪思维里，人类处于梯子的底部，梯子的顶端隐没在神光里。"③ 被柯克在法庭上逼迫的雷利爵士著有《世界的历史》，也充分表达了与现代不同的世界观。其卷首画把"历史"表现为一个女性的形象，将"死亡"和"遗忘"踩在脚下，两侧有"真理"和"经验"护卫，支撑着世界。④

如果我们将柯克展现的普通法史学更多放在横向的视角下观看，

---

① Coke, Edward Sir. *The Selected Writings and Speeches of Sir Edward Coke*. Edited by Steve Sheppard. Indianapolis: Liberty Fund [Lancaster: Gazelle], 2003, 68.
② Ibid., 59.
③ [英]C. S. 路易斯：《被弃的意象：中世纪与文艺复兴文学入门》，叶丽贤译，东方出版社2019年版，第115页。
④ 参见[英]E. M. W. 蒂利亚德：《莎士比亚的历史剧》，牟芳芳译，华夏出版社2016年版，第9页。

就会意识到，他所追求的首要目的，并不是现代人更熟悉的政治理念，而是伊丽莎白时代通行的"现世的稳定秩序"。如此，我们才好理解，为何他如此坚持"古老"和"不变"，反对"创新"和"改变"。① 柯克在第五卷《报告》的序言中使用了当时常见的拟人化手法，将"错误"（加上"无知"）表现为人格化的形象，与"真理"对抗。柯克举出"真理"的特质包括：确定(certainty)、统一(unity)、简明(simplicity)、和平(peace)。② 而在第七卷《报告》的序言中，他列出需要避免的特征则包括：模糊(obscurity)、歧义(ambiguity)、多变(jeopardy)、新颖(novelty)和冗长(prolixity)。③

与此同时，柯克并非无视普通法的缺陷。所以，波考克的观点似乎暗示，以柯克为代表的普通法法律家，乃是出于某种未经有意识考量的意识形态而强行"固化"了关于普通法的史学，这样的断言值得再审。因为，柯克显然付出了巨大的努力，使在他之前显得无序的普通法材料得到了系统化的梳理，使之更接近现代人对于法律的要求和想象。

柯克在第三卷《报告》的序言中显现出对"解释方法"极为重视。他解释自己编撰判例报告的目的：

> 首先，要解释和阐明那些议会制定法和法令，包括在此前的判例报告之后制定的，以及(偶尔漏过)完全没有解释过的。其次，要调和之前判例报告中的疑问。发生这些疑问，要么是因为有不同意见，要么是因为问题被略过了没有裁定。因为，在那么

---

① See Coke, Edward Sir. *The Selected Writings and Speeches of Sir Edward Coke*. Edited by Steve Sheppard. Indianapolis: Liberty Fund [Lancaster: Gazelle], 2003, 95 ff.
② Ibid., 126.
③ Ibid., 164.

多年中撰写的那么多书中，一定会有(正如类似地在所有关于神事和人事的学科和艺术中)一些意见分歧，会有许多有待解决的疑惑。我出版前两卷《报告》和这一卷的唯一目的正在于此。我相信，这些判例报告可以成为一个工具(这也正是我的意图)，令那些认真的人带着更大勤勉反复阅读以前那些杰出而负有成果的判例报告。说实话，我的报告(如果我可以这样说，可以如此判断其他的报告)乃是评注的性质，要么是为了更好地理解某些涉及整个王国的议会法令的真确解释，此前在某些重要问题上从未解释过，要么是为了更好地理解之前报告的判决和裁定的真确意义和理由，要么是为了解决其中悬而未决的疑问。①

这样，我们可以理解，柯克确实是非常慎重地撰写他的报告。其目的正在于消除普通法中的歧异。柯克对于伊丽莎白一世晚期和詹姆斯一世时期英国国内由于宗教纷争而产生的不和谐有充分的认识。我们有理由认为，他一生事业的主要目的，乃是希望以普通法为基础消弭或控制分歧，以保障王国的和平。在司法实践中，柯克之所以表现出对教会法庭和大法官庭充满敌意，并动用一切普通法上的武器与之对抗，至少有一个非常重要的考虑，就是认为教会法庭的司法程序(衡平法庭也类似)不能够消除分歧，反而会扩大矛盾。因此，柯克尤其对天主教势力保持警惕，并认同王权在宗教问题上的控制。在一封1605年写给恩主塞西尔的信中，柯克谈到了他与天主教人士的争端，以及他作出回应的意图，强调天主教徒和不从国教者都有可能带来危险："教宗派把最高的教会管辖权放在教宗的三重冕上，而不从

---

① Coke, Edward Sir. *The Selected Writings and Speeches of Sir Edward Coke*. Edited by Steve Sheppard. Indianapolis: Liberty Fund [Lancaster: Gazelle], 2003, 72-73.

国教者则把它放在长老会体制上。"① 如此，我们也就可以理解，柯克为何要对读者表示，关于普通法的历史解释："我敢自信地说，没有任何写作编年记的修院长、修士或神职人员，能够理解这样一种卓越而出色地宣告的和谐(excellent and well indicted concord)。"②

柯克在《判例报告》中呈现了一种关于普通法的史学。我们最好不要用现代人的历史观和史学标准去加以衡量。对伊丽莎白时代的人们而言，历史撰述是在表达现世秩序的来源，许多编年史家撰史时，都会从上帝创世开始写起。柯克面对不断升温的宗教纷争，努力地要以普通法法律家的勤勉工作构筑一种新的权威。天主教教士已经陷入个人信誉和体制结构双双破产的状态，柯克就把权威建立在普通法和法律家身上。于是，在第四卷《报告》的序言中，我们看到他说：

> 我并不捏造，也没有虚构，而是报告和出版了那些可敬的法官和法律圣哲们(Sages of the Lawes)最为真确的裁决、裁定和判决，因着他们的权威、智慧、学问和经验，他们理应受到尊重、敬仰和信赖。③

通过学术工作和司法实践，柯克的意图是使普通法法官取代教士成为一国之中掌握解释权、止息纷争的祭司。他也带着饱满的热情宣告："全体亲爱的同胞们，无论你们在宗教上的立场如何"，普通法法

---

① Smith, David Chan. *Sir Edward Coke and the Reformation of the Laws: Religion, Politics and Jurisprudence, 1578-1616.* Cambridge: Cambridge University Press, 2014, 133.
② Coke, Edward Sir. *The Selected Writings and Speeches of Sir Edward Coke.* Edited by Steve Sheppard. Indianapolis: Liberty Fund [Lancaster: Gazelle], 2003, 72.
③ Ibid., 99.

律家将会带来和谐。① 而普通法法律家要建立权威，显然不能诉诸《圣经》这样的天启文本，于是，柯克便通过普通法的史学建立了一种"不可追忆"的法律实体。其权威来自神秘性，其神秘性来自历史。由此，这种因不可追忆而不能被人改变的起源，也就成为普通法权利的基础。

六、小结

在宗教改革以降的国家法庭中，我们可以发现，教会退出后，针对人的内心状态进行调查和判断的审判形式并未改变。只是，这种审判形式现在由国家全面接手。在一段时期中，这样的审判形式并不能带来和平以及社会生活的稳定。无论是希望以此辨识、控制、惩罚甚或消灭宗教上的还是政治上的敌人，经由这类司法活动所塑造的社会生活，并没有表现出值得热切盼望的前景。

逐渐，人们自然（或者被迫）地认识到，有必要改变管控内心的审判形式。这是"正当程序"脱离先前严格技术性的法律程式，走向现代形式的过程。在此过程中，新的审判形式不得不四处寻找可以获得支撑的基础，这也意味着观念上的巨大变革。

在正当程序的现代基础中，权利观是显而易见的一个基础。如今我们习以为常的权利观念，或者已经进入极为精细的哲学分析的权利学说，是在近代早期缓慢发展起来的。其中，较为显著的发展包括：(1)从《圣经》出发(但自下而上)的权利论证；(2)一种受到法律权威

---

① Coke, Edward Sir. *The Selected Writings and Speeches of Sir Edward Coke*. Edited by Steve Sheppard. Indianapolis: Liberty Fund [Lancaster: Gazelle], 2003, 163.

保护的权利观念；(3)以及与此密切关联的一种关于权利的史学。

在这个过程中，爱德华·柯克构成了一个显著的范例。这位普通法的法学家和法官，通过自己的理论工作和审判实践，构建起了一座具有实效的普通法大厦。他的《判例报告》和《英国法总论》，包括他在法庭和议会中的事迹，一同构成了对普通法权利和法官权威的证明。

不过，由此引申而出的权利观，其运用并不一定完全符合论证者起初的设想。比方，爱德华·柯克很可能也同样无法接受约翰·李尔本引用他的论述在法庭上提出的抗辩，柯克也同样可能无法接受弑君者们在审判查理一世时，仅仅引用《大宪章》第29章，申明要提供"并不拖延的正义"。

"正当程序"在现代还有其他的基础。

第六章
正当程序的现代基础：主权与宽容

在前一章中，我大约展示了"权利"的观念在近代早期的发展。这种观念通过天然和人工的方式与法律联系在一起。在向现代转变的过程中，爱德华·柯克爵士为普通法下的"权利"及其运作方式提供了具有相当效力的证明。在他的论证中，英格兰的普通法被呈现为一套几乎自足的规则，而法官则成为这套规则的守护者甚或化身，它们一同抵制了来自各方的质疑。从"法律的正当程序"原则的发展历史来看，这构成了其现代基础的重要组成部分，今日仍然为人接受并具有实效。

不过，柯克的论证并不完全牢靠，他对材料的运用和推理受到了预定目的的引导，尽管我们可以承认该目的本身自有道理。他对《大宪章》的解释，对法官权威的证明，最终都披戴上了"神话"的色彩。他所引导的对权利的申诉，在不久之后也日益成为激进政治活动的话语，并不能完全实现一种稳定的秩序。而他论证中的弱点，在当时也已经为人识别出来，那就是托马斯·霍布斯。

一、霍布斯对柯克的批评

爱德华·柯克于1606年升任普通诉讼法院首席法官，当时霍布斯正在牛津求学。后来,柯克因触怒国王在1616年被解职,第二年,他的对手弗朗西斯·培根任大法官。柯克于1620年被选为下院议员,回到政治生活,并由此投入激烈的斗争之中。而据霍布斯最早的传记作者说,霍布斯大约在这一时期做过培根的秘书。我们无法确定霍布斯是否因为与培根的关系而对柯克存有敌意,但从他后来的作品看,始终对柯克保持批评的态度。

随着议会与国王的斗争愈演愈烈,一些英国人开始出逃。霍布斯于1640年离开英国,后来还略带自豪地表示自己先知先觉,是"最早一批逃离英国的人"。1651年,霍布斯出版了他的名著《利维坦》,显然是基于英国内战的政治失序惨状而试图提出总体的解决方案。在《利维坦》的第26章,霍布斯探讨了国家的法律问题。他指出,法律家们的共识是"法律绝不能违背理性"。但问题在于,谁的"理性"将被接受为法律?霍布斯认为不可以是任何的"私人理性",因为那将导致法律内容中出现许多矛盾和冲突,他也不同意这种理性是柯克所说的"通过长期的研究、观察和经验而得来的,一种经由人工使之完美的理性(an artificial perfection of reason)",而只能是霍布斯推理出的"推动主权者制定法律的理性"。[①]

令人略感诧异的是,霍布斯在晚年又专门撰写了一部《哲学家与英格兰法律家的对话》,以大得多的篇幅拓展了《利维坦》中针对柯克的批评。考虑到这时霍布斯已经八十高龄,却依然耗费心力撰写此书,显然是要讨论自认为相当重要的问题。

在《哲学家与英格兰法律家的对话》中,霍布斯首先提出的正是法律理性的问题。在对话中,哲学家表示认同柯克所说的"理性乃

[①] 参见〔英〕霍布斯:《利维坦》,刘胜军、胡婷婷译,中国社会科学出版社2007年版,第434—437页。

是普通法的灵魂",但要求法律家对这个说法进行澄清。于是,法律家表示,普通法就是经由人工技艺臻于完美的理性,是经过长期研究、观察和经验而获得的理性;此种理性并非人生来就有的自然理性,因为人并非生来就拥有"技艺";这种法律理性乃是"最高的理性"。哲学家对此表示反对,不同意作为法律生命的理性不是"自然的"而是"人工的"。他提出,普通法知识确实是一种技艺,但人的技艺无论多么完美,都不是法律的来源。

> 创制法律的,不是智慧,而是权威。"司法理性"(legal reason)这个词本身也是含混的。地球其他生物中不存在理性,只有人有理性。但我想,他的意思是说,法官的理性或者说全部法官加在一起的理性——但不包括国王,就是这种最高理性(summa ratio),就是法律本身:这是我不能承认的,因为除非一个人拥有立法之权,否则,他就不能够创制法律。法律一直被认真而博学之士,也即法学教授们所细化,这种说法显然是不正确的。因为,英格兰的全部法律都是由英格兰历代国王在咨商议会的贵族院和平民院之后制定的,而在这20位国王中没有一位是博学的法律家。[①]

所以,在霍布斯的"主权"视角下,所谓法官的(群体)理性,本身并不能构成法律效力的来源,显然也不能对抗主权者的立法权威。

接着,在一番探讨之后,哲学家再次指出,法官不仅不能与主权

---

① [英]霍布斯:《哲学家与英格兰法律家的对话》,姚中秋译,上海三联书店2006年版,第4—5页。

者的立法权威抗辩，甚至还不得不承认主权者的司法权威。"国王是唯一的立法者，这理由也使国王理应成为唯一的最高法官。"① 哲学家还引用了布雷克顿以加强自己的观点。当法律家提出，按照柯克的说法，国王已经将全部司法权委托（commit）给了法院，因而不能再亲自审理案件，哲学家立刻表示，柯克的错误在于"没有区分委托和转让。国王就是司法权的最终拥有者，对于一种权力，转让会导致原主丧失，而委托仅仅意味着由另一个人以其名义、在其控制下行使，原主依然享有这种权力，并在接到申诉时可以自行审理。② 哲学家坚持，国王作为主权者，不可能将自己的最高司法权完全转让给他人，因为这是国王的基本权力。

对此，哲学家继续指出，英格兰的大法官法院，其性质就是由御前大臣代表国王处理向其提出的诉请，作为主权者的国王，将司法权委托给了自己的高级官员。御前大臣/大法官（Chancellor）司法权的来源，乃是加盖国玺的授权，在此授权之中，对其法庭程序并无任何限制。所以大法官在审理案件时，并不受普通法程序的限制。③

对此，法律家引用柯克，提出几项制定法和议会请愿书，包括常被引用的理查二世13年和17年立法，亨利四世2年的请愿书，以及亨利六世31年的立法，表示其中规定了无论是大法官法庭还是其他大臣，都不得违反正当程序作出判决。哲学家则要求对这些法律作进一步的考证，特别是国王收到这类请求后的答复。哲学家认为，这类看似对国王的司法权加以限制的文件，在实践中往往效用可疑，有的立法则很快弃之不用。换言之，国王以及大法官法院并不受普通法程

---

① 〔英〕霍布斯：《哲学家与英格兰法律家的对话》，姚中秋译，上海三联书店2006年版，第21页。
② 同上书，第51—52页。
③ 同上书，第54—56页。

序的约束，而是保持灵活的运用。国王可以接受也可以拒绝议会的请愿，完全取决于国王的判断，而所谓衡平法(equity)本就是指理性的法，具有完整的效力，相反，所谓的习惯法未见得符合理性，需要制定法加以确定或采纳。①

哲学家毫不客气地指出柯克引证中的不可靠之处：

> 我不明白，爱德华·柯克爵士为什么要引用这部制定法？因为，它早在二百多年前就已经失效了；他又引用上面说的两个请愿，仿佛它们是制定法，而实际上，它们当时根本就没有得到国王批准；除非他的目的是缩小——他的整部《英国法总论》都是致力于这一目标——国王的权威，或者企图在人民中间将自己的意见悄悄地变成本王国的法律；因为，他也试图在他的正文和边注中插入一些拉丁文句子，仿佛它们是理性的律法的原则；相反，他没有引用古代法律家的权威，也没有肯定理性本身，没有试图让人们相信，它们才是英格兰法律的真正基础。②

因此，在关于司法权性质的讨论中，霍布斯进一步提出了柯克所采用证明方法的瑕疵。而霍布斯对柯克的批评，在《哲学家与英格兰法律家的对话》最后的部分达到了高潮。

在全书的最后，哲学家提出需要探讨关于财产法(the laws of meum and tuum)的问题，法律家表示需要考察制定法。哲学家遂提出考察柯克对《大宪章》及其他制定法的解释，并指出"很有必要上溯至

---

① 参见[英]霍布斯：《哲学家与英格兰法律家的对话》，姚中秋译，上海三联书店2006年版，第57—61页。
② 同上书，第60页。

古代，上溯到历史记载所能允许的最古老的时代"。这显然是在呼应柯克关于"不可追忆"的"古老宪法"的论述。但是，哲学家却马上补充道："不仅要考察我们的祖先撒克逊人的习惯，也要考察自然的律法，这是所有法律中最为古老的，涉及政府的起源和财产的获得之法律，涉及拥有司法权之法院的法律。"① 也就是说，以柯克为代表的普通法法律家试图通过"不可追忆性"建立普通法的权威，而霍布斯在此处故意追随了"古老"的措辞，但将其追溯至某种"自然法"。换言之，在柯克有意引为倚靠的模糊之处，霍布斯却放置了一种明确、可推理的"自然法"。

哲学家继续说道："首先，显而易见的是，统治（dominion）、政府和法律要比历史记载或别的书面材料久远得多，人类中间所有统治的开始，是在家庭中……"由此，议题从《大宪章》出发，引到"古老性"，到"自然法"，再到以家长为类似主权者的统治形式，接着进一步论到了先占和征服这两种获取财产（土地）的方式，最后则从征服的议题引出了对被俘成为臣民者的统治。那些被征服、丧失土地和自由的人进入了一个家族共同体，成为其中的臣民，自愿接受这个家族的法律管辖。在法律家提出不同主权者之间的战争问题后，哲学家以"自我保存的自然权利"为依据，肯定了因恐惧邻人、担忧自身安全而（先发制人）发动战争的行动。于是，这个从柯克论《大宪章》为起始的讨论，在寥寥数语之后，就变成了一个对《利维坦》世界的完美呈现。

接着，在论到征服之后，霍布斯使两个人物顺利地进入了下一个重大议题，即关于英格兰封建制的讨论。法律家顺理成章地表示，在

---

① 〔英〕霍布斯：《哲学家与英格兰法律家的对话》，姚中秋译，上海三联书店2006年版，第140页。

征服之后，这位(家族的)主权者应该不会把全部的(土地)财产所有权分配给臣民。哲学家欣然同意，肯定了征服者支配被征服土地的做法，并进一步表示，英格兰的全部土地也一度属于征服者威廉，这是"一个普适的真理"，而且"爱德华·柯克爵士本人也承认这一点"。①

法律家在此又插入了一个重大的问题，事实上，即内战期间议会反复申诉的"国王的两个身体"理论。当时议会与国王开战，表示国王具有两个身份，承担自然身份的肉身的国王已然出逃，而承担政治身份的机构性国王仍留在议会中。后来，议会也多少依据此项理论组织法庭，以"叛逆罪"的罪名审判了国王。但在这里，哲学家明确地表示，如果是议会统治，那么它可以以政治身份拥有土地；若是君王统治，则自然身份与政治身份归于一人，不可分开，以政治身份发出的公共性命令，也要以自然身份为源头。②

接着，法律家将讨论重新引回封建制问题。哲学家开始考察封建法的历史，并表示，按照日耳曼人的传统，"统治的权利"不可分割，土地在继承中也不分割。进一步，在封建制下，土地的权利状态分为两种，一种是完全的所有权，由主权者享有，另一种则是通过某种役务换取的土地保有，得排除他人，但不能抵抗主权者的权利。③ 与封建土地相关，哲学家开始讲述关于封臣效忠仪式(尤其是誓词)的论题。他甚至特别指出，这种仪式"记录于爱德华二世17年的制定法中"，同时，"你当不会怀疑，在那之前、在诺曼征服之前，都在使用

---

① 〔英〕霍布斯：《哲学家与英格兰法律家的对话》，姚中秋译，上海三联书店2006年版，第141页。
② 同上书，第144页。
③ 同上书，第145—146页。

这一誓词"。①

最后，法律家与哲学家开始探讨柯克的议会发展史。柯克将英格兰议会的起源追溯至撒克逊时代，强调其久远历史和未曾中断，由此否认诺曼征服在英格兰创设了王权和封建制。哲学家表示十分赞同国王应当在制定法律之时充分听取贤明人士的建议，但问题是，这些构成议会的贤明人士如何产生？他将这个问题缩小为，"向议会派遣议员的自治市镇是何时开始这样做的"。在法律家提供了一番听起来略显滑稽的解释之后，哲学家表示，鉴于这些自治市镇的习俗没有历史资料可以证实，因此"任何人都可以自由地提出自己的猜想"。而哲学家提供的解释是，英格兰曾经有过四分五裂的政治状态，彼时有数位国王并立，拥有各自的议会，后来这些小王国合并为一后，原本分属不同议会的自治市镇代表也就归并入同一个议会。

表面看来，哲学家似乎同意了柯克描绘的议会历史，但他一方面指出缺乏历史资料，各人可维持自己的猜想；另一方面则提供了一个因为发生重大的征服而导致议会诞生的故事，实际上暗中否定了"古老的议会"。接着，当法律家提出柯克认为《国会召集方式》一书成书于撒克逊时代时，哲学家立刻以"比爱德华·柯克爵士更著名的古史研究者塞尔登先生"的论点回应，表示该书成书年代不会早于理查二世时期。最后，哲学家一边表示赞同英格兰议会始于撒克逊时代，一边则指出这个"完美的英格兰式议会"还缺少了"男爵"的称呼，而后者是个法国头衔，乃是"与征服者一道传入英格兰的"。②

从这部《哲学家与英格兰法律家的对话》来看，霍布斯处处与柯

---

① 参见〔英〕霍布斯：《哲学家与英格兰法律家的对话》，姚中秋译，上海三联书店2006年版，第146—147页。
② 同上书，第149—151页。

克为敌，对柯克的关键概念和论证方法提出了严厉的批评。我们不难发现，霍布斯对柯克论证中的弱点和缺陷洞若观火，分别攻击了"人工理性""不可追忆性""古老宪法""英格兰封建制的连续性"几个最为重要的议题。尤其是，霍布斯显然在这部对话体的作品中采用了大量的修辞技法，常以柯克的说法起头，却终于与其论证相抵触的结论。在最后的部分，哲学家表面看起来同意柯克上溯至撒克逊时代的"连续的"议会史叙事，但在几个关节点上都暗示了诺曼征服带来的"断裂"以及所谓连续性的不可靠。这些手法高明的修辞，令我们几乎可以想象老先生对柯克发出轻蔑微笑的表情。

霍布斯对柯克的批评，显示出他对于普通法理论和实践的不信任，换句话说，霍布斯对英国政治秩序的设想与普通法法律家大相径庭。如果《大宪章》和"古老宪法"在霍布斯看来无甚意义，那么，我们就需要尝试寻找他所关心的重要问题和解决方案。如果将《哲学家与英格兰法律家的对话》放在霍布斯晚期作品的整体语境中，有一个主题就凸显了出来，那就是异端问题。

二、霍布斯论异端

在《哲学家与英格兰法律家的对话》中，霍布斯安排了一个专门的段落批评爱德华·柯克关于异端罪的论述。柯克在《英国法总论》的第三卷中，有一个章节论述了英国法范围内的"异端罪"，涉及异端罪的裁判者、所谓"异端"的内容、如何裁定异端等。但霍布斯显然不以为然，当法律家举出柯克关于异端罪的论述要点后，霍布斯提出，"需要考察的首要问题是，异端罪本身是什么"[①]。

[①] 〔英〕霍布斯：《哲学家与英格兰法律家的对话》，姚中秋译，上海三联书店2006年版，第91页。

接着，霍布斯开始追溯异端的历史。

首先，他指出，所谓异端不过是"一个或一群人的学说或看法相当独特，与另一个人或一群人的学说不同"，所以"异端"一词最初的含义只是指某一派别的学说。他引用古希腊的各种哲学派别作为例证，指出在当时，"异端"这个词仅仅表示某个接受了特定意见的群体，亦即学派。鉴于古希腊的哲学有众多学派，各派的学说立场多有不同，尤其是那些不学无术，仅仅以传授知识作为轻松谋生手段的教师，往往简单地附从某派哲学，宣称自己为哲学家。这许多各派哲学的教师，往往互相争竞、彼此攻讦。可是，这些不甚高明的希腊哲学家，却并未将"异端"视为贬义词，只不过用于指称持不同意见者。而且，这样的情况从古希腊延续到了初期教会，尤其是，初期教会实际上借用了许多希腊哲学的内容和方法，并不以为有什么问题。[1]

其次，霍布斯表示，在此后的教会历史中，是掌握权力的神职人员使原本用来描述不同看法的词汇变成了一个贬义词。在处理各种神学争议的公会议上，神职人员对不同的学说进行裁定，那些不服从裁决、坚持己见的人就被称为"异端"，而公会议上的其他人则称自己为"大公信仰者"。由此开始，才有正统和异端之分，异端也才成为一个贬义词。

霍布斯认为，即便从教会的信仰立场考虑，单纯的错误也不是一种罪，因为缺少犯罪的意图。并且，他进一步认为，如果这类错误没有损害政治共同体，也没有损害私人，也不违反实在法或自然法，就

---

[1] 参见〔英〕霍布斯：《哲学家与英格兰法律家的对话》，姚中秋译，上海三联书店2006年版，第94—95页。

更不是罪。罗马天主教以异端为由动辄施以火刑是不正确的。①

再次，霍布斯开始追溯世俗国家的法律中出现对异端施以刑罚的发展过程。结合宗教改革的现实，他指出，基于改教后英国国王所确立的教会教义，事实上在以往的历史中，有不少持同样学说的人曾被定为异端并处以火刑。②

最后，霍布斯开始考察英国制定法关于异端犯罪的规定，尤其是宗教改革以来的状况。他特别指出的是，爱德华六世时期的立法废除了针对异端的全部刑罚，令异端的性质"变回了其最初的性质，也即，仅仅是私人意见而已"。尽管玛丽女王执政时期再次恢复了异端法，但伊丽莎白一世即位后，立即废除了玛丽的制定法，恢复爱德华六世的法律，也就是说，在当时有效的英格兰制定法中，并没有针对异端的犯罪。③

在此基础上，霍布斯指出，柯克在《英国法总论》第三卷中论述异端罪时，引用亨利四世时期的制定法，认为教区主教拥有针对异端罪的司法管辖权，是错误的看法。宗教改革之后，关于教会的全部管辖权，都已经转移到了新设立的宗教事务高等法庭，而不再由主教管辖。随着宗教事务高等法庭的废除，按照英国法律，异端事实上也已经不再构成重罪。④

《哲学家与英格兰法律家的对话》大约作于1668年之后。此前不久，霍布斯通过荷兰书商在阿姆斯特丹出版了拉丁文版的《利维坦》。在该书中，霍布斯并非简单翻译了英文本，而是对其中的某些章节作

---

① 参见[英]霍布斯：《哲学家与英格兰法律家的对话》，姚中秋译，上海三联书店2006年版，第96页。
② 同上书，第97—98页。
③ 同上书，第98页。
④ 同上书，第102—103页。

了一定的修改，尤其是《利维坦》第46、47章。这些修改，包括出版拉丁文版这件事本身，表明霍布斯在当时可能希望回应一些针对他的质疑，尤其是来自教会人士对《利维坦》中某些涉及基督教教义问题的攻击。① 更为明显的是，霍布斯在拉丁文版的《利维坦》中增加了一个附录，看起来是专门为了该书而撰写。② 这个附录的第一部分是"论尼西亚信经"，第二部分是"论异端"，第三部分则是特别回应对《利维坦》的某些异议。进一步，大约在拉丁文版《利维坦》于荷兰出版后不久，霍布斯专门撰写了一部《关于异端的历史叙述》(An Historical Narration concerning Heresie)。这部作品所用材料与拉丁文版《利维坦》附录第二部分并无多少差异，只是将文体由对话改作论述，且篇幅有所压缩，这很可能是为了申请在英国国内出版而作的处理。与此同时，霍布斯还在另外撰写一部论争性质的作品，用以回应布拉姆霍尔主教(Bishop Bramhall)对《利维坦》的批评。霍布斯把他的《异端史》和回应布拉姆霍尔的著作一并呈送当局，但未能获得出版许可。③ 最终，这两部作品在霍布斯去世后才得以出版。

由此，我们就有必要探究一系列关联的问题，比如：霍布斯为何在这一时期的作品中频繁涉及异端问题，他为何运用类似的材料将之呈现为与不同人的对话(法律家、神职人员、范围更广的知识圈)，他为何诉诸某种历史撰述，以及他的出版申请为何频繁遭到拒绝，等等。鉴于他的几部作品(甚至在有意识地作了自我审查之后)在英国都没有获得出版许可，那么，出版于荷兰的拉丁文版《利维坦》附录

---

① See Collins, Jeffrey R. *In the Shadow of Leviathan: John Locke and the Politics of Conscience*. Cambridge: Cambridge University Press, 2021, 77-80.
② 参见〔英〕霍布斯：《利维坦附录》，赵雪纲译，华夏出版社2008年版，第7页。
③ See Collins, Jeffrey R. *In the Shadow of Leviathan: John Locke and the Politics of Conscience*. Cambridge: Cambridge University Press, 2021, 88.

很可能是他比较完整表达观点的作品。我们可以尝试寻找他在不同作品中的取舍，以此作为入门的途径。

在拉丁文版《利维坦》附录二(以下称《论异端》)中，首先表现出了与《哲学家与英格兰法律家的对话》以及《异端史》类似的叙述/论证，即霍布斯从"异端"一词的来源入手，指出该词起于希腊哲学家之间，原来并无贬义，只是指称某种意见，直至哲学家将各种意见带入基督教会，经由大公会议厘定教义，才逐渐成为贬义词。另一个受到关注的问题，则是对异端的惩罚。霍布斯追溯了早期教会对异端的处置，以及罗马天主教会发展起来的惩治措施，并花了较大篇幅梳理英国历史上对异端罪的界定和处置，最后特别举出伊丽莎白一世时期的立法以及查理一世对宗教事务高等法庭的废弃，说明英国实际上已经没有异端犯罪。

从这条线索观察，结合霍布斯对布拉姆霍尔主教的回应，我们似乎有理由认为，霍布斯的这番论证有相当浓重的个人性考虑。1660年斯图亚特王朝复辟，查理二世登上王位。在1660—1665年，国王与议会之间形成了一种并不稳固的平衡。国王拥有了一支常备军，但议会依然控制着财政，不同宗教派别之间的矛盾也远未解决，国王本人对天主教的偏好则成为一个巨大的地雷。[①] 到了1666年，英国的国运似乎陷入低潮：瘟疫，与荷兰的战争不利，加上伦敦城空前绝后的大火，最终令国王的主政大臣克拉伦敦伯爵下台，整体的政治气氛变得异常阴郁。在此情况下，人们诉诸宗教情感是可以理解的。1666年10月，议会设立了专门委员会，意图制定法律以制裁信仰上的偏差行为。而霍布斯早在《利维坦》出版后不久就已经有无神论者之名，

[①] 参见[美]克莱顿·罗伯茨、戴维·罗伯茨、道格拉斯·R. 比松：《英国史(上册)》，潘兴明等译，商务印书馆2016年版，第466—470页。

在此时遭受攻击也就丝毫不令人奇怪。因此,霍布斯在 1666 年以后的一系列作品,其目的当然可能是自辩。

不过,进一步观察霍布斯在《论异端》中的论述,问题似乎并不那么简单。相比《异端史》以及《哲学家与英格兰法律家的对话》,霍布斯在《论异端》中提示了几个英国出版物中没有提到或者只是以较隐晦的方式略微提到的问题。

第一,霍布斯表示,所谓的"异端罪",其性质实际上是国家统治者为了维护政治秩序而采取的管制措施。霍布斯认为,异端在教会中的产生,源头是希腊各派哲学窜入教会、各执己见,比如,尽管各人都承认三位一体的教义实属奥秘,但又"大胆地按照自己的理解来解释三位一体",由此导致不可调和的纠纷。[①] 同时,霍布斯将教会定义为基督教王国统治者为首领的共同体,每一个王国都构成一个"大公教会"。[②] 并且,霍布斯决然地把这种理解应用于初期教会,于是,教理上的纷争也就成为"叛乱和内战的原因",统治者出于王国和平稳定的考虑,以法律形式禁止教导和传播某些思想,违反者即以刑罚镇压之,这才是异端罪的性质。[③]

因此,霍布斯把异端罪的性质从教会初期起就定义为在本质上是一种威胁世俗国家秩序、由世俗国家依照法律惩治的犯罪。在此基础上,他进一步申明,即便从初期教会看,教会也无权对异端(持有遭大公会议谴责的观点的人)施加任何法律上的制裁,"这种权力只有最高统治者为了保持和平才能享有"[④]。

第二,霍布斯探讨了确定异端罪的实质标准,即信仰的内容。在

[①] 参见〔英〕霍布斯:《利维坦附录》,赵雪纲译,华夏出版社 2008 年版,第 115 页。
[②] 同上书,第 115—116 页。
[③] 同上书,第 123 页。
[④] 同上书,第 131 页。

探讨异端在教会中的起源时,霍布斯在《论异端》中列出了一个英国出版物中没有提到的证据,即《新约·加拉太书》中提到了异端,"指任何有悖于圣保罗教导的教导,也就是说,与基督福音相反的教导"①。在后文中,当对话者之一询问,遭到罗马教会火刑处死的新教人士是基督徒还是异教徒时,另一位对话者回答说:

> 无疑是基督徒,而且不仅他们,就连阿里乌派的人以及尼西亚宗教会议所谴责的那些人,也都确实是基督徒;罗马教会只是称他们为异端。因为,即使关于救世主的性质,他们用了哲学的推理,并且,关于神圣的三位一体,他们所持看法与《圣经》相反,从而是错误的,但是,他们却认为基督就是真正的弥赛亚,并且认为耶稣基督就是上帝之子,而且他们也称祂的名。②

霍布斯在这里的表达,事实上对教会长久以来用以确定异端的实质标准作了大幅度的缩减,尤其是,他把关于三位一体的教义排除在了裁定异端罪的标准之外。对他而言,判定异端的教义内容相当简略,就是是否承认耶稣是上帝的儿子,并且他就是真正的弥赛亚。按照霍布斯的表达,这就是"基督的福音",也是"保罗的教导"。他的这个宣告相当大胆,甚至直白地表示初期教会著名的异端阿里乌派都可以被认为是基督徒。

进一步,我们就可以理解霍布斯为何要强调伊丽莎白一世即位后的立法,以及他为何在拉丁文版《利维坦》的附录中,首先发表了一番冗长、琐碎的关于《尼西亚信经》的评论。

---

① 〔英〕霍布斯:《利维坦附录》,赵雪纲译,华夏出版社2008年版,第113页。
② 同上书,第123页。

第六章 正当程序的现代基础：主权与宽容

在《论异端》中，霍布斯解释了英格兰当下的信仰状态。他提出，当伊丽莎白一世继玛丽登上王位后，立即颁布立法，禁止主教们将初期教会前四次大公会议所谴责观点以外的立场定为异端。因而，英格兰教会关于异端的立场，就与君士坦丁领导下的罗马教会关于异端的立场类似。① 并且，霍布斯还说，由于到查理一世时期，经臣民恳求，国王甚至撤销了宗教事务高等法庭，亦即废止了主教们裁定异端的权力。因此：

> 就教义的纯洁而言，英格兰教会今日所呈现的情况，与君士坦丁时代的教会无甚两样，但就教会法的公正性而言，今日的英格兰教会比君士坦丁时代的教会还要略胜一筹。因为，若一个人因害怕不能得救才信仰基督教，当然不对，但是，如果因此他就应该以犯错的罪名而接受惩罚的话，这确实不公正，倘若这罪名是由那些不会犯这种错误的人所定的话，就尤为不公。②

霍布斯将英格兰教会的治理状态，尤其是关于异端的教会法状态，等同于君士坦丁时代，如此，他就一举撤弃了君士坦丁时代以后天主教会各种关于异端的教规。只是，霍布斯尚不满足，因为伊丽莎白一世的立法中，尚且承认了前四次大公会议所裁定的异端。因此，霍布斯对前四次大公会议留下的代表性教理文件《尼西亚信经》作了冗长而繁琐的讨论，最终的结论是：早期教会的那些哲学家教父所提出的信仰阐释都是些个人意见，莫衷一是，超出了《圣经》文本的范

---

① 参见〔英〕霍布斯：《利维坦附录》，赵雪纲译，华夏出版社2008年版，第124页。
② 同上书，第125页。

围，并不能作为界定一个人信仰是否纯正的依据。①

这样，霍布斯就把裁定异端的标准，即"正统基督教"的核心教义，缩小和简化到了一个极其狭窄的范围，以至于几乎取消了"异端"本身。

第三，霍布斯在《论异端》中，还讨论了裁定异端的审判形式。在大大缩减了可裁定为异端的思想的范围之后，霍布斯进一步提出了裁判形式的问题。他说，一个人持有错误的思想，本身并不是犯罪，因为一个人内心的错误，不能构成犯罪。并且，怎样的思想才算构成犯罪，怎样的证人才能确实证明犯罪，裁判又要怎样宣布，都是困难的问题。② 他进一步论辩说，只有当事人违反在行为发生之前已经公布的犯罪构成和惩罚方式都为他所知晓的法律，才是犯罪；有权者无论拥有多大的自由裁量权，都不能作出法律中没有预先规定的惩罚。③ 并且，"刻在人内心里的自然法"，由于绝大多数人无法分辨他人的内心状态，故此并不构成世间的"犯罪"。这类良心犯罪，只能由上帝惩处，如果任凭罪人之间互相指控，"这就像是内战状态了"。④

霍布斯承认"无神论者"应该受到严厉惩罚。不过，他又立刻指出，并不能从一个人的行为判定此人为无神论者，而只能通过口头或书面的言辞。但是，如果无神论构成一种法律上的犯罪，作为裁定罪行的言辞和行为，就必须由法律事先明确规定，如果是行为，其构成要件为何，如果是言辞，其内容是什么。而且，如果一个人因为无

---

① 参见〔英〕霍布斯：《利维坦附录》，赵雪纲译，华夏出版社2008年版，第110页。
② 同上书，第125—126页。
③ 同上书，第126页。
④ 同上书，第127页。

知而说了违背法律字面规定的话，并没有对任何人造成伤害，那么无知就构成免责的理由。①

最后，霍布斯对教会裁定和惩治异端罪的最有力武器进行了质疑：

A. 谁能够知道，他真的放弃了异端邪说还是没有放弃呢？
B. 除了上帝自己外，无论如何没有一个人能够知道。
A. 难道不能够强迫他宣誓放弃异端吗？
B. 不能。在那些教会官长们治理期间，偶尔会有通过让异端们就内心信仰进行宣誓来审查他们的实践。但由于主教们的权威并不公正，因而他们的这种权力被废除了。此外，为思想的缘故而强加惩罚，似乎只有上帝才能这样做，因为祂是思想的探查者。人法(human law)只关注反抗权威。②

综上，我们在拉丁文版《利维坦》的附录中，实际上可以观察到霍布斯有条不紊地展开了对"异端罪"的攻击。通过将异端罪的性质界定为冒犯世俗国家管理秩序的犯罪，取消大部分原先作为依据裁定异端罪的教义的可适用性，否定针对异端罪这种良心犯罪的探索、规制内心的法庭工具，霍布斯几乎完全取消了"异端罪"。

因此，霍布斯在1666年之后的一系列作品，尽管带有为自己辩护的色彩(尤其是他在英国流传和出版的作品)，但他对于问题的识别绝非简单地自辩。克拉伦敦下台后，查理二世寻求与议会保持和平的规划遭遇挫折，加上战争失利和伦敦大火等事件，教会势力抬头。

---

① 参见〔英〕霍布斯：《利维坦附录》，赵雪纲译，华夏出版社2008年版，第127—128页。
② 同上书，第142—143页。

对霍布斯而言，教会人士对他个人的追逼意味着某种更严重的对王国政治秩序的破坏。当霍布斯（或者任何人）因发表意见而被贴上异端标签时，那也就意味着权力机关试图出于某种信念而对异见者施以迫害，而在霍布斯看来，这就是他始终警惕的，造成内战的根源。

扎戈兰（Perez Zagorin）指出，霍布斯是最早追溯"异端"这个奇特概念本身来源的人，这从又一个角度证明了霍布斯对于现代世界的重要性。① 不过，霍布斯在《论异端》的结尾处恣意地嘲笑教会以宣誓惩治异端乃是"丑闻"，是"对第三条诫命最无耻的冒犯"②。当他如此说时，很难令人相信，他丝毫没有想起国王要求臣民依照格式宣誓的做法。因此，扎戈兰认为霍布斯关于异端的论述，只是为了进一步论证异端问题的唯一裁判者只能是国家主权者，就显得有些轻率了。

霍布斯的论证不是要更换异端的裁判者，而是要消解整个异端问题。

三、异端问题与霍布斯的主权

霍布斯为自己一生的杰作《利维坦》设计了四部分内容：第一部分"论人"，第二部分"论国家"，第三部分"论基督教国家"，第四部分"论黑暗王国"。现代的评论者通常把讨论的重心放在前两部分，原因大约在于，这些内容对于现代人的心灵而言相对容易理解。换句话说，现代人从自己的生存经验出发，会觉得这些理论的推演尚且能够与经验形成某种共鸣。而现代人之所以对《利维坦》的后两部

---

① See Zagorin, Perez. *How the Idea of Religious Toleration Came to the West.* Princeton, N. J.: Princeton University Press, 2003, 18.
② 〔英〕霍布斯：《利维坦附录》，赵雪纲译，华夏出版社2008年版，第147页。

分感觉疏远，原因也在于这部分内容与霍布斯当时的历史处境联系更紧密，也就是说，与那个时代的人的生存经验联系较为密切，而一旦失去了经验的支持，这些同时又包含较少逻辑推演的内容，就令现代人觉得难以进入了。

在上文中，我们已经看到，霍布斯在斯图亚特王朝复辟后，尤其是在查理二世统治早期的和解政策未能奏效之后，撰写了一系列作品，而异端这个此前并不显著的问题在这些文献中浮现了出来，构成了他论著的重点。而霍布斯写作的动机，一方面很可能是为了回应教会人士对他的指控（这种指控在政局变化后越来越具有现实的威胁）。另一方面，霍布斯的态度显然也并非消极逃避，而是在回应教会人士指控的过程中相当执着地坚持、细化甚至推进了《利维坦》中的某些论证。因此，我们也可以观察到，霍布斯在这一时期的作品，很少能在英国获得出版许可，尽管他与查理二世国王和主政大臣的关系都不错，因为读者很难错过他论著中那些看起来或明或暗攻击教会的部分。

如此，就本书目的而言，我将从霍布斯在其历史处境中展现的关注重点出发，尝试理解《利维坦》后半部分的意图，以及他对"主权"的论证中一个可能没有受到重视的层面，并且，希望进一步表明，正是霍布斯主权论中的这种隐藏特征，构成了"法律的正当程序"在现代世界的另一个基础。

霍布斯在1667—1668年撰写了一部对话体的英国内战史，后来依出版商建议命名为《比希莫特》。这个陆地怪兽之名来源于《圣经·约伯记》，正与海中怪兽利维坦构成一对，大约因《利维坦》名声卓越，出版商以此为获利的门径。据霍布斯晚年自述，他曾将此书呈送查理二世国王御览，并请求准予出版。可是，尽管国王对他态度和蔼,却直白地拒绝了出版请求。因此,此书直到作者去世后,才有机会出版。霍布斯最早的传记作者约翰·奥布雷在给朋友的书信(包括一封给洛克的信)中说,国王读了这本书,甚是欢喜,但由于恐怕触怒众主教,才拒绝出版。[1]

霍布斯的《比希莫特》采用了历史撰述的形式,但它显然不是一部现代意义上的历史作品,而是以对话体叙事的方式表达政治设想。霍布斯在书中一以贯之地痛诋长老会派,认为这些人才是造成国家秩序丧失的罪魁祸首。[2] 霍布斯当然把教宗派也放在对立面上,长老会派无非是以自己的方式复制了被亨利八世清除的教宗势力。同时,霍布斯也批评了查理一世的大主教劳德,认为他毫无必要地激起了关于"自由意志"教义的争端,引起了更大的意见分裂。[3]

这样,表面看来,霍布斯攻击了长老会派、教宗支持者和国教最高神职人员,因此他反过来遭到神学立场各异的教会人士的攻击也就不难理解了。然而,令现代评论者多少感到意外的是,霍布斯并未将内战时期层出不穷的各种激进派定为主要责任者(这通常是现代著者关于这一时期的历史叙述中必不可少的内容)。如果霍布斯想要多少避开一些来自教会神职人员的攻讦,强调在内战中表现得更为激进的独立派的责任,把当下在政治上处于弱势地位的"不从国教者"当作目标不失为一种策略。可是,霍布斯并没有表现出对这样一种策略的兴趣,并且他在书中对奥利弗·克伦威尔极少有攻击性言辞。对此,我们只能合理地推断,霍布斯确实认定长老会派构成了某种危害

---

[1] See Collins, Jeffrey R. *In the Shadow of Leviathan: John Locke and the Politics of Conscience*. Cambridge: Cambridge University Press, 2021, 82.
[2] 参见[英]霍布斯:《比希莫特——论长期国会》,梁雨寒译,江西人民出版社2019年版,第112页。
[3] 同上书,第73—76、89页。

王国秩序的特别威胁,他将《比希莫特》呈送国王,也确实认为该书有助于国家的长治久安。

在霍布斯攻击长老会的各种言论中,有几点值得注意。第一,霍布斯提到,因玛丽统治时期多有迫害,不少英国学者流亡海外,受了激进神学和长老制教会模式的影响,由此孳生出各种宗派,其中充满了狂热分子,而霍布斯表示,"对长老会派来说,它们就像自己巢中孵出来的蛋,压根算不上什么危险的敌人"[1]。这表示,引起霍布斯警惕的,并非激进观点的内容,而是产生激进主义的机制,这种机制的根源在长老会。第二,霍布斯在谈及克伦威尔对苏格兰用兵时顺带说道:"哪里的长老会派都是一个德性:他们一门心思把那些但凡和自己交流过的人都纳入自己的绝对统治之下,而凡是他们统治的地方,一定都是神亲自在统治,容不得旁人说三道四,无处不是如此。"[2] 这表示,霍布斯认为长老会的统治模式,是某种近似专断的神权政治。在长老会派看来,这是某种具有属灵基础、绝对正确的统治。第三,霍布斯提到,"长老会派是残忍的代名词"[3],"不比独立派更良善,但凡阻碍其野心者,他们一样会毫不留情地毁掉"[4]。在这些言辞中,霍布斯显示了他对于长老会派品性的观感,指其残忍而不择手段。

霍布斯对长老会派的极端反感,也表现在《利维坦》的后半部分中。在第 44 章关于"黑暗王国"的论述中,霍布斯不仅攻击了罗马天主教,也同样指责了长老会,认为长老会声称有权开除君主教籍,

---

[1] 参见〔英〕霍布斯:《比希莫特——论长期国会》,梁雨寒译,江西人民出版社 2019 年版,第 158 页。
[2] 同上书,第 191 页。
[3] 同上书,第 153 页。
[4] 同上书,第 189 页。

使自己成为最高的宗教审判者,实在无异于教宗的权力主张。① 如果我们把《利维坦》的后半部分与《比希莫特》等晚期文献结合起来观察,就比较容易理解霍布斯在《利维坦》后半部分中的对现实考虑。

霍布斯在《利维坦》的第三部分中,试图描述一个他认为可行的"基督教国家",而在第四部分中,他描绘的乃是这个基督教国家的反面,即因宗教方面的混乱而失去秩序的国家。在《利维坦》中,霍布斯似乎把主要的责任者呈现为天主教会,但事实上长老会也受到了同样的责备(在《利维坦》的结尾处,他所说的那些"声称上帝国在今世,并企图从中取得不同于世俗国家权力的另一种权力的人不只是罗马教会的教士"②,显然是指长老会派)。

在第三部分中,霍布斯论述,一个可行的基督教国家的基础,在于某种经过《圣经》文本鉴别学处理后的教义。在去除了各种超自然因素后(在此过程中他几乎否认了三位一体的教义),基督教的根本性教义被缩减为"耶稣是基督"这个至为简单的宣告。

> 如果一个人为了维护他自己从救主生平史迹以及使徒行传或使徒书信中所引申出来的一切说法,或者是为了维护他根据一个普通平民的权威而相信的一切道理,而反对世俗国家的法律与权力,那么他远远不是一个基督的殉道者,也远远不是基督的殉道者的殉道者。只有为了这样一个信条而死才配得上这样光荣的称号,这个信条就是:耶稣是基督;这就是说,是他为我们赎了罪,并将再度降临使我们得救,并在他荣耀的王国里给我们永

---

① 参见〔英〕霍布斯:《利维坦》,刘胜军、胡婷婷译,中国社会科学出版社2007年版,第1033—1035页。
② 同上书,第1175—1177页。

生。为了任何一条有助于教士野心和利益的信条而死,都是没有必要的;使一个人成为殉道者的也不是见证者的死,而是证明本身。①

在这里,霍布斯一方面申明,基督教的信条只有"耶稣是基督",另一方面,事实上他还影射地攻击了长老会派对信徒的控制,尤其是那种鼓动信徒为了某种宗教"事业"奉献生命的做法。霍布斯在后文不同的地方重复了多次,指出基督教的信条仅仅只是"耶稣是基督",这也是一个人灵魂得救所必需的全部信念。② 与此相对,霍布斯在第四部分中指出,"黑暗王国"的权势正来自神职人员在原本简单的教义之上添加了重重叠叠的说辞,并要求信徒接受和遵守。③

霍布斯提出的另一项健康的基督教国家的特征是:神职人员并不判断人内心的信仰状态。要确定一个人是否真的悔改,事实上只能观察此人的外在表现;④ 而对于一个人的"良心",人是无法判断的,"唯有上帝才是良心的判断者"⑤。而与此相对,"黑暗王国"的巨大错误就在于"即使在人们言行一致的情况下,还要通过对他们的信仰进行审查和宗教审判,把仅仅是行为法则的法律权力延伸到人们的思想和良心上去"⑥。

在《利维坦》接近结尾的地方,霍布斯讲到导致"黑暗王国"的

---

① 〔英〕霍布斯:《利维坦》,刘胜军、胡婷婷译,中国社会科学出版社2007年版,第829页。
② 同上书,第915、987页。
③ 同上书,第1159—1165页。
④ 同上书,第837页。
⑤ 同上书,第911页。
⑥ 同上书,第1149页。

两个"结",第一是早期教会的长老们对教义作了决定,凡不服从者即被排除在信仰共同体之外;第二是后来产生了主教,进一步压制了基督徒的自由。而打破这样一种不自由状态的方式,则是反其道而行之:

> 首先,教宗的权力被女王伊丽莎白全部解除;……在这之后,英格兰的长老推翻了主教的职位,于是便解开了第二个结。几乎就在同时,长老的权力也被剥夺了,于是我们便又退回到了原始基督徒的独立状态,每一个人都可以自由地去跟随保罗、矶法或亚波罗,也就是去跟随任何一个自己最愿意跟随的人……除了上帝的道本身以外,应该没有任何权力可以管辖人的良心……①

在《比希莫特》中,霍布斯对长老会派面目的刻画,突出的特征是:不断产生新(非正统)思想的机制,不容他人质疑的超越性专断权力,残忍的行为方式。我们可以看到,这幅更具体的画像,大概就是作者在《利维坦》后半部分通过"基督教国家"与"黑暗王国"想要造成的效果。

进一步,我们也可以从这个角度理解霍布斯在《利维坦》的前半部分费心论证想要达到的实践效果。在谈论现代主权概念的发展时,论者往往从博丹开始,并以其对主权的定义为初始的源头。但博丹的《国家六书》就形式而言明显带有文艺复兴时期的"博学"色彩,作者随兴所至散漫发挥,并未构成一种连贯的论述;就内容而言,一方

---

① 〔英〕霍布斯:《利维坦》,刘胜军、胡婷婷译,中国社会科学出版社2007年版,第1169页。

面，博丹的主权论仍然以基督教的上帝为前提和权力的最终源头，另一方面，他的主权定义也只是强调了其"绝对""永久"，且"凌驾于公民和臣民之上"[1]。究其原因，还是其所处的历史境遇，并未提供能够引发、支撑、评估和验证其理论的实践经验。相比之下，霍布斯的论证显然具有坚实得多的现实基础。用现代的话说，霍布斯的"问题意识"比博丹要清晰。

另外，在探讨主权学说发展史时，论者注意到霍布斯关于主权来源的论证与博丹截然不同，他抛开了基督教的上帝，从人与人的契约出发建立了一种至高的权力，这显然是更接近现代的观点。[2]

这些观察当然都言之有理，不过，如果从霍布斯在晚期作品中提示的异端问题出发，我们或许能够进一步发现霍布斯主权学说的更多细节。

现代评论者之所以把博丹放在主权学说发展史的首位，主要原因是现代人的生存经验对于国家主权的"至高性"有深刻的体会。然而，由于现代社会已然将宗教排除出现实政治领域，因此对16、17世纪人所面临的急迫问题多少缺乏理解。而霍布斯之所以常被排在博丹之后，原因也主要是他对主权者的论证看起来极度强调其"至高性"，甚至表示公民不能撤回交出权利的同意。但是，如果从异端问题的角度观察，霍布斯的论证虽然在外在形式上将主权的至高性呈现得相当极端，但实际上却对其内里做了非常彻底的消解处理。

自中世纪晚期异端成为统治秩序的重大威胁，并经新教改革进一步发酵后，起初是教会，接着是国家，不得不面对受统治的人群中不

---

[1] 〔法〕让·博丹：《主权论》，李卫海、钱俊文译，北京大学出版社2008年版，第25页。
[2] 参见〔日〕篠田英朗：《重新审视主权：从古典理论到全球时代》，戚渊译，商务印书馆2005年版，第16—19页。

断出现的"意见"。正如霍布斯对长老会派的描述，这类群体的信念来源是个人的良心，但同时将这种私人意见抬升到神圣的地位，对于信念相左的群体则视为异端，即"绝对的敌人"，必以完全消灭为己任。如此，不是哪一种特定的意见或信念，而是这样一种永无停息的斗争心性，成为共同体秩序的危害。

在霍布斯之前，自亨利八世以降的历任英国国王，无不强调王权的"至高"（supremacy），并以立法呈现和反证这种至高性。但是，这种至高性背后的总体模式依然与之前的罗马教会类似，只是以王权替换教权，深入臣民的良心，试图控制个人良心的内容。换言之，这种至高的权力，不仅及于人的身体和行为，还要及于人的心灵和思想（"经过世俗化"的灵魂）。也因此，这种至高权力就必然呈现为在一切事务上绝对、最终、实质的决定权，尤其是，需要对被统治者信念（良心）的内容作出规定，并采用各种措施维持这种内容。而霍布斯对主权的论证，其前提就限定在人的外在行为，个人向主权者交出了控制行为的权利，但同时实际上保留了内心思想的自主。尽管霍布斯对交出权利后的人在外在服从方面的描述显得令人不悦，但他前所未有地为人保留了良心的自由。因此，在霍布斯的描述中，"主权"（sovereignty）有其边界，并不介入人的内心，也不规定个人良心的内容，但同时对人的行为实施严格的管理。对于个人的信念和意见，这样一种"至高权"的形态，倾向于仅仅在各参与者之间进行某种形式上的裁定。于是，主权者事实上就解除了被统治者个人信念那种来自自身的神圣性，尽管他同时也放弃了直接管理被统治者良心的权力。

霍布斯在《利维坦》前半部分的论述显得相当"超前"，或者更准确地说，乃是"抽离"了历史处境，而他在后半部分中的工作，多少意味着将自己所在的历史处境放回此前论述的理论框架中,进行某种应用和检验。所以,霍布斯在《利维坦》前半部分结束的地方,感叹自己的"这种学说跟世界大部分地区的实际情况不同",并希望主权者保障此书的公开传授,"从而把这一思维上的真理转化为实践"。①

霍布斯关于主权的论证是重要的,因为实际上,现代的"法律的正当程序"深层的作用正在于阻止对个人内心状态的探究,以霍布斯所在时代的历史处境加以解释,也可理解为阻止针对异端罪的审理。

四、宗教宽容

学者们对于在霍布斯与洛克之间建立联系常常显得犹豫不决,主要的理由在于,霍布斯在当时是相当重要的理论家,且《利维坦》享有盛名,而洛克在时序上仅仅稍晚,甚至两人的交友圈也有交集,但洛克在自己的作品中却基本没有显示出与霍布斯有联系,他极少引用霍布斯的论述,也没有显示出要与霍布斯对话的意图。并且,霍布斯的论著时常令人觉得他偏好几何式的推理和某种"绝对权力",与洛克表现出的经验主义以及对私人财产权和宪制民主的偏好显得格格不入,以至于人们往往将这两位思想家置于不同的思想发展脉络中。

不过,如果我们考虑到这两位作者并非单纯的思辨理论家,而是始终对当下的政治实际保持介入的态度,也由此使作品常带有论辩色彩,或许可能略微改变上述的态度。在前文中,关于"法律的正当

---

① 参见〔英〕霍布斯:《利维坦》,刘胜军、胡婷婷译,中国社会科学出版社2007年版,第593—595页。

程序"的探究将我们不断地引向中世纪晚期到近代早期的"异端问题"。如果从这个角度观察，或许能够理解霍布斯与洛克之间并不构成某种对立的关系。正如科林斯(J. R. Collins)指出，霍布斯关于良心问题、基于认信的统治(confessional governance)和宗教自由的论述对洛克产生了重要的影响。并且，两人对于在新兴的主权观念背景下的认信主义与良心等问题都抱有极大的兴趣。①

从这些角度出发，结合上文对霍布斯论异端问题的分析，当我们再来观察洛克的《论宗教宽容》时，就在两者之间发现了许多相通之处。诚然，洛克一以贯之地以私有财产权作为其政制设想的出发点，但在论到宗教问题时，他也表现出了与霍布斯极为相似的关注。

首先，洛克也把宗教信仰界定为一种个人内心的事务，政府官员不能以强迫的方式管理人的信仰事务。洛克表示，政府官员并没有深入人的内心、为他们掌管灵魂事务的权力，不仅上帝没有把这样一种强迫内心的权力赋予他人，同时，也没有依据认为人民通过某种同意将权力交给了政府。因为"真正的宗教的全部生命和动力，只在于内在的心灵里的确信，没有这种确信，信仰就不成其为信仰"，而且，"悟性的本质就在于，它不可能因外力的原因而被迫去信仰任何东西"。②对每个人来说，涉及灵魂事务的管理权，从性质上讲也只能留给自己。③

由此，洛克对基督教的界定，也采取了与霍布斯类似的态度，将其限定为一些最为基本的信条。在谈到教会与基督徒成员的关系时，洛克认为恰当的方式应当是将加入教会的条件仅仅限定为"对于灵

---

① See Collins, Jeffrey R. *In the Shadow of Leviathan: John Locke and the Politics of Conscience*. Cambridge：Cambridge University Press, 2021, 3.
② 〔英〕洛克：《论宗教宽容》，吴云贵译，商务印书馆1982年版，第6页。
③ 同上书，第18页。

魂拯救所必需的那些东西",而不是"把自己随心所欲的解释强加于人,似乎只有他们具有上帝的权威"。[①] 此前,我们已经看到,霍布斯之所以在《利维坦》反复表示"基督教的核心教义"仅仅是"耶稣是基督"这个最简单的宣告,并且在复辟时期的著作中花费了大量的篇幅论证早期教会的《尼西亚信经》不仅缺乏可靠的文本鉴别基础,也不具备正确的逻辑证明,背后的目的都是要把"正统基督教"的信仰告白缩小至最为简要的地步,并试图由此化解不同宗派之间的激烈矛盾。洛克在这里的意图也是如此,对于因不同的礼仪和神学细节而引发的宗教矛盾很不以为然。

进一步,洛克指出,如果不把宗教问题限定在私人领域,就可能引起公共秩序的混乱:

> 因此,不论是个人还是教会,不,连国家也在内,总而言之,谁都没有正当的权利以宗教的名义而侵犯他人的公民权和世俗利益。对此抱有异议的人应当郑重考虑:他们将会对人类播下多么致命的纷争和战乱的种子!煽起何等强烈的嫉恨、掠夺和屠杀!只要那种认为统治权是上帝的恩典;可以使用武力传教的意见占了上风;那么,在人与人之间便不可能建立并保持和平和安全,不,甚至连普通的友谊也谈不上。[②]

虽然洛克的《论宗教宽容》本来是书信,而且他的文风与霍布斯差异较大,但在此处我们可以看出,与霍布斯将内战的主要责任归给长老会牧师类似,洛克同样指出把个别的宗教立场上升到公共政策领

[①] [英]洛克:《论宗教宽容》,吴云贵译,商务印书馆1982年版,第10页。
[②] 同上书,第15页。

域,并企图对他人施以强制,将会导致深刻的敌意与公共秩序的丧失。洛克还认为,恰恰是运用公共权力追求宗教目标的做法,特别是出于这个目的剥夺私人财产的行动,令那些遭到迫害的人们"认识到以暴力来反抗暴力是合法的,并且尽其所能地用武力来保卫他们不得以宗教名义而予以剥夺的自然权利"[①]。霍布斯在《利维坦》第14章论述他的自然法与契约理论时,一方面指出为了自我保存之目的而理性地交出权利并与众人一同进入契约者不能撤回同意;另一方面也指出,他并不放弃面临暴力剥夺生命的威胁时进行自卫的权利。[②] 洛克与霍布斯在"反抗权"问题上的表述虽然不同,但背后所指向的问题实际上具有相似性,即必须尽一切可能避免人与人之间停留在"绝对敌人"的状态。而运用强制权力管辖他人的内心并因此施以外在的(剥夺生命或财产)惩罚,正是造成敌意的重要原因。

为此,洛克论述了他关于这个问题的解决方案,亦即"宗教宽容""良心自由"。但他的论述并非只是不同信仰者彼此和平共处而已,在他设想的解决方案中,一方面是分开政治与宗教领域,另一方面则是取消异端的概念,这与霍布斯关于异端问题的论述也多有相通之处。

洛克相当明白地指出:

> 我以为下述这点是高于一切的,即必须严格区分公民政府的事务与宗教事务,并正确规定二者之间的界限。如果做不到这点,那么那种经常性的争端,即以那些关心或至少是自认为关心

---

① 〔英〕洛克:《论宗教宽容》,吴云贵译,商务印书馆1982年版,第48页。
② 参见〔英〕霍布斯:《利维坦》,刘胜军、胡婷婷译,中国社会科学出版社2007年版,第205—209页。

第六章　正当程序的现代基础：主权与宽容　　　263

人的灵魂的人为一方，和以那些关心国家利益的人为另一方的双方争端，便不可能告一结束。①

洛克严格地分开政治和宗教事务，政治事务是公共事务，由国家官员管理，公民须服从法律，其目的是现世社会的世俗利益和外部繁荣；而宗教事务是私人事务，个人保有自由，以自己的良心确认服从上帝，其目的是不朽灵魂的永生。为此，洛克指出了可能发生危险的两方面：一是政府以世俗事务的管辖权干涉人的良心；二是教会/私人把属于人内心的宗教事务置入公共领域，以关心人的灵魂为名行使强制的权力。但洛克认为，如果清晰地区分两种管辖权，并进行恰当的限制，就能避免这样的危险。② 在这个问题上，霍布斯与洛克同样都倾向于排除外部权力对人内心的管辖，并将宗教界定为本质上不可强制的事务。③

洛克与霍布斯也同样都没有仅仅探讨管辖权，而是进一步在认信的内容方面做文章。他们都表示，需要将基督教信仰的内容限定在最小范围，在保持最基要的认信内容后，允许在其他问题上存有差异。

良心自由是每个人的自然权利，它同样属于持不同意见者和人们自己；在宗教问题上，任何人不应受到法律或暴力的强迫。只要确立了这一件事，就可以消除因为良心问题而引起的不满与骚乱的全部根源。④

---

① ［英］洛克：《论宗教宽容》，吴云贵译，商务印书馆1982年版，第5页。
② 同上书，第35页。
③ 为此，洛克实际上也大大限制了教会的管辖权。按照他的论述，教会的权力必须毫无强制性，因为这样的手段才与所涉及事物的本质相适合。参见［英］洛克：《论宗教宽容》，吴云贵译，商务印书馆1982年版，第11页。
④ ［英］洛克：《论宗教宽容》，吴云贵译，商务印书馆1982年版，第42页。

并且，他们两人最终也都提供了从根本上"消解"异端概念的方法。在霍布斯那里，主要是运用新学术对基督教教义进行重新解释，并追溯"异端"一词的发展，消除其在神学上的重要性。而洛克则提出了看起来更为大胆的论述，他表示，所谓"正统的教会拥有管辖谬误的或异端教会的权利"只是一句空话，因为"每个教会对其自身而言都是正统的，而对其他教会则是谬误的或异端的"[①]。甚至，在《论宗教宽容》的最后，洛克以一种"多数的宗教"观念取代了"教内正统-异端"的观念：

> 所以，我们应当研究什么样的人叫作信奉同一宗教的人。对于这个问题，很清楚，那些具有同一信仰和礼拜法则的人是属于同一宗教的；而那些具有不同的信仰与礼拜法则的人则是属于不同的宗教。……在基督徒之间，也可以有不同的宗教信仰。天主教徒与路德派教徒虽然都信仰基督，都称为基督徒，但他们二者不属于同一宗教，因为一个只承认《圣经》为其信仰的基础和准则，而另一个还承认传统与教皇敕令，将其合起来作为他们的信仰法则。比如，所谓圣约翰的基督徒和日内瓦的基督徒是属于不同的宗教，因为一个只以《圣经》为其信仰法则，而另一个则不知道用些什么传统作为他们的信仰法则。
>
> 这点明确之后，以下两点也就不言而喻了。首先，所谓异端，指的是教会里属于同一宗教的人们之间由于某些与宗教法则无关的不同意见而产生的分离。其次，在那些只承认《圣经》为其信仰法则的人们中间，所谓异端，则指的是因为与《圣经》明

---

① 〔英〕洛克：《论宗教宽容》，吴云贵译，商务印书馆1982年版，第13页。

文规定无关的一些意见分歧而在自己的基督教会里产生的分离。①

洛克首先将天主教和新教界定为"不同的宗教",也就阻止了以异端的方式互相看待。进一步,则将新教各宗派之间的矛盾界定为"无关紧要的分歧",于是,即便他们因在"同一宗教"内部而互为异端,但这种异端的观念也不会造成彼此之间的重大敌意。总之,洛克通过这样的解释,基本消解了中世纪以降视异端为不共戴天的"绝对敌人"的异端概念。

从霍布斯和洛克处理异端问题的共通之处来看,我们可以发现,通常认为霍布斯拥抱具有压迫性的"至高主权"的看法,可能忽视了他将主权限定在人良心之外,并尽力消解"异端"观念的努力;对于洛克,则可能因他极为强调私有财产权,而忽视了他对异端问题同样的识别与目的相似的处理。事实上,正是顺着霍布斯和洛克对国家主权与宗教宽容的论述,异端问题才得以缓解,并进一步构成了"正当法律程序"的现代基础。

---

① 〔英〕洛克:《论宗教宽容》,吴云贵译,商务印书馆1982年版,第49—50页。

第七章
正当程序的现代基础：作为体制的科学

中世纪晚期以降，社会生活、政治体制及思想观念发生了巨大的变动，尤其是从教会中的异端问题延伸至国家中的臣民忠诚问题，逐渐导向了一种对异议者施以重压迫害的体制和文化。这种体制和文化在司法形式上的一个突出表现，则是针对受审者内心状态的窥探、审定和强制，例如以立法规定臣民须作效忠宣誓，且以高强度的司法施以控制。这样一种司法形式并不能带来长久的和平与秩序。在相当长的一段时期内，以近代早期的英格兰为例，我们可以观察到国家陷入了一种充满纷争、对抗和激进主义思想泛滥的困境。正是在这样的背景下，在法学家的论述中，在政论性的小册子中，进而发展到个案的司法实践中，开始出现越来越多诉诸"正当法律程序"的声音。

尽管这类呼声所引用的是一个既有的名词，但我们在现代所熟悉的"正当程序"，其基础是在近代早期才得以确立，在各种观念的冲突、辩驳与融合的过程中才变得日益清晰且具有实操效力。在前两章中，我探讨了"正当法律程序"的原则和实践在现代得以确立的两个思想基础，首先是"权利"的观念，其次则是主权和宗教宽容的观念。

我们也可以观察到，这些具有相当"现代"面貌的观念发展之初，都不可避免地与宗教纠缠在一起。新教法学家首先从《圣经》开始论证权利，逐步地形成了一种恰与宗教责任相对的个人权利。而像爱德华·柯克这样的普通法法律家，则花费极大的精力构建了一种在很大程度上阻止人们对源头提起询问的法律权威。至于托马斯·霍布斯，则处心积虑地论证了一种意图从根本上消解宗教权力的世俗国家主权，切断了对人内心状态的探究，并在此基础上引向了宗教宽容。

然而，"正当法律程序"在现代的发达，还有赖于另一方面的基础，即一种潜移默化的大众文化机制。也就是说，整个社会的文化基础，需要从强调教义确定性的宗教认信转向一种在认识论上终于不可知的"科学探究"和"事实认定"。这并不是一个显而易见或能够轻易完成的转变，而是在许多观念的冲突和融合中逐渐发生并最终确定。"正当法律程序"被承认为一种"公认合理"的司法审判原则，有赖于这样一种文化机制。

关于科学文化机制的发展及其与政治和法律的关系，从近代早期发生的思想交锋开始探索仍然是一种相对可靠的路径。

一、霍布斯与波义耳

在前一章中，我提示了霍布斯在《利维坦》中构想了一种新的关于国家构成的论证。他显然离开了中世纪以上帝为起始点对国家权力的论证，通过对"自然状态"的设定以及脱离自然状态的"自然法"的推导，将国家主权建立在臣民个体出于恐惧的激情和计算的理性导致的立约行动之上。而在《利维坦》的后半部分以及复辟后的一系列作品中，我们可以观察到霍布斯反复谈到异端问题，一方面为自己辩护，另一方面则延续了他对教会权力的消解。在霍布斯看来，必须通过各种方法消除国家内乱的根源，那就是以某种绝对的、"属灵的"

权力为依托的私人判断。为此,霍布斯把矛头指向了大学中的学者和长老会牧师,认为这两个群体推波助澜,引起了民众的不服从潮流。

在霍布斯晚期的作品中,有大量的论战作品,而从现代人的眼光看来,论战的内容极为多样,并不限于政治和法律问题,甚至不限于哲学,而是扩展到了当时新兴的科学领域。而这类论战,并不像现代的学科划分那样泾渭分明。霍布斯于1651年出版《利维坦》,其中对大学的攻击不久就引起了学者们的反击。牛津大学的数学家塞斯·沃德(Seth Ward)1654年就对霍布斯进行质疑,随之而来的是自然哲学家约翰·威尔金斯(John Wilkins,他也是皇家学会的创始人之一)。① 霍布斯参与的争论中,场面最为不堪的也正是1655年以后他与牛津数学家约翰·瓦利斯(John Wallis)的论战,两人从霍布斯《论物体》中的几何证明问题开始交锋,将数学、宗教、政治甚至文法问题搅和在一起互相攻击。霍布斯尤其厌恶这位身兼大学学者与长老会牧师双重身份的对手。两人的论战一直持续到17世纪70年代。②

我们需要意识到,在近代早期,人们常常把政治、法律与科学问题混合在一起探讨。恰恰由于当时科学的领域尚未清晰确立,也就令我们有机会观察到现代人可能错过的一些视角。其中,科学与政治和法律的关系尤为复杂。霍布斯与实验科学的代表人物罗伯特·波义耳(Robert Boyle)之间的争论,为我们提供了一个很好的范例。

1660年,波义耳出版了《物理力学新实验,关于空气弹力及其效果》一书。同年5月,斯图亚特王朝复辟,查理二世登上王位。11

---

① See Purver, Margery. *The Royal Society: Concept and Creation*. London: Routledge & K. Paul, 1967, 64-67.
② 参见[美]A. P. 马尔蒂尼:《霍布斯》,王军伟译,华夏出版社2015年版,第18—19页。

月，皇家学会在伦敦的格雷欣学院(Gresham College)成立，创始成员包括大学的学者、贵族廷臣、业余的科学爱好者，其中有保王党，也有共和派，上文提到的约翰·威尔金斯担任主席。[①] 这个学会立即受到了国王的嘉许，到了1662年，获颁皇家特许状。学会成员聚集到白厅觐见国王，称颂他对皇家学会的慷慨和厚爱，并保证"立定决心，一致至诚地追寻……经由实验方法，增进一切实用技艺和自然事物的知识"[②]。

皇家学会人员驳杂，收纳了许多对科学并没有那么大兴趣的贵族、廷臣和业余爱好者，当然，同时也有对实验科学持有坚定信心的实践者，其中最突出的就是波义耳。在波义耳的实验工作中，最引人注目的则是他利用空气泵所做的一系列实验。

伽利略的学生、意大利人托里拆利在17世纪40年代完成了一个著名的"真空实验"。他将一根一米长的玻璃管灌注水银，用手指封住管口，将玻璃管倒置，浸入一个装有水银的器皿中，再放开手指，观察到水银柱下降至一定的高度，就不再下降。托里拆利认为水银的重量由空气的力托住，而在下降的水银柱上方则形成了真空。当时欧洲普遍接受亚里士多德的力学，信奉"自然恐惧真空"的格言，认为不可能制出一种真正的真空状态。因此，托里拆利的实验和推论引起了许多的争论。

波义耳对这个问题特别感兴趣，为此他与助手和工匠一同设计制作了气泵(后来被称作"波义耳机器")，作为开展进一步实验的机器工具。后来，波义耳利用这架机器做出了《新实验》中记录的34个实

[①] 参见〔英〕阿德里安·泰尼斯伍德:《英国皇家学会：现代科学的起点》，王兢译，北京燕山出版社2020年版，第14—17页。
[②] 同上书，第36页。

验。气泵由一个中空的大玻璃球和黄铜的抽气装置组成,大玻璃球容积约为 35 升(30 夸脱),顶端有直径四英寸的开孔,由此开孔置入实验用具;玻璃球下端收窄,通过管闩和阀门与抽气装置联结;整个机器置于一个木架之上。操作机器时,通过抽气装置由下方抽取玻璃球中的空气,关闭管闩,移走阀门,将抽取的空气排出,如此反复操作,以求排空玻璃球中的空气。①

波义耳将托里拆利装置置入玻璃球,封闭顶端开孔,排出空气,可以观察到托里拆利装置的玻璃管中,水银柱明显下降,但最终没有与承载玻璃管器皿中的水银液面平齐。对此,波义耳的解释是,由于抽出了玻璃球中的空气,导致空气压力减低,玻璃管中的水银柱因失去压力支撑而下降。② 在另一个重要的实验中,波义耳将两块大理石片的表面用酒精湿润后附着在一起,将一个四盎司重的砝码附于石片下方,将这整个装置以细绳置入气泵玻璃球中。但操作抽气装置后,大理石片没有分开,该实验被视为不成功。波义耳对不成功的理由也作出了解释,认为主要原因是气泵漏损。③

波义耳的《新实验》于 1660 年出版,而霍布斯旋即于 1661 年 8 月出版《物理学对话录》,对波义耳的实验提出了严厉的批评。波义耳在 1662 年出版了《新实验》第二版,并在附录中收录了一篇《对霍布斯对话录的考察》(Examen of Hobbes's Daialogus)。霍布斯则于同年撰写了《物理问题》,重申他的批评意见。到了 1668 年,霍布斯的哲学著作全集在荷兰出版,其中包括了 1662 年所作的《物理问题》以及稍微修改的《物理学对话录》。对此,波义耳则于 1674 年发表《驳霍布

---

① 参见〔美〕史蒂文·夏平、西蒙·谢弗:《利维坦与空气泵:霍布斯、玻意耳与实验生活》,蔡佩君译,上海人民出版社 2008 年版,第 24—26 页。
② 同上书,第 40—42 页。
③ 同上书,第 45—46 页。

斯先生真空议题》(Animadverisons upon Mr. Hobbes's Problemata de Vacuo)，1675 年又发表了《论理性与宗教的可调和性》，而霍布斯则在 1678 年发表《自然之学十论》作为回应。[①] 可以说，两人的交锋一直持续到霍布斯去世。

按照现代人的一般印象，霍布斯未被列入"科学家"的行列，而他在这场争论中的对手波义耳则是皇家学会的创始成员、实验科学的开创者。再者，当时波义耳所倾向的真空论已经被接受为现代科学的一部分，而霍布斯所持的空间普满论则被视为落后、不正确的学说。如此，就有可能阻碍我们理解在 17 世纪的处境中，霍布斯所关心和辨识的问题，以及他提出批评的理由。毕竟，我们生活在一个"科学"早已成为大众文化的时代。同样，现代人也很有可能错过科学发展之初所展现的社会和政治意涵。

史蒂文·夏平和西蒙·谢弗所著的《利维坦与空气泵》为我们提供了重要的视角和分析。在该书中，作者指出，波义耳费心费力所构建的实验，不只是一种技术，同时还是一种生活方式、潜移默化的体制和文化。总体而言，波义耳建立的实验乃是一种"知识生产的方式"，并且这种方式将生产出一种特定的知识，即"事实"。皇家学会的实验科学家们通过生产"事实"，打破了传统的(确定的)真知与(无定的)意见这个严格的两分，为事实这种新式的知识创造出了一种"具有最高程度的或然率保证"。[②]

夏平和谢弗指出，波义耳在构建事实产生机制的过程中运用了三种技术：气泵的制作和操作中所蕴含的物质技术，将气泵产生的现象

[①] 参见〔美〕史蒂文·夏平、西蒙·谢弗：《利维坦与空气泵：霍布斯、玻意耳与实验生活》，蔡佩君译，上海人民出版社 2008 年版，第 168—170 页。
[②] 同上书，第 20—22 页。

传达给非直接见证者的书面技术,以及实验科学家彼此讨论和思考知识时所运用的社会技术。[1] 首先,就气泵的物质技术而言,这架运用了各种人工技术的机器被认为扩大了人的感官,能够取得一种对经验更为细致和深入的观察效果,并进一步通过众多观察者以见证人身份的目视,构建了实验室的公共空间。其次,就传达实验结果的书面技术而言,波义耳发明了"实验报告"这种新式文体,对实验方式和过程的细节作冗长的描述,摒弃情绪化和美学性的言辞,辅以图像,造成一种提供"逼真印象"的文本,由此为不在实验现场者提供一份与目视见证效力等同的虚拟见证。最后,就实验者群体的社会技术而言,波义耳在他的作品和论战中刻意展现"冷静而谦虚""勤奋而明辨""仅以能证明的内容为断言"这类美德,试图通过平和、有礼貌的交流化解分歧,达成共识,由此形成一种默认的群体规则。通过这三项技术,波义耳就将通过实验产生、流转和维持的"事实"呈现为"原本就是如此"的样式,造成了强烈的"客观化"效果。在这种客观性的基础上也就形成了一种新的生活样式和文化,它能够可靠地产生大范围的认同。[2]

然而,霍布斯对波义耳这套实验生活的设想展开了猛烈抨击,而他的着眼点有可能是我们容易错过的。

在上一章中,我大致探讨了霍布斯在《利维坦》以及17世纪60年代一系列涉及异端问题的作品中显示了他对建立(或恢复)国家秩序的总体设想。一方面,他借助一些新学术方法,尝试否定基督教教义中的许多内容具有传统上所认定的重大意义,相应地也就大大缩减了

---

[1] 参见〔美〕史蒂文·夏平、西蒙·谢弗:《利维坦与空气泵:霍布斯、玻意耳与实验生活》,蔡佩君译,上海人民出版社2008年版,第23页。
[2] 同上书,第73—74页。

主权者对个人内心信仰状况的审查范围,同时也大大缩减了神职人员的"属灵"权力;另一方面,他运用几何式的推理,尝试推导出建立于理性基础上的通过某种不可逃避的"立约"而设定的国家主权。通过这样的论证,霍布斯认为能够在最大程度上解决大学学者和长老会牧师造成的私人判断横行、国家秩序丧失的巨大困境。霍布斯进一步认定,波义耳的真空实验对他用心良苦推演的国家方略构成了巨大威胁。因此,波义耳的《新实验》出版后不久,霍布斯就发动了猛烈的进攻。

霍布斯始终持定空间普满论,不承认真空的存在,更不承认在实验室中能够人为制造出真空。早在流亡法国时期,霍布斯就与笛卡尔发生过争论,反对后者的"无形实体"观念。当时自然哲学家群体内部关于真空问题莫衷一是,有许多激烈对抗的意见,各种实验也层出不穷。霍布斯认为不需要引入"真空"这个概念或现象,也有各种办法可以解释空气实验中观察到的各种现象。而这个远未确定的"真空"则相当确定地容易引起人们在信仰领域的错误观念,使人"相信魔鬼的存在"。早先他也发表过类似的观点,认为不能依靠寻常的感觉探究看似空洞的空间特性,否则会使人们误以为有"无实体的存在"或"灵"。[①] 霍布斯之所以对此极为警惕,是因为他认定神职人员享有以"灵"为基础的权力(这种权力独立于主权者的权力),进而扰乱大众的信念,这正是国家动乱的根源之一。他在《利维坦》中不遗余力地证明"灵"并不是一种"实体",也正是为此。所以,如果实验能够建立真空观念的正当性,就会对国家的政治秩序造成虽为间接但实属重大的威胁。这是霍布斯所辨识的真空实验背后

[①] 参见〔美〕史蒂文·夏平、西蒙·谢弗:《利维坦与空气泵:霍布斯、玻意耳与实验生活》,蔡佩君译,上海人民出版社2008年版,第79—80页。

隐藏的本体论问题。

霍布斯在真空实验中辨识出的另一个问题，是关于认识论。为了给以主权者为中心的国家秩序奠定一种牢靠的知识基础，霍布斯在《利维坦》中标榜以类似几何学的方法推导出他的"自然法"和建立主权的契约。霍布斯认为，唯有几何学这种抽离了个别经验的纯粹推理，才能产生一种无可辩驳的知识（他称几何学为"上帝恩赐给人类的唯一科学"①）；唯有在无可争议的知识基础上建立国家，才能防止私人判断权泛滥所导致的动乱危险。

因此，霍布斯对波义耳的实验生活及其知识生产模式进行了强烈的质疑，认为其所标榜的种种"优点"都是靠不住的假说。霍布斯指出，首先，波义耳制造的气泵机器存在各种疏漏，无法证明也无法维持和确保其物理完整性，更无法成为一种产生哲学意义上真确知识的途径。其次，波义耳的实验所得出的结果，有赖于多人的现场见证，并进一步以书面技术复制繁衍对此种见证的同意。然而，这样的做法无非只是把更多数量的个人意见和经验叠加起来，而意见和经验的叠加，哪怕数量再多，在性质上也不可能把它转变成更具真确性的知识。同时，霍布斯认为，所谓实验室空间的共同性或中立性，也显然经不起严格的推敲，格雷欣学院的实验空间当然有一个"主人"，这个主人能够决定谁可以、谁不可以加入。最后，实验者群体的所谓"礼貌"和"冷静"，也不过是在掩盖实验无法生产出真确的因果关系，而只是被包装起来的不确定性。如果实验能够从对现象的观察中看出原因，那么一次实验就足够，根本无须多次重复，在重复执行的实验中经常出现的现象差异，就证明其不能生产因果关系，更不必提

---

① ［英］霍布斯：《利维坦》，刘胜军、胡婷婷译，中国社会科学出版社2007年版，第43页。

那些无法复制的实验了。所有的实验，都附带了一套与实验仪器深深嵌合在一起的理论假说，而对这些假说始终可以提出挑战。[1]

我们必须承认，霍布斯实际上对实验生活进行了相当有力的质疑。沿着霍布斯指出的方向，我们可以理解，波义耳的实验科学实际上构成了一种对生活的全面规训机制。可靠知识的生产被确定为以人的感官经验为基础，而不再是纯理性的推理，也不是对教义的信念。反过来，形制庞大、技术精巧的实验仪器呈现也扩大了人的感官，从而对人的感官加以修正和规训。可靠的知识以介于人与自然物之间的机器提供担保，人的感官经验须接受机器及其操作的引导和限定。[2] 实验的操作方式也构成了一种对空间的规训，实验室的空间事实上对参与其中的人施加了预先设定的纪律，也对进入此空间的人员进行了某种筛选。[3] 如此一来，在本质上，实验机制通过对预设纪律的设定，对所研究和探讨的问题进行识别和控制，将无法通过实验解决的问题标注为不合法的问题。[4] 换句话说，实验机制处处充满了语言游戏和暗中划界的动作。实验的结果有赖于对实验现象的解释，而在实验现象的制造过程中则已经预先设定了解释的原则和关键概念。于是，事实上无论实验结果如何，都不会暴露和否定其隐藏的预设并非真确的知识，而只是一种假设。例如，由外人看来，实际上并不清楚为什么用于解释气泵实验现象的"空气弹力"被当作一种事实，而非假设。[5] 若我们抛开现代空气物理学的定论，回到17世纪的处境中，霍布斯指出完全可以从不同的假设出发对气泵实验产生的现象作

---

[1] 参见〔美〕史蒂文·夏平、西蒙·谢弗:《利维坦与空气泵：霍布斯、玻意耳与实验生活》，蔡佩君译，上海人民出版社2008年版，第105—106页。
[2] 同上书，第35页。
[3] 同上书，第36—37页。
[4] 同上书，第42页。
[5] 同上书，第48—49页。

出解释(比如水银柱下降之后的玻璃管内仍然有某种肉眼不可见的物质)。

如此，我们也就能够理解，霍布斯为何始终被皇家学会拒之门外。事实上，霍布斯并不排斥实验本身。他曾经深入研究过光学的若干问题，并做过光学实验，并正确地解释了折射的原理。他还曾经与威廉·配第(William Petty)一同做过解剖。对于观察自然的器具，霍布斯也并不反对，他在1648年还买下了一批望远镜和显微镜，其中最大的一具望远镜有29英尺长。他向来遭人诟病的脾气实际上可能也没有那么糟糕。而当时的皇家学会中，本就容纳了许多对科学并无多少兴趣和贡献的贵族及业余爱好者。以霍布斯当时在科学领域内的学识和成果，他并不缺乏资格。[①] 所以，霍布斯与皇家学会中的几位重要人物交恶，并始终被拒绝，主要原因在于双方对于实验科学的性质、功能和目的有巨大分歧。由于霍布斯异常敏感地辨识出了波义耳等人构建的实验体制背后的政治意涵，并对其大加攻击，进一步威胁到了整个实验体制的实践和声誉，因此，波义耳等人坚决不容许霍布斯加入学会，也是可以理解的。而霍布斯则在《物理学对话录》开头给索尔毕耶的致辞中指责皇家学会的众人"展示新奇的机器，用来表现他们自己的空洞以及一些毫无用处的惊奇，而他们的行为，跟那些带着稀奇动物四处赶集赚取观看费的人，并没有两样。所有这些人统统都是我的敌人"[②]。显然也表现了遭到排挤后的沮丧情绪。

总而言之，在霍布斯与波义耳关于气泵实验的论战中，我们可以观察到，在17世纪的英格兰，随着科学的兴起，一种新的文化也在

[①] See Malcolm, Noel. *Aspects of Hobbes*. Oxford: Clarendon Press; New York: Oxford University Press, 2002, 317—321.

[②] 〔美〕史蒂文·夏平、西蒙·谢弗：《利维坦与空气泵：霍布斯、玻意耳与实验生活》，蔡佩君译，上海人民出版社2008年版，第330页。

生成。这种新文化受到了国王和贵族的赏识，在社会中层的绅士中也获得了坚实的基础，并由学者通过实验的方式不断深化和扩大。皇家学会以及以波义耳为代表的实验科学家，并没有把自己的工作仅仅限于小范围的私人团体，而是有志于为复辟后的政府提供一种可靠的能够带来和平的秩序基础。因此，在这一时期，新兴的科学显然与政治无法断然分开。而霍布斯对实验体制的全面攻击，则显示了此种秩序方案某些内在和隐藏的性质，并且霍布斯认为，它并不能提供一种和平的秩序，正好相反，这种并不真确的知识及其生产机制，可能带来动乱的危险。

夏平和谢弗在《利维坦与空气泵》的最后一句坚定地表示"霍布斯是对的"，不过，从整个社会文化对法律文化的影响以及对司法实践的支撑作用来看，这个论断可能过于简单了。

二、法律与科学文化的关系

夏平和谢弗在《利维坦与空气泵》中提供了极富洞见的观点和视角。长久以来，关于科学的历史叙事通常以著名的科学家及其重大发现为主要线索，呈现为一种由"蒙昧无知"朝向"知识和昌盛"的进步主义图景。这样的叙事自然有其合理性，为我们提供了一种关于现代世界的图景。不过，《利维坦与空气泵》为我们提供了另一幅可能长久以来遭到忽视甚或压抑的图景。霍布斯在与波义耳的争论中进行了强烈的质疑，而随着实验科学地位的逐步稳固，霍布斯的科学家身份，或者至少是科学讨论正当参与者的身份遭到了压抑和否认，他的论辩被视为愚昧无知的表现，他所关心的政治议题则湮没不见。通过一种"回到历史语境"的研究，《利维坦与空气泵》将观察的视角转向政治领域，并进一步转向知识生产的社会机制，指出波义耳所代表的实验科学在政治和知识生产机制方面隐秘的运行方式。如此，"科学"就不再呈现为一个独立、自足的领域，我们得以观察和探究其与政治和社会机制的深刻关联。同样，建立在科学进步主义基础上的现代世界图景也不再是唯一有效的叙事。《利维坦与空气泵》将历史中原本遭到重重压制的"低音"重新呈现出来，对我们理解当下所生存的社会本质有极大的帮助。

不过，我想要继续询问的是，当作者在全书结束时宣告"霍布斯是对的"，究竟是在表达什么意思，并将我们引向哪个方向？作者似乎表示，顺着霍布斯的论辩，我们对现代科学所呈现的知识的"确定性"，乃至背后的整个机制都可以质疑。在原先的叙事中，科学知识与开放而自由的社会天然地联系在一起，构成一种相互保障和促进的关系，但在接受霍布斯式的质疑后，所谓"原则上最开放的知识形式，实际上变得最封闭"，而且，更糟糕的是公众对此无能为力。[1] 如果在此意义上"霍布斯是对的"，这幅经过了拨乱反正的现代世界生活图景似乎显得晦暗不明，并不令人感到欣喜。

《利维坦与空气泵》正确地从霍布斯与波义耳的争论中识别出了17世纪的政治与社会问题，揭露了"客观中立"的科学文化背后隐秘的运行机制。在方法上，这有赖于将已经形成"常识"的知识尽可能置于原初的历史语境中，倾听和释放那些嗣后遭到压抑、被轻易排除的声音。如果是这样，我们也需要运用同样的方法对待和评估不同的方案所产生的效果。若我们辨识出波义耳的实验生活具有构建和维护某种政治体制的目的，霍布斯另有方案，则这些方案的效果也同

---

[1] 参见〔美〕史蒂文·夏平、西蒙·谢弗：《利维坦与空气泵：霍布斯、玻意耳与实验生活》，蔡佩君译，上海人民出版社2008年版，第325—326页。

样需要置入历史处境中进行观察和评估。

霍布斯的计划乃是通过一种富有哲学确定性的论证,为国家的政治秩序提供知识上的依据。但是,哲学的论证如果要进入实践,还是需要形成更广范围的认同。霍布斯对此有完全清醒的认识。在《利维坦》上半部分的最后,霍布斯论及自己学说的适用性,表示希望这本书有朝一日落到一位主权者手中,他先是亲自研究,同时"运用全部权力来保护此书的公开讲授,从而把这一思维上的真理转化为实践"①。因此,在霍布斯的设想中,也还需要通过适当的教育,把自己苦心论证的学说先传授给主权者和大臣,然后再传授给尽可能多的大众。尽管霍布斯认定自己的论证乃是诉诸人所共有的理性,并且已经得到了哲学上的确定性,任何具备理性之人都可以理解并接受,但还是需要施以教育,使这套学说内化为人的自觉认同,也就是说,形成一种文化。

如果从这个角度观察,波义耳与霍布斯都对某种类型的文化机制(或者说,知识及其生产方式)与政治秩序的互动关系有着深切的关心。波义耳和皇家学会的其他成员有一个共同的愿景,即以可靠的知识克服引起纷争的敌对态度,而皇家学会的创始成员中,就容纳了不同宗教背景和政治倾向的人。皇家学会也不只是纯粹的知识团体,其中容纳了皇室成员、贵族和廷臣,由此获得了巨大的支持。皇家学会出版的各种刊物,制作的仪器,对本身历史的描述,实际上都形成了一种面向大众的文化塑造活动。

从这一点,我们可以尝试进一步观察这一时期科学与法律文化之间的互动。夏平和谢弗在探讨实验知识的生产技术时,曾经略微提及

---

① 〔英〕霍布斯:《利维坦》,刘胜军、胡婷婷译,中国社会科学出版社2007年版,第595页。

法庭审理与实验操作之间的类比,认为司法审判中要求具备多名证人方可定案,与实验操作中对于"增加见证者"的要求可作类比,并引用了波义耳和斯普拉特的说法。① 而芭芭拉·夏皮罗(Barbara J. Shapiro)则进一步认定,"事实"文化的产生,有赖于司法与史学各自对于"事实"的不同追求,其中尤其以法律的影响为重。夏皮罗表示,在各种法律体系中,都普遍存在对于"事实问题"和"法律问题"的区分,在中世纪的罗马法中显然有迹可循。而在英格兰普通法中,更加重视对"事实"的确定,特别表现在三方面:区分"事实问题"和"法律问题";发展出了通过陪审员确定案件事实的机制;将司法制度建立在公正公开的程序和不偏不倚的判决基础之上。②

从现象观察,司法审判与实验操作之间确实具有某种相似性:两者都会遵循某种固定的、较为正式的程序指引;两者都被刻意置于某个具有一定公共性的空间内进行(当然,霍布斯认为实验室的公共性是虚假的);两者都会安排对某种经验作"复制"并提供见证人;都有书面的记录(事实上,英格兰法庭的记录历史并不悠久);都会产生某种确定的结果,并可能对该场所以外的人发生效力;等等。问题是,这样一种简单的相似或许能够作为某种相关性的证据,但难以得出因果关系,并且,这种相关性的内容也需要检验。尤其是在对某种"文化"进行研究的过程中,由于研究者自己必然身处文化的影响之中,就不得不时刻注意对自身文化预设的反思。

简言之,认为近代之前的英格兰司法程序乃是以公开公平的程序

---

① 参见〔美〕史蒂文·夏平、西蒙·谢弗:《利维坦与空气泵:霍布斯、玻意耳与实验生活》,蔡佩君译,上海人民出版社 2008 年版,第 53 页。

② See Shapiro, Barbara J. *A Culture of Fact: England, 1550-1720*. Ithaca: Cornell University Press, 1983, 8-9.

探究和确定案件事实,这种理解显得过于"现代",脱离了中世纪和近代早期的历史社会语境。如果要探究当时的法律文化,宗教的维度显然是无法避开的。

美国学者惠特曼在《合理怀疑的起源——刑事审判的神学根基》一书中指出,探讨中世纪和近代早期的审判程序,必须考虑当时的宗教观念。在当时的社会环境下,陪审团的组成人员通常情况下不是陌生人,而是原被告的熟人。因此,在庭审过程中,被告是否有罪通常很容易判断,真正困难的关于事实的疑问比今日现代人所面对的要少得多。[1] 那些被现代人理解和识别为"事实确定方式"的程序,在当时的主要功能乃是提供"道德慰藉",以解除原告、证人或法官因追究被告罪责而发生的道德责任(所谓"流人血的罪债")。惠特曼认为:"绝大多数时间他们相当确定他们知道是谁干了什么。他们主要需要的不是事实发现程序,而是让他们得以指控、惩罚已知的坏人却无须承担这样做的个人责任的程序。"[2] 因为在当时的宗教文化背景下,正如一本17世纪的小册子所警告的:"判定他人有罪的陪审员,无论在今世还是来世,无论其家人还是其同行,无论其肉体还是灵魂,都将遭受上帝的报复。"在中世纪基督教的道德神学中,"证人"的主要作用不是提供事实线索,而是要承担道德责任。[3]

与此同时,夏皮罗对于近代以前英格兰法庭中的操作也显得缺乏了解。兰博约在《对抗式刑事审判的起源》中向我们展示,在16、17世纪的英格兰,除叛逆案件以外,刑事案件实际上仍由私人发起程序,通常由案件的被害人提起诉讼,杀人案件则由被害人亲属提起诉

---

[1] 参见〔美〕詹姆士·Q. 惠特曼:《合理怀疑的起源——刑事审判的神学根基》,佀化强、李伟译,吴宏耀校,中国政法大学出版社2016年版,第26页。
[2] 同上书,第108页。
[3] 同上书,第343页。

讼。而且,甚至扮演控方角色的起诉者在法庭上也没有代理律师,整个审判过程呈现为一幅外行人相互争吵的图景。原被告在法庭上也同时发挥着本方证人的角色,法官并不对这种基于法律外行人常识的陈述和争吵加以控制。在双方争吵过后,法官就让陪审团根据在双方交锋过程中的所见所闻裁决案件,也很少给予指示,只是简单地告诉他们,按照所听见的指控和辩解作出裁决。而在公诉性质的叛逆案件审判中,庭审也往往带有争吵的样式,并且检察官通常会在言辞上给被告造成很大的压力。在前文中,我们甚至看到了爱德华·柯克在为国王追诉重犯时也表现得异常咄咄逼人。另外,与我们对现代司法制度惯常的印象完全不同,当时的陪审团作出裁决的时间非常短。根据兰博约的研究,在伊丽莎白一世和詹姆斯一世时代,地方巡回法庭中案件的平均审判时间大约为 15—20 分钟。也就是说,在双方以近乎日常的方式争吵一番后,陪审团几乎立即作出判决。考虑到这些案件都是可能招致死刑的重罪案件,这样的仓促审理与现代人对司法的想象有很大的差异。直到 18 世纪中期,案件的平均审判才略微延长到半小时。[①]

就本书的研究而言,在前文中所做的考察也显示,中世纪晚期到近代早期,由于基督教会内部出现的诸多问题,在司法方面形成了对人的内心实施日益严格控制的倾向。而这种倾向在宗教改革过程中延伸到了世俗国家的审判形式中。正是因为法庭倾向于探究和确定当事人的内心状态,所运用的审判技术和设定的规则,目的基本是迫使当事人开口陈述其所知所想。兰博约也同样指出,在这一时期的司法活

[①] 参见〔美〕兰博约:《对抗式刑事审判的起源》,王志强译,复旦大学出版社 2010 年版,第 10—13 页。

动中，并不存在"不自证其罪"的权利。①

由此观之，夏皮罗（以及受到影响的夏平和谢弗）将英格兰的司法审判方式与实验科学的文化相联系，在论证其相关性时显得不那么仔细。尤其是，如果要证明由实验科学所表现的"事实"文化来自英格兰的司法传统，理由并不充分。首先，从上文提到法律史研究来看，从中世纪到近代早期，司法审判的形式在文化或精神上的渊源具有强烈的宗教背景，无论是谈论早期的司法形式（例如誓证法及神明裁判），或是考察嗣后中世纪教会对审判形式所做的改变（以纠问程序取代之），还是评估宗教改革时期发生的变化（异端审判的性质，及其与世俗国家司法形式的关联），都不能从中引出与实验科学以及"事实"文化的直接关联。换句话说，通过稍微仔细地观察，我们很难看出如何从近代早期的法庭审判形式引向一种以实验科学为主要生活形式的文化。其次，我们也能够有把握地说，夏皮罗对英格兰法庭审判形式以及司法文化的概述缺少证据。在实验生活作为一种体制或文化发展起来（17世纪晚期到18世纪）之前，英格兰的法庭上盛行的是一种对当事人施加压力，迫使其自己开口陈述的文化，这几乎与实验生活的机制背道而驰。

因此，我们可以说，夏皮罗在英格兰司法形式与所谓"事实文化"之间建立的相关联系，建立在作者以完全现代的司法观念界定近代早期英格兰司法实践的基础之上。换句话说，作者恰恰是把一种"事实文化"发展起来之后形成的司法文化嫁接到之前的司法实践上，再反过来推导出，这样一种法律文化影响或带来了实验生活的文化。这正好是一个颠倒。有趣的是，夏皮罗在具体阐述实验生活之前

---

① 参见〔美〕兰博约：《对抗式刑事审判的起源》，王志强译，复旦大学出版社2010年版，第40页。

英格兰法庭对"证人可靠性"进行评估的实践时,所引用的权威是詹姆斯一世的大法官弗朗西斯·培根以及查理二世的王座法院院长马修·黑尔(Matthew Hale),[①] 而这两位,前者正是实验科学的首要倡导者,后者也同样是皇家学会的大力支持者。如果一定要建立某种关联,这恰恰说明,只有到了 17 世纪以后,随着实验科学文化的不断建立和传播,尤其是获得了类似法律家群体的广泛认同,才进一步影响了法庭的审理形式。是先有了实验和事实文化,之后才发生了司法的改革。

三、英格兰科学文化的发展

英格兰的科学文化也并不是在皇家学会建立以后,才由培根这样的经验哲学理论家和波义耳这样的具有清晰自我身份意识的实验科学家塑造,而是具有更长的历史和更广泛的群众基础。根据希尔(Christopher Hill)的研究,自 16 世纪下半叶起,英格兰就开始形成了一种深入大众的科学文化。首先出现的并非来自大学的学者或是身份清晰的实验科学家,而是一批以业余爱好者形象示人的商人和工匠。这些对新兴的科学知识表现出极大热情的人中包括制绳工匠、机械师、造船工、建筑师、领航员、炮手、药剂师等等。培根正是吸收和综合了这类大众知识和思想,以一种更为正式和学术的方式呈现了出来。[②]

英格兰的科学文化从起初就表现出大众的特征,流行的科学类书

[①] See Shapiro, Barbara J. *A Culture of Fact: England, 1550-1720*. Ithaca: Cornell University Press, 1983, 14.

[②] See Hill, Christopher. *The Intellectual Origins of the English Revolution Revisited*. Oxford: Clarendon Press, 1997, 16.

籍大多以英语写成，面向商人、工匠、船员、炮手、测量师等非学术人群。着力推动这种文化的，首先也不是大学的学者。例如，被誉为"英国数学学校奠基人"的罗伯特·瑞考德（Robert Recorde，1510—1558），本职就是一名医生，乐而不疲地钻研数学之后，他向公众作数学讲座，并在莫斯科公司（Muscovy Company）的资助下出版了许多作品，其中一些在很长时间内成为标准的大众数学教科书。[①] 在瑞考德之后，约翰·迪伊（John Dee，1527—1608）和托马斯·迪格斯（Thomas Digges，1546—1595）进一步推动了数学研究在英格兰的发展。迪格斯向英国人引介了哥白尼的学说，并使无限宇宙的观念深入人心。在他的影响下，英国的科学家群体普遍接受了通过观察和实验不断对理论进行检验的观念，纯粹的演绎推理方法则未被广泛接受。[②]

在主要从事理论研究工作的科学家之外，在这一时期英格兰还出现了一个群体，他们不遗余力地尝试以通俗的方式向大众推广科学知识。例如，爱德华·沃索普（Edward Worsop）致力于将瑞考德的著作简化和改编为普通人容易理解的版本。威廉·伯恩（William Bourne）则尝试改编了迪伊的作品，并且还出版了英国第一本以航海实操为内容的书籍。[③] 我们不难看出，科学文化在英格兰的建立和传播具有广泛的群众基础。一个重要的原因在于伦敦汇聚了大量从事实业的人口，尤其是从事与航海有关行业的人。航海事业天然要求的数学、天文学知识，以及制图、测量等技术需求，促使从业者不断寻求相关的知识。而英国的团体和个人也特别乐意从事和支持这些与实践具有深

[①] See Hill, Christopher. *The Intellectual Origins of the English Revolution Revisited*. Oxford: Clarendon Press, 1997, 17-18.
[②] Ibid., 20.
[③] Ibid., 21.

刻关联的研究和普及工作。由此,就开始形成一种具有牢固基础的文化。

在此背景下,伦敦城成为新兴科学的赞助者。1588年,在一批伦敦市民(其中包括了富有的商人)的资助下,经女王的枢密院批准,设立了一个面向公众的数学讲席,主要授课对象是伦敦城民兵组织的队长,同时也向公众开放。首任讲席教师是数学家托马斯·胡德(Thomas Hood)。时值西班牙无敌舰队来袭,据胡德说,"整个伦敦城都热切地要求"开设这个讲席,并把讲授的重点放在与军事策略相关的数学。而当战事结束,讲座的内容则很快变成了市民们更关心的航海问题。[1]

进而,巨贾托马斯·格雷欣(Thomas Gresham)捐赠一笔巨资,没有把钱投向剑桥(尽管大学确实向他发出了请求),而是按照当时商人常常设立语法学校的惯例,在伦敦城设立了一所学院。他为格雷欣学院设立了七个讲席,其中包括物理、几何与天文学讲席,津贴的额度甚至高过亨利八世在牛津和剑桥设立的皇家讲席。学院和讲席没有交给神职人员,而是由商人们负责管理,教授们享有极大的自由,可以脱离大学的成规,探索新鲜的知识。讲座也免费向公众开放。[2] 初创的格雷欣学院主要是一所教育机构,而嗣后在几何学教授亨利·布里格斯(Henry Briggs)的带领下,学院逐渐转变成了科学研究的中心。以布里格斯为中心,在格雷欣学院逐渐形成了一个科学家圈子,而其中许多人也非常热衷于向大众宣传和普及科学知识。也正是在格雷欣学院和这个科学家圈子的基础上,最终形成了皇家学会。[3]

---

[1] See Hill, Christopher. *The Intellectual Origins of the English Revolution Revisited.* Oxford: Clarendon Press, 1997, 32.

[2] Ibid., 33.

[3] Ibid., 35-42.

随着机构的设立、人员的招募以及教育科研工作的展开，科学文化从商人、工匠和科学家群体进一步向乡绅、廷臣、贵族和法官群体扩散。在其中，弗朗西斯·培根就是最突出的代表。培根与托马斯·格雷欣有很近的姻亲关系，他在思想上与格雷欣学院也有密切关联，尽管并不是直接的传递关系。培根并不是直接操作实验的科学家，他具有更多的理论思维，而当他深入地了解了当时科学与技术的发展，并接受了实验科学发展起来的一系列原则后，他能够将科学的发展置于更广阔的历史社会图景中加以观察和设想。而最终，培根也将科学置于他总体政治计划的核心位置。在他的设想中，人类需要依靠实验科学不断探明和积累知识，以此解释并进一步适应自然，如此，人类的知识和能力就会不断并肩发展，并最终为人类带来一个光明、有秩序的未来。[1]

于是，我们不难发现，当霍布斯在设想一种以《利维坦》为教材的公民教育时，他实在缺少社会文化资源的支持，因为英格兰的科学文化已经具备了深厚的基础。而波义耳则无须大动干戈，他必定可以获得来自各种职业群体和各个阶层或明或暗的支持。波义耳也得到了王座法院院长黑尔的支持。显然，到这个时候，英格兰的法律家群体也已经普遍接受了科学的文化；再进一步，我们也就能够观察到，司法实践也将受到科学文化和体制的极大影响。

四、科学体制与正当程序

审判形式从中世纪到近代早期的转变，不只是制度、规则、法律

---

[1] See Hill, Christopher. *The Intellectual Origins of the English Revolution Revisited*. Oxford: Clarendon Press, 1997, 77-79.

内容的变化，还涉及法律家群体和法律观念，以及更大范围的社会文化的转变。在此转变中，知识及其生产方式又是一个重要的问题。

欧洲中世纪的知识文化，与基督教及教会的统治密不可分。按照基督教会的神学，其知识乃建立在上帝权威之上，以启示的方式为人所知，由此构成一种绝对的确定性。教会的权力也就建立在这样一种绝对确定的知识之上。所以格里高利七世在申论教宗的至高权力时，才会留下"基督没有说过我是法律，他只说我是真理"的名言。而晚期以降的异端问题，一直到宗教改革的发生，也始终与知识和知识生产有关。原本统一、完整的知识出现了歧异，而这些彼此竞争的知识同时又都宣称自身为具有最高权威的真理。于是，两种真理之间断无调和的可能，其中必有一方为假。在根本上，不同宗派之间也就没有妥协的出路，进一步带来了深刻的敌意。教会针对异端或敌人的审判形式，也带有强烈的知识规训色彩，即试图运用各种方式深入人的内心，进而判断被审判者是否构成了"真理的敌人"。于是，我们看到了纠问制的不断发展，并被广泛地运用于异端审判。

宗教改革之后，教会的政治以某种曲折的方式极大地影响了世俗国家的政治，君主将关于自身统治权的知识设立为臣民必须接受的真理。君主尝试通过各种机制，包括司法机制，确保臣民接受这套关于国家权力的知识，并在司法过程中呈现为对"确定知识内容"的建立和维持。在法庭上，这就呈现为一种尽可能促使当事人开口说话的样式，因为整个审判过程在知识上的意图倾向于完全探明与案件相关的信息，包括当事人的行为与思想。简言之，中世纪以降的社会文化，因基督教的影响，是一种强调知识确定性的文化。正因为它十分强调这一点，在宗教改革之后就开始不断遭遇对此的抵制。

尽管霍布斯提出了一个节制对人内心思想进行探索的方案，但从知识文化的角度来看，他仍然强烈地认为，必须达成某种知识上的确定与统一，否则国家的秩序就始终存在被破坏的危险。霍布斯试图用他通过几何学的演绎推理而建立的哲学确定性，取代教会以权威建立的神学确定性。而在他眼中，那些易于引发知识混乱的人，比如经院学者和长老会牧师，乃是政治动乱的根源，因为他们不断地拆毁知识的哲学确定性。

在另一边，波义耳与皇家学会诸君之所以认为实验生活可以帮助恢复因宗教纷争导致混乱的国家秩序，也同样具有深刻的知识论理由。实验所生产的知识，借助于种种预先设计好的控制措施，将许多可能发生的质疑识别为不予处理的问题，从而得出一个看起来可靠的结论。当霍布斯指出这种个人经验的简单堆积根本无助于提高知识的确定性时，他实际上敏锐地指出了实验背后的知识论基础是一种不可知论。实验并不产生确定无疑的真理，它生产的乃是具有更大或然性的"事实"。实验机制的精巧之处在于，每一次失败的实验，都可以被解释为关于或然性的知识的累积，亦即取得了某种进展。

在霍布斯与波义耳发生争辩的过程中，王座法院院长马修·黑尔也加入战场。黑尔对实验科学表现出了极大的热情，甚至亲自参与了一些气泵实验。尽管并不同意波义耳的观点，但他完全接受了实验科学预设的认识论立场。黑尔向霍布斯表示，只有"长期而反复的经验生产"才使具备技巧的专业人士符合资格要求。[①] 而当霍布斯在《哲学家与英格兰法律家的对话》中攻击爱德华·柯克时，也是黑尔站出来代表法律家作出回应，并且他也意识到了霍布斯立场背后的认识论基础。黑尔在他的回应中探讨了理性的几种不同含义，并认为霍

---

① 参见〔美〕史蒂文·夏平、西蒙·谢弗：《利维坦与空气泵：霍布斯、玻意耳与实验生活》，蔡佩君译，上海人民出版社2008年版，第311页。

布斯所主张、盼望的那种几何式的演绎推理基本上是不可能实现的。黑尔认为：第一，事物本身及事物之间的因果关系具有合理性，但这种合理性是内在的，并非人类天然掌握；第二，人类具有推理的能力，但这种理性的能力在不同的人身上有很大差异；第三，当人的理性能力与合理的对象相结合，必须通过使用而形成某种习惯，进而成为某种技艺。① 黑尔的这个说法明显具有不可知论的性质，他虽然承认事物的合理性，也承认人的理性推理（认识）能力，但人不可能获得对事物内在合理性完全、绝对确定的认识。黑尔也认为，法律本来就是长期的、不断重复的产物。② 在这一点上，黑尔的法律认识论也与实验科学站在类似的立场上。

实验科学与普通法在认识论方面或许存在某种天然的亲缘，但在另一个方面，实验科学就提供了一种新的观念和机制。布鲁诺·拉图尔指出，当波义耳等人引用英国法的证人规则论证通过可靠的目击证人建立事实的可信度时，其中有一个巨大的变化。在波义耳的实验中，尽管有目击证人，也有通过书面方式增衍的其他证人，但承担事实产出的却是一架机器，亦即非人类。拉图尔认为，在实验中以非人类的机器生产事实，是一种新的技术或机制。机器被视为"惰性体"，它们没有丝毫的个人意愿，也毫无偏见，也并不提供属于自己的解释，它们只是以非言辞的方式提供构成"事实"的现象和信息。这些非人类物体，没有灵魂却拥有意义，它们甚至比普通人更可靠，因为普通人虽然拥有意愿却没有能力以一种可靠的方式展示现象。机器，因其非人格性而免除了人类心灵的一切缺陷，它们不声称也不追

---

① 参见〔英〕霍布斯：《哲学家与英格兰法律家的对话》，姚中秋译，上海三联书店2006年版，第199—200页。
② 同上书，第204页。

求掌握某种绝对确定的知识,没有哲学或宗教上的立场,也没有激烈的情绪,没有敌意。因而,这些机器就被赋予了一种新的符号力量,塑造了一种剥除了人性的"事实"与"客观性"文化。也由此,当人们发生怀疑时,机器就成了更好的帮助者。[①]

进一步,拉图尔认为现代的科学实验体制形成了一种"黑箱"机制。"黑箱"是指一部过于复杂的机器,或是一组过于复杂的指令,无论其在历史上曾经有过多大的争议,无论其内部工作有多么复杂,也无论将其确立起来需要多大的商业或学术网络,人们只关心其输入和输出。[②] 持续产出事实的黑箱一旦设置完成,就会变成一具拒绝外人质疑的自动装置,并且可以快速地移动到其他的实验地。[③] 对于绝大多数人而言,他们不可能了解和评估科学黑箱里的内容和运作方式,只是简单地接受黑箱输出的结果,即一种无须再作探讨的"事实"。而像霍布斯这样不停追问因果关系和哲学确定性的人,则被剥夺了讨论资格,被贴上"反科学"和"愚昧"的标签。

拉图尔不同意夏平和谢弗的结论,认为从政治和社会机制来看,波义耳的这套实验科学机制远比霍布斯的科学社会学要精致。[④] 我们也很容易发现,到了17世纪,实验科学的文化显然占据了极大的优势,并且也很快地与法律结盟。像马修·黑尔这样的法律家,就会从法律的角度与波义耳站在一起反对霍布斯。在前文中我们观察了爱德华·柯克构建起来普通法解释,柯克通过一种相当勉强的解释,把

[①] 参见〔法〕布鲁诺·拉图尔:《我们从未现代过》,刘鹏、安涅思译,苏州大学出版社2010年版,第27—28页。
[②] 参见〔法〕布鲁诺·拉图尔:《科学在行动:怎样在社会中跟随科学家和工程师》,刘文旋、郑开译,东方出版社2005年版,第4页。
[③] 同上书,第220—221页。
[④] 参见〔法〕布鲁诺·拉图尔:《我们从未现代过》,刘鹏、安涅思译,苏州大学出版社2010年版,第31页。

《大宪章》树立为神话。在柯克身后,他的《英国法总论》也成为一种法学的"黑箱",李尔本在法庭抗辩时几乎就是以这样的方式引用柯克的著作。而就其中的知识论特征而言,一种"无法追忆起源"的法律知识,相比由一位立法者引入的规则,显然也更像一架剥除了人性、产生"客观性"的机器。

进一步,随着科学的兴起,科学作为新知识可靠来源地位的确立,科学家群体也就日益获得了更高的信誉。在中世纪,教士和经院哲学家因掌握了确定知识的来源而享有权威。到了近代早期,随着宗教改革和科学的兴起,知识生产方式和知识的性质都发生了转变。科学家,尤其因为制作和操作黑箱、生产新知识的职分,获得了日益崇高而可信的地位。甚至,随着科学领地的不断巩固和扩大,科学家成了这种重要人类活动的主要承担者。[1] 而由于科学文化的发达,英格兰的法律家群体,因其知识论方面的亲缘性,也进一步与科学家结盟。

当总体的社会文化从确定无疑的真理(无论是神学的还是哲学的)转向预设为永远有可能更改的科学事实,也会影响法律文化和法庭的审判形式。现在,人们不再倾向于寻求一种具有绝对确定性的知识,并且发展起了一种通过复杂的机器黑箱装置建立"可靠的"可能性的机制。于是,司法程序也逐渐开始发展起一些"小部件",并将其组合在一起,成为一套富有"正当性"的程序。类似"被告不得自证其罪""排除合理怀疑""确保被告由专业律师代理""交叉盘问""审前证据开示""陪审团的非专业性""一事不再理"这些归在"正当法律程序"之下的次级原

---

[1] 参见〔澳〕彼得·哈里森:《科学与宗教的领地》,张卜天译,商务印书馆2016年版,第250—252页。

则，除了经由法学论证获得有效性，同样也是科学机制在法庭实践中的表达。

兰博约在仔细考察了英美对抗式审判机制在18世纪发展起来的历史之后，对这一制度的缺陷作了检讨。他正确地指出，这一制度最大的缺陷在于实际上并不致力于发现真相。[1] 不过，他认为："对抗式程序的假设是：虽然没有人负责揭示真相，但真相自然而然地浮现出来。事实真相是一个副产品。"[2] 他的这个论断看来并未仔细考虑司法程序与科学文化的关联。从上文的考察可以看出，自17世纪以降，"真相（真理）"的知识地位日益削弱，"事实"则成为效力更强的知识形式。而通过实验科学建立起的"事实"这种知识，内在性质就是一种通过黑箱装置获得的具有最大可靠程度的或然性。并且，在很大程度上，运用黑箱装置获得为大众接受（或者说难以质疑）的或然性，恰恰阻断了对完全确定性的追索，也控制（并非消除）了因在完全确定性知识上存在分歧而出现的无法调和的敌意。与其说这样一种状态是这套司法制度的缺陷，还不如说这是不可避免甚至是有意追求的结果，或者，这也是现代世界总体机制的一部分。

总而言之，如果探讨"正当法律程序"在近代早期的发展，而不将其与作为一种文化机制的科学联系起来观察，很可能会错过一些相当重要的信息。实验科学的发展，其在知识论方面的特征，进入实践的运行机制，以及不断巩固的大众文化，都对法庭实践的改变造成了一定的影响。我们很难想象，如果没有这样一套深入人心、弥散在日常生活中的文化机制，原本以神学为文化根基的司法审判形式会转

---

[1] 参见〔美〕兰博约：《对抗式刑事审判的起源》，王志强译，复旦大学出版社2010年版，第311—313页。
[2] 同上书，第312页。

变成如今呈现在我们眼前的这种样态。而从文化根源的角度对司法审判形式作一定的反思，显然也可以带来更多的洞见。

就"正当法律程序"这一原则或司法机制的发展而言，波义耳所起的作用比霍布斯更大。

尾 论
"正当法律程序"在现代世界的意义

一、新资源解决老问题

斯图亚特王朝复辟早期,在克拉伦敦伯爵的主持下,政府寻求化解此前激烈敌对的各个宗教派别。不过,在几次协商无果后,起初提议的信仰宽容政策转向了重建以国教为支柱的信仰统一政策。但1667年以后,国内外形势紧张,克拉伦敦倒台,政策日益走向强力压制。[①] 到了查理二世晚期和詹姆斯二世统治时期,强烈的敌意再度成为整个国家政治形势的基调。这种敌意的蔓延在一系列的叛逆案件审理中明白地呈现了出来。

1678—1681年,一名不诚实的圣公会牧师泰特斯·奥茨(Titus Oates)捏造了一宗规模巨大的"天主教阴谋"(Popish Plot),谎称天主教徒正在策划刺杀查理二世,纵火焚烧伦敦,建立天主教军队,并引诱外国军队入侵。在奥茨的随意指证下,许多天主教贵族和修士遭到叛逆罪指控,至少有14人因此被处决。奥茨的谎言败露后,被定伪证罪并遭到重罚。而在1681年,还出现了两宗叛逆案件。信奉天主教的贵族子弟爱德华·菲茨哈里斯(Edward Fitzharris)由于自己一

---

① 参见[美]克莱顿·罗伯茨、戴维·罗伯茨、道格拉斯·R. 比松:《英国史(上册)》,潘兴明等译,商务印书馆2016年版,第466—472页。

些奇怪鲁莽的行为遭到了叛逆罪的指控，而新教徒斯蒂芬·科莱奇（Stephen College）则因为煽动性的言辞和行为遭到指控。两人后来都被定罪处决。这两个案件在光荣革命之后都受到了审判不公的批评。1683年，又发生了"赖宅阴谋"（Rye House Plot），一群新教辉格党人被指控计划刺杀查理二世国王与王储詹姆斯公爵。最终，经过审判定罪后，12人被处决，其中包括辉格党领袖拉塞尔勋爵（Lord Russell）与政治理论家阿尔杰农·悉尼（Algernon Sidney）。在这场审判中，与之前的天主教阴谋案类似，也出现了许多被认为不公的情况。[①]

1685年查理二世驾崩，由于王储詹姆斯是一名公开的天主教徒，查理的私生子蒙茅斯公爵发动了一场叛乱，企图阻止詹姆斯继位。叛乱遭到镇压后，有将近1400名暴动者被捕，并遭到叛逆罪的指控。时任王座法院院长乔治·杰弗里斯（George Jeffreys）受命组织巡回审判法庭处理这些叛逆案件。杰弗里斯主持的这一系列叛逆罪审判最终处死了数百人，被称为"血腥巡回审判"。其中他对一名年迈的贵族妇女爱丽丝·莱尔（Alice Lisle）的审判被认为极不公正。[②]

我们可以发现，在斯图亚特王朝统治的最后几年中，由于宗教纷争与重大政治问题深深地纠缠在一起，中世纪晚期到宗教改革时期不断酝酿的那种"无可妥协"的敌意再次爆发，并特别体现在刑事审判中。这表明中世纪晚期以降，由于宗教纷争、异端审判逐渐形成，进而又通过宗教改革转移到国家政治领域的"迫害型社会"依然在发生实际的影响，不同群体间无法化解的敌意依然对国家的和平和稳

---

① 参见〔美〕兰博约：《对抗式刑事审判的起源》，王志强译，复旦大学出版社2010年版，第70—73页。
② 同上书，第73—74页；另参见〔英〕丹宁勋爵：《法律的未来》，刘庸安、张文镇译，法律出版社2000年版，第48—50页。

定构成威胁。不过，与中世纪和15、16世纪不同，到了17世纪末和18世纪，可资运用以化解这个问题的思想资源已经日渐丰富，无论是权利的观念、国家主权与宗教宽容的思想，还是为大众接受的科学文化，都成为解决或控制敌意的思想资源。

1688年，英国发生"光荣革命"，国内不同派别的重要政治人士共同邀请奥兰治亲王威廉率军进入英国。最终，詹姆斯二世逃亡法国，议会通过投票将王位授予威廉和玛丽。而在授予王位时，议会要求两位君主同意《权利宣言》，嗣后又改为《权利法案》(Bill of Rights)。这份文件中申明了英格兰人民"古老的权利与自由"，其中也包括了若干有关刑事诉讼的内容，例如：不得要求过重的保释金；不得处分过重的罚金；不得施以残酷与异常的刑罚；在宣判有罪之前，不得处以罚金或剥夺财产；等等。[①] 进一步，议会还通过了《宽容法》(Toleration Act)，对不从国教者给予了一定程度的宗教宽容。[②]

1696年，议会制定了《叛逆罪审判法》，在其中对叛逆案件的审理方式作出了许多程序性的规定。这些规定包括：被告应在开庭前至少五天获得完整的起诉书副本，若其律师需要额外的副本，则可在支付合理费用后获得；被告应由律师代理辩护，若被告向法庭提出获得律师辩护的请求，则由法庭指定不多于两名律师为其辩护；定罪必须至少由两名合法的证人证明，除非被告在完全自愿的情况下承认犯罪，或者拒绝答辩；不允许以一名证人充作两名证人指证两项罪名；对被告的起诉应当在罪行发生后三年内由大陪审团提起；被告应当在

[①] 参见毕竞悦、泮伟江主编：《英国革命时期法政文献选编》，毕竞悦、姚中秋等译，清华大学出版社2016年版，第450—453页。

[②] 参见〔美〕克莱顿·罗伯茨、戴维·罗伯茨、道格拉斯·R.比松：《英国史(上册)》，潘兴明等译，商务印书馆2016年版，第749页。法律文本见毕竞悦、泮伟江主编：《英国革命时期法政文献选编》，毕竞悦、姚中秋等译，清华大学出版社2016年版，第445—449页。

开庭前至少两天获得陪审团名单；被告可以通过法庭强制证人出庭；对平民作出的死刑判决，须获得十二名陪审员的一致同意，对贵族的判决则要求多数同意；等等。①

尽管光荣革命之后在刑事审判程序领域发生的一系列变化仍被学者批评为并未发生整体性的效果，② 但结合中世纪晚期到近代早期审判形式和政治形态的发展看，这些变化开始在法庭中促成一种对政治敌意的控制。被告在审判中受到一系列程序的保护，都意味着他不再被视为国家动用司法资源施以迫害的"敌人"。而叛逆罪审理方式的改变，在18世纪就慢慢扩展到普通的刑事审判，并进一步带来更多制度和文化的变动。

这样一种审判程序，在很大程度上阻止了对案件真相的探究。因为如果以案件的真相为最终目标，就不可避免地带来"让被告开口"的需要，现代的"正当法律程序"最终令被告可以在遭到追诉时尽可能保持沉默。长久以来难以化解的政治敌意，最终通过一套从程序角度作设计、在很大程度上阻止对绝对真相进行探究的机制得到了控制。在光荣革命以后，英国摆脱了此前剧烈纷争的国内政治状态，进入了和平与繁荣的发展轨道。

二、对"正当程序"性质的一种解释

1791年的美国宪法修正案，即所谓"权利法案"中，有若干条有关刑事审判程序的规定：

---

① Luders, A., ed. *The Statutes of the Realm*. London, 1810-1828, vol. 7, 6-7.
② 〔美〕兰博约：《对抗式刑事审判的起源》，王志强译，复旦大学出版社2010年版，第92—93页。

尾　论　"正当法律程序"在现代世界的意义　299

　　修正案第五条　未经大陪审团控诉或起诉，不得拘押和询问任何可判死刑或即使不判死刑也会导致身败名裂的罪犯，除非战时或公务危急时，对现役陆军、海军和民兵可以例外；不得因同一罪行使任何人的生命或肢体两次遭受威胁；在刑事案件中，不得迫使任何人作证控告自己，没有正当法律程序，不得剥夺任何人的生命、自由和财产；未经公平补偿，不得将私人财产充作公用。

　　修正案第六条　在一切刑事诉讼中，被告享有以下权利：在犯罪发生的州或地区，由中立的陪审团尽快举行公开审讯，应通知被告他被指控的性质和事由；被告有权与指控他的证人对质；应有必备程序使被告获得有利于他的证人，获得为他辩护的律师协助。州与地区的司法范围，由联邦议会立法划分。

　　修正案第七条　在普通法诉讼中，若索赔价值超过二十美元，即应保留案件由陪审团审讯的权利，陪审团审过的事实，在联邦的任何法庭上，不得以不同于普通法的规则重审。

　　修正案第八条　不得要求过量的保释金额；不得课以过量的罚款；不得采取酷刑或异常的惩罚。①

　　从这些条款的内容来看，其与光荣革命之后英国形成的"正当法律程序"的相关立法内容具有继承关系。尽管美国的诸多建国文献首先把这类条款呈现为一种"人所享有的根本性的权利"，但是，这类法律却始终无法躲避在其发展过程中如影随形的问题：一种深刻的政治敌意。

---

① 〔美〕汉密尔顿、麦迪逊、杰伊：《联邦论》，尹宣译，译林出版社2016年版，第640—641页。译文略有调整。

1798年，美国第二任总统亚当斯签署生效了四部后来被称为"客籍与煽动叛乱法"（Alien and Sedition Acts）的联邦法律。这些法律对外国移民成为美国公民的条件作了限制，允许总统命令监禁和遣返"被认为具有危险"或来自敌国的外国人，批评政府的言论则可以被定为具有煽动性而处以刑罚。① 按照《煽动法》的规定，任何人发表、撰写、出版"诽谤政府"之言论，或者"煽动"对政府不满情绪，可处以两千美元以下罚款或两年以下监禁；并且，遭到起诉者受审时，需要提供证据证明被指控为诽谤的其发表或出版内容的"真实情况"，并由陪审团作出判决。② 在党派之争的背景下，这一系列限制甚至损害基本权利的法律都被用来对付政敌，并且，事实上激起了重大的敌意。③

　　这些历史有助于我们思考"正当法律程序"的内在性质及其在现代世界发挥的真正作用。艾伦·德肖维茨以异常直白的方式表示，这些"权利"并非来自造物主、自然、逻辑或者法律，而是来自人类经验，尤其是关于不正义的经验，总之，来自不正义。④

　　基于本书的考察，我们可以理解：从中世纪晚期到近代早期，欧洲社会生活中形成了一种普遍而深刻的敌意。这种敌意首先在教会中发生，表现为对异端的压制和迫害，也因此，使这种敌意具有了无法也不能和解的神圣性质。进一步，通过教会的审判机制，形成了一种

---

① See Watkins, William J. *Reclaiming the American Revolution: The Kentucky and Virginia Resolutions and Their Legacy.* The Independent Institute, 2004, 28 ff.
② See *The United States Statutes at Large*, 5th Congress, 2nd Session, 597 – 598, https://memory.loc.gov/cgi-bin/ampage?collId=llsl&fileName=001/llsl001.db&recNum=720, access date: 10/11/2021.
③ 参见〔美〕约瑟夫·J. 埃利斯：《奠基者：独立战争那一代》，郑海平、邓友平译，社会科学文献出版社2016年版，第224页以下。
④ 参见〔美〕艾伦·德肖维茨：《你的权利从哪里来？》，黄煜文译，北京大学出版社2014年版，第8—9页。

尾　论　"正当法律程序"在现代世界的意义

体制化的压迫机制和文化，其最重要的特征是强烈地倾向于对人的思想实施管控和审查，使之成为定罪的依据。在这种机制和文化之下，异端和敌意不仅是压制的对象，事实上也成为被生产的对象。也就是说，对异端的压迫并不能消灭异端，反而会源源不断地产生异端，并不断地放大和升级敌意，导致越来越多的敌对和残忍行为。这种社会状态随着新教改革发生一种"世俗化"的过程，早先神学上的异端在国家的政治领域中找到了对应物，即那些不忠于君主的叛乱者。君主在压制叛乱者的过程中，借助了类似的审判形式，试图通过誓言控制臣民的内心，也运用司法的武器压制异议者。"私人化的判断权"成为这个时期严重的政治问题。近代早期宗教和政治立场的纷繁歧异，进一步令国家秩序遭到了严重的威胁，持有不同立场的群体不断涌现，彼此之间则难以共存与和解。对此，西方传统在走向现代的过程中也发展出了各种机制处理政治敌意的问题——权利学说、要求臣民保持外在行为顺服的国家主权学说、宗教宽容、实验科学，在其中都扮演了各自的角色。而在法庭上，"正当程序"这个古老的词汇逐渐获得了越来越多现代思想资源的支撑，并进一步发展出了各种实操机制。最终达成的效果是，国家能够通过一场符合正当程序原则的司法审判，令所有人接受审判的结果，由此消解不可妥协的敌意，达成和解。另一方面，在某种意义上，当一名被告接受了按照正当程序原则组织和实施的审判，也意味着他不被国家视为绝对的敌人。不过，正如敏锐的霍布斯所指出的，这套机制也没有产生真正、完全的和解，人们的分歧从内容到产生机制在根本上未受触动。通过一个"司法黑箱"，各方接受了输出的结果。只要一个案件严格依照"正当程序"实施了审判，即便大多数民众认为其结果完全违背真相，最终也还是接受结果，并不诉诸进一步的反抗行动。

美国政治思想家史珂拉在《恐惧的自由主义》一文①中区分了"基于自然权利的自由主义"与"基于恐惧的自由主义"。她把"残忍"定义为绝对的恶,在对于这种绝对恶的恐惧的基础上为自由主义提供了一种论证。她也指出,自由主义实际上起源于宗教改革之后的欧洲,起源于"基督教内部教义的正统性要求与博爱、信仰和道德之间的极度紧张"。本书在考察了"正当程序"原则早期的发展后得出的解释,与她(包括德肖维茨)的见解大略相近。

从西方传统来看,"正当程序"以及与其相关的各种机制、观念和文化,也许是控制甚或隐藏那些获得了私人判断权的现代人之间深刻敌意的最佳处置方案。

三、"体""用"问题

1534年8月,托马斯·莫尔因为拒绝按照议会立法的格式宣誓向国王效忠而被关押在伦敦塔中,他的爱女玛格丽特有机会与他通信并前去探望。玛格丽特在一封给继妹的信中,讲到她试图劝父亲放弃自己的立场,接着转述了莫尔对他讲的一个故事。②

这是一个陪审团的故事,发生在一个市集的法庭中。有一位从伦敦来的司法执行官(escheator)在市集中抓获了一名逃犯,没收了后者的货物。然而,犯人是个北方佬,在市集中有许多同乡,他们一起耍了个花招,在市集里面控告这个司法执行官,使他在市集法庭中接受

---

① 参见〔美〕莱迪·史珂拉:《政治思想与政治思想家》,左高山等译,上海人民出版社2009年版,第3—22页。

② 这两封信可见于 More, Thomas Sir Saint. *The Last Letters of Thomas More*. Grand Rapids, Mich.; Cambridge: W. B. Eerdmans, 2000, 72-89。

十二人的陪审团审判。

因为这个北方佬在市集里有许多熟人，所以他串通法庭官员，在组织陪审团时，使其中的成员基本上都是北方人。审判进行到最后，陪审团要作出裁决，这些北方人已经预备好要将那伦敦人定罪了。不过，陪审团中还有一个其他地方来的人，名字叫作"伙伴"（Company）。此人在庭审过程中没有说一句话，所以其他人一开始无视了他。就在他们将要匆忙作出裁决的时候，"伙伴"站起来反对，要求他们慢一点作决定，讨论一下，把理由解释清楚。那十一个北方人就向他发怒，其中一个人表示：我们有十一个人，你只有一个，我们都同意，你有什么好坚持的？你的名字不是叫作"伙伴"吗？现在快点跟我们一起，做个好伙伴吧。这位"伙伴"回答说：假设我们都站在上帝面前，上帝因你们依照自己的良心作出裁决而接受你们进入天堂，而我却因为违背自己的良心与你们做伙伴而要下地狱，这样的话，如果我说，先生们，我曾经跟你们做了好伙伴，正是因此我现在要下地狱去，请你们现在也做我的伙伴，就像我当初跟你们做好伙伴一样。你们会跟我去吗？不，你们绝对不会的。所以，请你们原谅，在这样一件事情上，我不能做你们的好伙伴。因为我可怜的灵魂所走的路摒弃所有好伙伴。

莫尔是一位杰出的法律家、前任大法官，他被关进伦敦塔的时候，大约已经做好了最坏的准备。尤其是从这封信的内容来看，他很可能猜到自己将要接受一场符合普通法程序但绝不公正的审判。因此，莫尔与霍布斯在一个问题上见解类似，就是并不认为一个"程序的黑箱"能够带来真正的和平与秩序。当然，莫尔设想的解决方案与霍布斯不同。莫尔之所以要在与圣杰曼的争论中坚持教会处置异端的正当性，并不是因为他不理解正当程序的作用，恰恰相反，他理解司法程序的性质,并坚持认为它不构成最终的解决方案。在莫尔那里,最终的解决方案依然在于对人心的塑造。史珂拉指出的基督教道德信念与教义正统性在宗教改革之后发生的激烈矛盾,在莫尔的时代已经发生,但在莫尔本人的思想中却还没有出现。对莫尔而言,基督教的道德信念与教义正统就是不可分割的整体,新教打破教义正统性必定带来道德的破坏,而如果失去了道德的基础,司法程序不过是空空的外壳,不能作为良好秩序的保证。只是,在嗣后西方现代化的过程中,莫尔所提出的只是一个失败、无效、落后而遭到遗忘的方案,他指向的问题也逐渐隐藏了起来。

王汎森先生探讨王国维早年与晚期的思想变化,谓其早年接受西方新学术,认为学术与政治、学术与道德应该分开;但到辛亥以后,对意义、道德、价值的坚持却越来越强。一战之后,欧洲各国互相残杀、血流成河的惨状令不少人将东方的政治哲学视为解救之法。王国维也有类似看法,在此背景下撰《殷周制度论》,认为殷周之际发生了重大的制度转变,周的宗法制以血缘为根本,衍生出一套政治,构成了一个作为"道德团体"的国家,道德与政治合一,而周初制礼作乐就是对"道德团体"的具体实践。因此,王国维的《殷周制度论》成为难得的历史与道德相结合的例子。[①]

中国近代的"中西""体用"之争具有许多面向,绝非"进步的新派压倒了愚昧的旧派"这种简单叙事能够完全呈现。当时那些对西学心存疑虑的中国知识分子,同样有许多真知灼见,只不过在历史进程中遭到压抑,较少为今人注意。

由是观之,我们似乎也可以说,西方在进入现代之前,经历了一

[①] 参见王汎森:《执拗的低音——一些历史思考方式的反思》,生活·读书·新知三联书店 2014 年版,第 145—153 页。

些类似近代中国"中西体用之争"的思想变动。中世纪晚期以降，西欧的思想和制度都发生了重大的变化，新体制确实存在像"无法化解的政治敌意"这样的难题。而莫尔这样坚持"道德团体"的"旧学"代表，指出了新思想潮流可能导致的秩序混乱。只不过，在嗣后的发展中，西方世界发展起了一套体量庞大、论证精巧的"新正典"，弥补了崩塌的古老正典，并打开了一个宏大的新局面。我们也可以把"正当法律程序"的原则放在这一套西方现代"新正典"的序列中去观察。只是，内里那片尽管得到了控制却依然令人担忧的幽暗阴影直到今日还会时不时冒头。而且，随着西方的体制和思想传播到整个世界范围，这个阴影现在也变成了所有人都会迎面撞见的麻烦，更不用说还可能有叠加本土资源的危险。

我们或许可以挖掘传统，设想美善的德性，尝试消弭程序黑箱克制的矛盾，补足价值观的缺陷。但在现代世界，如果在刑事审判中不能保证正当程序，权利意识淡薄，保护个人良心的主权和宽容不发达，科学文化也不甚昌明，实在也很难想象古典德性能够如何发挥教化之功。这或许是所有现代人都不得不面对却难以解决的生存难题吧。

参考文献

一、中文文献

〔美〕约瑟夫·J. 埃利斯：《奠基者：独立战争那一代》，郑海平、邓友平译，社会科学文献出版社2016年版。

〔英〕吉尔·R. 埃文斯：《异端简史》，李瑞萍译，北京大学出版社2008年版。

〔美〕约翰·V. 奥尔特：《正当法律程序简史》，杨明成、陈霜玲译，商务印书馆2006年版。

毕竞悦、泮伟江主编：《英国革命时期法政文献选编》，毕竞悦、姚中秋等译，清华大学出版社2016年版。

〔法〕让·博丹：《主权论》，李卫海、钱俊文译，北京大学出版社2008年版。

〔美〕约瑟夫·P. 伯恩：《黑死病》，王晨译，上海社会科学院出版社2013年版。

〔英〕J. G. A. 波考克：《古代宪法与封建法》，翟小波译，译林出版社2014年版。

〔美〕哈罗德·J. 伯尔曼：《法律与革命：西方法律传统的形成》，贺卫方等译，中国大百科全书出版社1993年版。

〔美〕哈罗德·J. 伯尔曼：《法律与革命(第二卷)：新教改革对西方法律传统的影响》，袁瑜琤、苗文龙译，法律出版社2008年版。

〔英〕阿萨·布里格斯：《英国社会史》，陈叔平等译，商务印书馆2015

年版。
〔英〕丹宁勋爵：《法律的界碑》，刘庸安、张弘译，法律出版社1999年版。
〔英〕丹宁勋爵：《法律的未来》，刘庸安、张文镇译，法律出版社2000年版。
〔英〕丹宁勋爵：《法律的正当程序》，李克强、杨百揆、刘庸安译，法律出版社1999年版。
〔美〕艾伦·德肖维茨：《你的权利从哪里来?》，黄煜文译，北京大学出版社2014年版。
〔英〕E. M. W. 蒂利亚德：《莎士比亚的历史剧》，牟芳芳译，华夏出版社2016年版。
〔英〕查尔斯·哈丁·费尔斯：《奥利弗·克伦威尔与清教徒革命》，曾瑞云译，华文出版社2020年版。
〔意〕朱塞佩·格罗索：《罗马法史》，黄风译，中国政法大学出版社1994年版。
〔澳〕彼得·哈里森：《科学与宗教的领地》，张卜天译，商务印书馆2016年版。
〔美〕汉密尔顿、麦迪逊、杰伊：《联邦论》，尹宣译，译林出版社2016年版。
〔美〕詹姆士·Q. 惠特曼：《合理怀疑的起源——刑事审判的神学根基》，佀化强、李伟译，吴宏耀校，中国政法大学出版社2016年版。
〔英〕霍布斯：《利维坦》，刘胜军、胡婷婷译，中国社会科学出版社2007年版。
〔英〕霍布斯：《哲学家与英格兰法律家的对话》，姚中秋译，上海三联书店2006年版。
〔英〕霍布斯：《利维坦附录》，赵雪纲译，华夏出版社2008年版。
〔英〕霍布斯：《比希莫特——论长期国会》，梁雨寒译，江西人民出版社2019年版。
〔美〕米歇尔·艾伦·吉莱斯皮：《现代性的神学起源》，张卜天译，湖南科学技术出版社 2012 年版。

〔法〕布鲁诺·拉图尔：《我们从未现代过》，刘鹏、安涅思译，苏州大学出版社 2010 年版。

〔法〕布鲁诺·拉图尔：《科学在行动：怎样在社会中跟随科学家和工程师》，刘文旋、郑开译，东方出版社 2005 年版。

〔美〕兰博约：《对抗式刑事审判的起源》，王志强译，复旦大学出版社 2010 年版。

〔英〕乔纳森·赖利-史密斯：《十字军史》，欧阳敏译，商务印书馆 2016 年版。

〔法〕雅克·勒高夫：《炼狱的诞生》，周莽译，商务印书馆 2021 年版。

〔美〕亨利·查尔斯·李：《迷信与暴力：历史中的宣誓、决斗、神判与酷刑》，X. Li 译，广西师范大学出版社 2016 年版。

《路德文集》第 2 卷，上海三联书店 2005 年版。

〔英〕C. S. 路易斯：《被弃的意象：中世纪与文艺复兴文学入门》，叶丽贤译，东方出版社 2019 年版。

〔英〕洛克：《论宗教宽容》，吴云贵译，商务印书馆 1982 年版。

〔美〕克莱顿·罗伯茨、戴维·罗伯茨、道格拉斯·R. 比松：《英国史（上册）》，潘兴明等译，商务印书馆 2016 年版。

〔英〕杰弗里·罗伯逊：《弑君者：把查理一世送上断头台的人》，徐璇译，新星出版社 2009 年版。

〔美〕A. P. 马尔蒂尼：《霍布斯》，王军伟译，华夏出版社 2015 年版。

〔英〕弗雷德里克·威廉·梅特兰、约翰·汉密尔顿·贝克：《英格兰法与文艺复兴》，易继明、杜颖译，北京大学出版社 2012 年版。

〔英〕梅特兰：《普通法的诉讼形式》，王云霞等译，商务印书馆 2009 年版。

〔英〕亨利·萨姆纳·梅因：《早期制度史讲义》，冯克利、吴其亮译，复旦大学出版社 2012 年版。

〔美〕罗伦·培登：《这是我的立场：改教先导马丁·路德传记》，古乐人、陆中石译，上海三联书店 2013 年版。

钱乘旦、高岱主编：《英国史新探》第 3 卷，北京大学出版社 2018 年版。

〔美〕伊桑·H. 沙甘：《现代信仰的诞生：从中世纪到启蒙运动的信仰与判断》，唐建清译，社会科学文献出版社 2020 年版。

〔美〕茱迪·史珂拉：《政治思想与政治思想家》，左高山等译，上海人民出版社 2009 年版。

侣化强：《形式与神韵：基督教良心与宪政、刑事诉讼》，上海三联书店 2012 年版。

侣化强："'禁止倒果为因'原则：以沉默权的起源、功能为视角"，《法学》2003 年第 5 期。

〔美〕劳伦斯·斯通：《英国革命之起因》，舒丽萍译，北京师范大学出版社 2018 年版。

〔英〕德斯蒙德·苏厄德：《百年战争简史》，文俊译，四川人民出版社 2017 年版。

〔英〕阿德里安·泰尼斯伍德：《英国皇家学会：现代科学的起点》，王兢译，北京燕山出版社 2020 年版。

王汎森：《执拗的低音——一些历史思考方式的反思》，生活·读书·新知三联书店 2014 年版。

〔美〕约翰·维特：《法律与新教：路德改革的法律教导》，钟瑞华译，中国法制出版社 2013 年版。

〔美〕约翰·维特：《权利的变革：早期加尔文教中的法律、宗教和人权》，苗文龙等译，中国法制出版社 2011 年版。

〔美〕威利斯顿·沃尔克：《基督教会史》，孙善玲等译，中国社会科学出版社 1991 年版。

〔美〕迈克尔·沃尔泽：《清教徒的革命》，张蓉、王东兴译，商务印书馆 2016 年版。

〔美〕埃里克·沃格林：《政治的新科学》，孙嘉琪译，上海三联书店 2019 年版。

〔英〕拉里·西登托普：《发明个体：人在古典时代与中世纪的地位》，贺晴川译,广西师范大学出版社 2021 年版。

〔美〕史蒂文·夏平、西蒙·谢弗:《利维坦与空气泵:霍布斯、玻意耳与实验生活》,蔡佩君译,上海人民出版社 2008 年版。

〔英〕史蒂文·夏平:《真理的社会史:17 世纪英国的文明与科学》,赵万里等译,江西教育出版社 2002 年版。

〔日〕篠田英朗:《重新审视主权:从古典理论到全球时代》,戚渊译,商务印书馆 2005 年版。

薛波主编:《元照英美法词典》,法律出版社 2003 年版。

二、材料(原始资料、文本、编年史)

Cavendish, George. *The Life of Cardinal Wolsey.* London: Harding, Triphook & Lepard, 1825.

Coke, Edward. *A Catalogue of the Library of Sir Edward Coke.* Yale Law Library Publications. Edited by W. O. Hassall. New Haven: Yale University Press, 1950.

Coke, Edward Sir. *The Selected Writings and Speeches of Sir Edward Coke.* Edited by Steve Sheppard. Indianapolis: Liberty Fund [Lancaster: Gazelle], 2003.

Ellesmere, Thomas Egerton Baron. *Law and Politics in Jacobean England.* Edited by Louis A. Knafla. Cambridge: Cambridge University Press, 1977.

Elton, G. R., ed. *The Tudor Constitution: Documents and Commentary.* 2nd ed. Cambridge: Cambridge University Press, 1982.

Hall, Edward. *Hall's Chronicle.* Edited by Richard Grafton and Henry Ellis. London: Printed for J. Johnson; F. C. and J. Rivington; T. Payne; Wilkie and Robinson; Longman, Hurst, Rees and Orme; Cadell and Davies; and J. Mawman, 1809.

Howell, T. B., ed. *A Complete Collection of State Trials and Proceedings for High Treason High Treason and Other Crimes and Misdemeanors from the Ee-*

aliest Period to the Year 1783. London: Longman et al. , 1816.

Kesselring, K. J. , ed. *The Trial of Charles I.* Peterborough: Broadview Press, 2016.

Lagomarsino, David, and Charles T. Wood. *The Trial of Charles I: A Documentary History.* Hanover, NH: Published for Dartmouth College by University Press of New England, 1989.

Laursen, John Christian, Cary J. Nederman, and Ian Hunter. *Heresy in Transition: Transforming Ideas of Heresy in Medieval and Early Modern Europe.* Aldershot: Ashgate, 2005.

Luders, A. , ed. *The Statutes of the Realm.* 11 vols. London, 1810–1828.

More, St. Thomas. *The Yale Edition of the Complete Works of St. Thomas More*, Vol. 9, *The Apology.* Edited by J. B. Trapp. New Haven & London: Yale University Press, 1979.

———. *The Yale Edition of the Complete Works of St. Thomas More*, Vol. 6, *A Dialogue Concerning Heresies.* Edited by Germain Marc'hadour, Thomas M. C. Lawler and Richard C. Marius. New Haven & London: Yale University Press, 1981.

———. *The Yale Edition of the Complete Works of St. Thomas More*, Vol. 8, *The Confutation of Tyndale's Answer.* Edited by L. A. Schuster, R. C. Marius, J. P. Lusardi and R. J. Schoeck. New Haven & London: Yale University Press, 1973.

———. *The Yale Edition of the Complete Works of St. Thomas More*, Vol. 10, *The Debellation of Salem and Bizance.* Edited by John Guy, Ralph Keen, Clarence H. Miller and Ruth Mcgugan. New Haven & London: Yale University Press, 1987.

More, Thomas, and Elizabeth Frances Rogers. *St. Thomas More: Selected Letters.* The Yale Edition of the Works of St. Thomas More: Modernized Series. New Haven: Yale University Press, 1961.

More, Thomas Sir Saint. *The Last Letters of Thomas More*. Grand Rapids, Mich.; Cambridge: W. B. Eerdmans, 2000.

Peters, Edward, ed. *Heresy and Authority in Medieval Europe: Documents in Translation*. Philadelphia: University of Pennsylvania Press, 1980.

Pickering, Danby, ed. *The Statutes at Large*. Vol. IV. Cambridge: Joseph Bentham, for Charles Bathurst, 1763.

Roper, William. "Life of Sir Thomas More, Knight." In *A Thomas More Source Book*, edited by Gerard B. Wegemer and Stephen W. Smith, Washington, D. C.: The Catholic University of America Press, 2004.

Saint German, Christopher. *St. German's Doctor and Student*. Edited by T. F. T. Plucknett and J. L. Barton. London: Selden Society, 1974.

Surtz, Edward, and Virginia Murphy, eds. *The Divorce Tracts of Henry VIII*. Angers: Moreana, 1988.

Wegemer, Gerard B., and Stephen W. Smith, eds. *A Thomas More Source Book*. Washington, D. C.: The Catholic University of America Press, 2004.

Wood, A. J., ed. *The Statutes*. Revised Edition. 15 vols. Vol. 1. London: Eyre & Spottiswoode, 1870.

三、外文专著

New Catholic Encyclopedia, 2nd Edition. 15 vols. Detroit, Mich.: Gale Group in association with the Catholic University of America, 2003.

Ackroyd, Peter. *The Life of Thomas More*. London: Chatto & Windus, 1998.

Baker, John H. *An Introduction to English Legal History*. 2nd ed. London: Butterworth, 1979.

——. *The Oxford History of the Laws of England*, Vol. 6, *1483–1558*. Oxford; New York: Oxford University Press, 2003.

——. *The Reinvention of Magna Carta 1216–1616*. Cambridge: Cambridge

University Press, 2017.

Boyer, A. D. *Sir Edward Coke and the Elizabethan Age*. California: Stanford University Press, 2003.

Braddick, M. J. *The Common Freedom of the People: John Lilburne & the English Revolution*. Oxford: Oxford University Press, 2018.

——. *The Oxford Handbook of the English Revolution*. Oxford: Oxford University Press, 2015.

Brailsford, Henry Noel. *The Levellers and the English Revolution*. Edited by Christopher Hill. London: Cresset Press, 1961.

Braun, Harald, and Edward Vallance. *The Renaissance Conscience*. Oxford: Wiley-Blackwell, 2011.

Brooks, Christopher W. *Law, Politics and Society in Early Modern England*. Cambridge: Cambridge University Press, 2008.

Burgess, Glenn. *British Political Thought, 1500–1660: The Politics of the Post-Reformation*. Basingstoke: Palgrave, 2009.

Chambers, R. W. *Thomas More*. London: Jonathan Cape, 1938.

Cole, Penny J. *The Preaching of the Crusades to the Holy Land, 1095–1270*. Cambridge, Mass. : Medieval Academy of America, 1991.

Collins, Jeffrey R. *In the Shadow of Leviathan: John Locke and the Politics of Conscience*. Cambridge: Cambridge University Press, 2021.

Coriden, James A. *An Introduction to Canon Law* (Revised). London: Burns & Oates, 2004.

Coriden, James A. , and Thomas J. Green, eds. *New Commentary on the Code of Canon Law*. New York: Paulist Press, 1999.

Cromartie, Alan. *The Constitutionalist Revolution: An Essay on the History of England, 1450–1642*. Cambridge; New York: Cambridge University Press, 2006.

Deane, Jennifer Kolpacoff. *A History of Medieval Heresy and Inquisition*. Lanham,

Md. : Rowman & Littlefield, 2011.

Deanesly, Margaret. *A History of the Medieval Church, 590 – 1500*. London: Methuen & Co. , 1969.

Elton, G. R. *England under the Tudors*. London: Routledge, 1991.

——. *Policy and Police: The Enforcement of the Reformation in the Age of Cromwell*. Cambridge: Cambridge University Press, 1972.

Esmein, A. *A History of Continental Criminal Procedure, with Special Reference to France*. Translated by John Simpson. Boston: Little, Brown and Company, 1913.

Forrest, Ian. *The Detection of Heresy in Late Medieval England*. New York; Oxford: Oxford University Press, 2005.

Gogan, Brian. *The Common Corps of Christendom: Ecclesiological Themes in the Writings of Sir Thomas More*. Leiden: Brill, 1982.

Gough, J. W. *Fundamental Law in English Constitutional History*. Oxford: Clarendon Press, 1961.

Gray, Jonathan. *Oaths and the English Reformation*. Cambridge Studies in Early Modern British History. New York: Cambridge University Press, 2013.

Guy, J. A. *Christopher St German on Chancery and Statute*. London: Selden Society, 1985.

——. *Politics, Law and Counsel in Tudor and Early Stuart England*. Aldershot: Ashgate Variorum, 2000.

——. *The Public Career of Sir Thomas More*. Brighton: Harvester, 1980.

——. *Thomas More*. London: Arnold, 2000.

——. *Tudor England*. Oxford: Oxford University Press, 1988.

——, ed. *The Tudor Monarchy*. London: Arnold, 1997.

Hellinga, Lotte, and J. B. Trapp, eds. *The Cambridge History of the Book in Britain*, Vol. III, *1400 – 1557*. Cambridge: Cambridge University Press, 1999.

参考文献

Helmholz, R. H. *The Oxford History of the Laws of England*, Vol. 1, *The Canon Law and Ecclesiastical Jurisdiction from 597 to the 1640s*. Oxford; New York: Oxford University Press, 2004.

——. *Roman Canon Law in Reformation England*. Cambridge: Cambridge University Press, 1990.

Hill, Christopher. *Intellectual Origins of the English Revolution Revisited*. Oxford: Clarendon Press, 1997.

——. *The World Turned Upside Down: Radical Ideas During the English Revolution*. London: Penguin Books, 1975.

Holdsworth, William Searle Sir, ed. *A History of English Law*. Volume I. London: Sweet and Maxwell, 1955.

Jones, David Martin. *Conscience and Allegiance in Seventeenth Century England: The Political Significance of Oaths and Engagements*. Rochester, N. Y. ; Woodbridge: University of Rochester Press, 1999.

Kelly, Henry Ansgar. *The Matrimonial Trials of Henry VIII*. California: Stanford University Press, 1976.

Kelly, Henry Ansgar, Louis W. Karlin, and Gerard Wegemer, eds. *Thomas More's Trial by Jury: A Procedural and Legal Review with a Collection of Documents*. Woodbridge: Boydell, 2011.

Lea, Henry Charles. *A History of the Inquisition of the Middle Ages*. London: Sampson Low & Co. , 1888.

Lehmberg, Stanford Eugene. *The Reformation Parliament, 1529-1536*. Cambridge: Cambridge University Press, 1970.

Lyon, Bryce. *A Constitutional and Legal History of Medieval England*. 2nd ed. New York; London: Norton, 1980.

MacCulloch, Diarmaid. *Thomas Cranmer: A Life*. New Haven, Conn. ; London: Yale University Press, 1996.

Maitland, Frederic William. *Equity, Also the Forms of Action at Common Law:*

Two Courses of Lectures. Edited by A. H. Chaytor and W. J. Whittaker. Cambridge: Cambridge University Press, 1910.

Malcolm, Noel. Aspects of Hobbes. Oxford: Clarendon Press; New York: Oxford University Press, 2002.

Marius, Richard. Thomas More: A Biography. New York: Knopf, 1984.

Moore, R. I. The Formation of a Persecuting Society: Authority and Deviance in Western Europe, 950-1250. 2nd ed. Malden, MA: Blackwell Publishing, 2007.

Musson, A. and W. M. Ormrod. The Evolution of English Justice: Law, Politics and Society in the Fourteenth Century. Basingstoke: Macmillan, 1999.

Orr, D. Alan. Treason and the State: Law, Politics and Ideology in the English Civil War. Cambridge: Cambridge University Press, 2002.

Outhwaite, R. B. The Rise and Fall of the English Ecclesiastical Courts, 1500-1860. Cambridge: Cambridge University Press, 2006.

Pollard, A. F. Thomas Cranmer and the English Reformation, 1489-1556. New York and London: G. P. Putnam's Sons, 1906.

Pollock, Frederick, and Frederic William Maitland. The History of English Law before the Time of Edward I. 2nd ed. Cambridge: Cambridge University Press, 1968.

Purver, Margery. The Royal Society: Concept and Creation. London: Routledge & K. Paul, 1967.

Riley-Smith, Jonathan. What Were the Crusades? 3rd ed. San Francisco: Ignatius Press, 2002.

Scarisbrick, J. J. Henry VIII. New Haven & London: Yale University Press, 1997.

Shapiro, Barbara J. A Culture of Fact: England, 1550-1720. Ithaca: Cornell University Press, 2000.

——. Probability and Certainty in Seventeenth-Century England: A Study of the

Relationships between Natural Science, Religion, History, Law, and Literature. Princeton, N. J. : Princeton University Press, 1983.

Smith, David Chan. *Sir Edward Coke and the Reformation of the Laws: Religion, Politics and Jurisprudence, 1578–1616*. Cambridge: Cambridge University Press, 2014.

Sylvester, Richard Standish, ed. *St. Thomas More: Action and Contemplation*. New Haven; London: Yale University Press for St. John's University, 1972.

Thompson, Faith. *Magna Carta: Its Role in the Making of the English Constitution 1300–1629*. Minneapolis: University of Minnesota Press, 1948.

Wakefield, Walter L., and Austin P. Evans. *Heresies of the High Middle Ages*. New York: Columbia University Press, 1991.

Watkins, William J. *Reclaiming the American Revolution: The Kentucky and Virginia Resolutions and Their Legacy*. New York: Palgrave Macmillan, 2004.

Wittke, Carl Frederick. *Essays in History and Political Theory in Honor of Charles Howard Mcilwain*. Cambridge, Mass. : Harvard University Press, 1936.

Zagorin, Perez. *How the Idea of Religious Toleration Came to the West*. Princeton, N. J. : Princeton University Press, 2003.

四、外文论文

Barnett, Randy E., and Evan D. Bernick. "No Arbitrary Power: An Originalist Theory of the Due Process of Law." *Wm. & Mary L. Rev.* 60 (2018).

Berry, Edward. "Thomas More and the Legal Imagination." *Studies in Philology* 106, no. 3 (2009).

Corwin, Edward S. "The Doctrine of Due Process of Law before the Civil War." *Harvard Law Review* 24, no. 5 (1911).

——. "The Doctrine of Due Process of Law before the Civil War. IV." *Harvard Law Review* 24, no. 6 (1911).

Cowdrey, H. E. J. "Pope Urban Ii's Preaching of the First Crusade." *History* 55, no. 184 (1970).

Cummings, Brian. "Conscience and the Law in Thomas More." *Renaissance Studies* 23, no. 4 (2009).

Derrett, J. Duncan M. "The 'New' Document on Thomas More's Trial." *Moreana*, no. 3 (Jun. 1964).

Dobbins, Sharon K. "Equity: The Court of Conscience or the King's Command, the Dialogues of St. German and Hobbes Compared." *Journal of Law and Religion* 9, no. 1 (1991).

Eberle, Edward J. "Procedural Due Process: The Original Understanding." *Const. Comment.* 4 (1987).

Endicott, Timothy A. O. "Conscience of the King: Christopher St. German and Thomas More and the Development of English Equity." *University of Toronto Faculty of Law Review*, no. 47 (1989).

Goldberg, B Abbott. "Interpretation of Due Process of Law—A Study in Futility." *Pac. L. J.* 13 (1981).

——. "Interpretation of Due Process of Law—A Study in Irrelevance of Legislative History." *Pac. L. J.* 12 (1980).

Greene, Robert A. "Instinct of Nature: Natural Law, Synderesis, and the Moral Sense." *Journal of the History of Ideas* 58, no. 2 (1997).

——. "Synderesis, the Spark of Conscience, in the English Renaissance." *Journal of the History of Ideas* 52, no. 2 (1991).

Gregg, Samuel. "Legal Revolution: St. Thomas More, Christopher St. German, and the Schism of King Henry VIII." *Ave Maria Law Review* 5, no. 1 (2007).

Guard, Timothy. "Pulpit and Cross: Preaching the Crusade in Fourteenth-Century England." *The English Historical Review* 129, no. 541 (2015).

Guy, John. "Thomas Cromwell and the Intellectual Origins of the Henrician Revolution." In *The Tudor Monarchy*, edited by John Guy, London: Arnold, 1997.

Guy, J. A. "The Development of Equitable Jurisdictions, 1450-1550." In *Law, Litigants and the Legal Profession*, edited by E. W. Ives and A. H. Manchester, London: Royal Historical Society, 1983.

——. "Henry VIII and the Praemunire Manoeuvres of 1530-1531." *The English Historical Review* 97, no. 384 (1982).

——. "Thomas More and Christopher St. German: The Battle of the Books." *Moreana* XXI 83-84 (Nov. 1984).

Haskett, Timothy S. "Review of Conscience, Equity and the Court of Chancery in Early Modern England." Review of Conscience, Equity and the Court of Chancery in Early Modern England, Dennis R. Klinck. *Law and History Review* 29, no. 2 (2011).

Holdsworth, W. S. "The Early History of Equity." *Michigan Law Review* 13, no. 4 (1915).

Jurow, Keith. "Untimely Thoughts: A Reconsideration of the Origins of Due Process of Law." *Am. J. Legal Hist.* 19 (1975).

——. "Untimely Thoughts: A Reconsideration of the Origins of Due Process of Law." *Am. J. Legal Hist.* 19 (1975).

Kelly, Henry Ansgar. "Inquisition and the Prosecution of Heresy: Misconceptions and Abuses." *Church History* 58, no. 4 (1989).

——. "Thomas More on Inquisitorial Due Process." *The English Historical Review* 123, no. 503 (Aug., 2008).

Kishlansky, Mark. "Tyranny Denied: Charles I, Attorney General Heath, and the Five Knights' Case." *The Historical Journal* 42, no. 1 (1999).

Knafla, Louis A. "Conscience in the English Common Law Tradition." *The University of Toronto Law Journal* 26, no. 1 (1976).

Langbein, John H. "The Historical Origins of the Privilege against Self-Incrimination at Common Law." *Michigan Law Review* 92, no. 5 (1994).

Macnair, Mike. "Equity and Conscience." *Oxford Journal of Legal Studies* 27, no. 4 (2007).

Murphy, Virginia. "The Literature and Propaganda of Henry VIII's First Divorce." In *The Reign of Henry VIII: Politics, Policy and Piety*, edited by Diarmaid MacCulloch, Basingstoke: Macmillan, 1995.

Orth, John V. "Did Sir Edward Coke Mean What He Said?" *Constitutional Commentary* 16, no. 529 (1999).

Prall, Stuart E. "The Development of Equity in Tudor England." *The American Journal of Legal History* 8, no. 1 (1964).

Rockett, William. "The Case against Thomas More." *The Sixteenth Century Journal* 39, no. 4 (2008).

——. "More and St German: Ex Officio and Lay-Clerical Division." *Moreana* 34, no. 129 (March 1997).

——. "Wolsey, More and the Unity of Christendom." *The Sixteenth Century Journal* 35, no. 1 (Spring, 2004).

Sargeant, Jack David. "Publicity, Authority and Legal Radicalism at John Lilburne's Treason Trial, 1649." *Historical Research* 93, no. 262 (2020).

Ullmann, Walter. "This Realm of England Is an Empire." *The Journal of Ecclesiastical History* 30, no. 2 (1979).

Vinogradoff, P. "Reason and Conscience in Sixteenth-Century Jurisprudence." *Law Quarterly Review* 24 (1908).

Zimmermann, Augusto. "Sir Edward Coke and the Sovereignty of the Law." [In English]. *Macquarie Law Journal* 17 (2017).

后　记

决定要出版这本书之后,我有很长一段时间不想写后记之类的东西,甚至想过不署名。后来我意识到,这种社交退缩可能是一种抑郁症状,终于决定还是写一点,哪怕只是为了自己的情绪健康。

2016年我得到国家社科基金的资助,2017年一边忙于完成《国王的两个身体》译稿和博士后出站报告,一边开始做一些初步的资料收集和阅读。2018年年底小儿降生,我引用了《诗篇》7：8"耶和华啊,求你按我的公义和我心中的纯正判断我",取名"纯义"。九个月后,纯义被诊断为精神发育迟滞,开始康复训练,又过了大半年,终于做了基因检测,确诊为一种比较罕见的基因疾病"15q重复综合征"。这种疾病会导致患儿在运动、认知、语言等方面发展落后,并伴有自闭症状和较高的癫痫风险,目前没有治疗方法,只能通过康复训练帮助提高一些能力。接下来的几年,我和妻子就在不断地跑各种中西医院、康复机构,网上问诊,买药,买营养剂,寻找各种资源。

这本书的大部分内容,是在颠沛流离的状态中写的。

我们为纯义找到市区较好的康复医院,每周有几天带着他往返于松江和上海市区,有时住酒店,有时借住朋友家,有时需要全家人换班帮忙。我刚刚从科研岗转到教学岗,一边忙着备课上课,一边因期限临近不得不加速完成这个研究项目。我的做法是大概在第一周备好接下来两周的课,这样,在第二周的时候,就可以做研究项目。

我把提纲钉在书房的软木板上，写上每一章计划的字数，以及计划完成的时间。用来写作的那周，周一周二读材料，把章的提纲做出来，重要的材料确定好，周三写作，周四周五需要带纯义去市区。有的时候，我会带上电脑和预先挑选好的材料，寻找可以写作的机会。我在地铁上写，在医院的走廊里写，在康复机构的办公室里写，在酒店的大堂里写……

有一次，我订了一家十分经济的酒店，没有大堂，晚上老板自己睡在门口的柜台那里值夜。十点多，我觉得还有些精力，就背着电脑出去。最后找到一家便利店，有吧台，就坐下来写。令我稍微有点意外的是，到十一二点，便利店还不断有顾客进来，几乎都是刚下班的年轻人，在店里买一份食物，不知道是晚餐还是夜宵，有时请店员加热。那个时候，每个人的脸上大约还都透着一种"我可以努力"的神色。我不知道今晚在御青路的那个街口，那种神色是不是还挂在匆匆走过的年轻人脸上。

我以前从未如此写过，以后也不会。

* * *

另一个让我犹豫着不愿写后记的原因是，本书的水平远未达到自己认为适合出版的程度，而得知我遭遇苦难的学界师友可能因此减轻或隐藏批评意见。我不愿如此。

水平不高当然是自己的原因。

我本科学了国际法，因为始终怀疑国际法的效力而对本专业毫无心得；硕士转到外国法律史，总感觉少了些"历史感"，常有脱离语境、裁剪材料填塞法律概念之嫌；博士转到世界史，得到许多教益，但慢慢又觉得与现实中重要的实践问题有隔膜；最后算是做政治思想史，又对只关注名家名作、局限于文本不满意。我理想中的作品，是从一个表面的小问题切入，观照一个在深处于现实生活有重要意义的大问题，打破学科的边界，结合文本、事件、人物、思想，一方面避免仅仅聚焦于对经典作家作品做静态分析，另一方面也避免仅仅停留在复述一些琐碎、细小的材料和人物，努力尝试某种"中层研究"，重视对语境和事件的动态分析，最终提出某种具有一定理论解释力的观点，同时还要兼顾作品的可读性，发挥叙事的功能……

这可太难了——所以我时常跟朋友学生自嘲"终身眼高手低"。只是，相比手高眼低，我宁愿选前者。所以，眼前这本书看起来不好说属于哪个特定专业领域，法律史、政治史、思想史都涉及，并且交叉在一起。我并没有多大把握认为，目前这个样式已经构成了我预想中的恰当呈现，把问题解释清楚，提供初步的论证。

相比我预想的目标，这本书目前的状态还欠缺大量的研究：很多材料的处理还停留在相当初级的阶段，缺少深入分析；缺少对"正当程序"中世纪教会法和罗马法渊源的梳理；对教会法庭异端审判的发展和演变需要更多呈现；对李尔本的清教思想背景需要更多研究；异端审判的形式和观念如何从教会转移到国家，可能还需要更多材料，尤其是对这个过程在欧陆发展的梳理；关于"正当程序"的原则和机制在现代世界的基础，同样也需要更多的材料和论证，眼下其中一些部分的呈现几乎只比提纲略多……我自己收集和使用的材料，也还有很多没有很好地阅读、评估、思考和运用。我在生活中遇到的困难，并不能成为借口，为我没有拿出一个有质量的研究成果开脱责任。我只能在此诚恳地向各位读者解释：我并非不知道这些问题，也不是拒绝承认和修改，只是，我现在确实没有时间和精力继续这部分工作了。

我记得有一次，硕士同学在微信群里提到我和另一位兄弟，说我们两个是"有情怀的人"。我很感谢这样的友善，但也理解这并不完全是称赞。我在两家上市公司工作过六年，审过合同，进过法庭，参加过重要的商务谈判，跑过证监会，一个人接待过一屋子英国基金经理……我并非不懂得务实，只是，我不同意眼前这一切就是我们所能设想的全部美好生活。我一直尝试去探索和理解生活中那些痛苦和失序的根源。我想，如果我们能够对此多一点理解，或许可以对当下多一份淡然，对手头工作的意义多一点分辨，也对将来多一点有依据的盼望。所以，我尝试去理解那许多初看起来令人疑惑的事物，避免直接下一个简单的、黑白两分的判断。这样，我逐渐开始探索欧洲近代早期，尤其是宗教改革时期的法律、政治和思想史。

我的博士论文做了亨利八世离婚案过程中发生的各种论辩，从教会法庭上的论辩，到大学中的学术辩论，到国王的宣传性小册子，再到议会立法过程中的论争。在这个研究中，我已经开始尝试，以一个小问题为切入口，探索表层之下可能潜伏着的大问题，尤其是宗教改革时期法政思想和制度乃至文化的变化，进一步则尝试理解"现代性"在文艺复兴和宗教改革时期的源头和发展。最后交稿的时候，大概因为不喜欢知网，加上社交恐惧，我就没有把论文挂上知网，只是存在了复旦图书馆。

博士论文做到最后，我接触到了莫尔与圣杰曼的论辩材料，当时觉得这是个可以继续挖掘的问题，因为以莫尔观风察势之通透，奋起与人公开辩论异端审判引起当局注目，最终因拒绝向国王宣誓效忠而决意赴死，是一个需要解释的问题。后来，我在博士后期间粗略地研究了一下莫尔与圣杰曼的论辩，发现了一条引向刑事审判程序的线索。再往后，逐渐发展成了眼前这个研究。

我读本科的时候，"正当程序"大约被呈现为刑诉法乃至法治应有的内容，时过境迁，原则还是那个原则，理想还是那个理想，只是随着季节变换，都淹没在期末学生们诵经般的背书声中了。我自认的工作，则是努力去理解背后隐藏着什么长久的历史，可以有助于我们安放好自己的生活。所以，我的问题是，如果只是把"正当程序"理解为某种理所当然的"权利"，我们可能错过了什么视角和内容？如果一个人失去了"正当程序"，为何会发生种种被识别为不正义的遭遇，正当程序能够解决这个问题吗？

我们生活在现代世界，不断经历着各式各样的焦虑，除了简单地抓紧当下别无他法，因为我们似乎已经丧失了对一种更加良善的生活的想象力。现代世界不断求新。若没有这种求新的文化机制，就不太能想象科技进步、商业繁荣、疾病饥荒受到控制、交通便利、物资丰盈、寿命延长、许多人能识字读书、不断探索未知事物等等。"新"是现代世界的动力。然而，"新"的背后也隐藏着古老的"异端"。中世纪学者公开辩论，需要捍卫自己的论点，证明与历代权威一致，谓之"有源头"；现代学者则相反，需要证明自己的论点与过往观点不同，谓之"有原创性"。从这个意义上讲，现代人必须持续不断地证明自己是个异端。但是，异端的特性也决定了，在文化上它必然引起纷争和敌对。现代世界在从欧洲创生的过程中，曾经经历过一段激烈冲突的暗黑历史，那就是宗教战争。宗教战争之所以可怖，不在于战争烈度，而在于一种"无可妥协、绝不和解"的战斗观念。现代世界洗除了宗教，但在其深处，有许多继承于前现代、"世俗化"的宗教因素。现代世界一路发展了许多机制，试图克服、消解、控制或掩盖这些地下根系，但在某些情况下，各种深处的不协调还是有可能溢出。毕竟，各民族国家之上并无最高权威，而国家本身凝聚了许多世俗化的神圣性。现代世界一些最惨痛的经历，背后往往有不同群体之间不可化解的敌意，或许可以视为异端病症的现代变异体爆发。

我并不完全信任现代世界种种常被呈现为"天然之理"或"进步之果"的机制，比如正当程序，因其本身并不能根除那种（经过世俗化的）神圣的敌意。但是，我也至少同等地相信，我们不太可能依靠古典美德去恢复一种恰当的生活秩序。现代世界的种种控制、消解、掩盖机制或许已经是我们能够设想的最佳解决方案了。在现代世界，若一国的公民在刑事案件审理中不能享受正当程序的保护，即意味着他被识别为绝对的敌人，将要遭受某种神圣/极端的处置，从肉体到灵魂被驱逐出所属的共同体。享有正当程序，也并不保证一个人不陷入你死我活的敌对，而只是获得了一整套现代防卫机制暂时的保护。法治仍然是我们在现代世界能够依赖的用来确保更大程度和平的治理方式。

* * *

在上海，特殊儿童可以享受一点福利，每年可以通过残联报销一定限额的康复治疗费用，有一张专用的"阳光宝宝卡"。我们街道有一位专门的工作人员负责相关的日常工作，有时候还会组织一些特别的活动。有一天，微信群里发了一条通知，组织特殊儿童和家长参观法院，一些家长表示很有兴趣，便报了名。又过了几天，负责的工作人员说，很抱歉，刚刚接到通知，因为和其他部门一同参加这次活动，名额不够了，只能接受孩子参加活动，家长不能参加，问大家是否还报名。于是，家长们纷纷表示退出。我想了想，忍不住抗议了几句，其他家长才发言附和。

我并不生气，倒是觉得有趣。我猜组织这次活动的人，实际上因为某种原因不能再安排特殊儿童和家长参观，这类后勤变故也很容易理解。只是，他最后的处置方式，是把自己的肉身隐藏起来，临时设置了一个程序黑箱，把我们排除了。因为他一定知道特殊儿童参加公共活动不可能离开父母陪伴，却设定只允许一家一人参加，便把最终结果呈现为家长们遭遇程序障碍后自动选择退出活动。这个简陋的程序黑箱生产了事实和客观性，隐藏了背后有活人做了一个排除一部分人参与的决定。于是，一眼看来决策者和执行者都照章办事，并无过错。家长们虽然觉得哪里有些不妥，但一时间却指不出错在哪里，便很快地接受了，和平与秩序就此得到了维护，直到我指出这个程序设定背后隐藏的不尊重。所以，仅仅有程序，也未必能长久地保护和平，黑箱若不够正当、不够科学，就不足以收藏敌意。

我和妻子在一个全国 15q 综合征病儿家长群里，大家在一起互相支持，因为在此之外并无安慰。我看见许多父母为孩子拼尽全力，表现出了诸般美德，令人异常感佩。只是有一些事情，局外人无法理解。特殊儿童家庭最无解的问题，可能是当父母老去时，如何安置病儿。有一天，一位做护士的母亲在群里说，如果到了某个时候，她无力再照顾儿子，就一同离去好了。大家沉默，因为这当然是个可怕的选择，然而，大家也都理解，做这个选择，是出于爱和理性。

托马斯·莫尔的一位传记作者说，莫尔不需要看我们的历史教科书，就知道宗教改革之后会接着三十年战争。我后来理解，这恐怕可以解释为何莫尔坚持认为惩治异端在政治上的优先性要高于审判程序的正当性，因为如果失去一种以仁爱和看顾弱者为根基的普遍信念，法庭形式再规整，也无法阻止敌意和残忍带来的无序。莫尔预见了走向现代的荆棘路，并不认为有什么实质性的解决方案，或许他在法庭上做了最后一点努力：以一种宽厚仁和（而非李尔本那种激越争闹）的情感保持沉默。

* * *

本研究做得并不好，只能说做了一点"意思"，但于我是一种个人的纪念。我需要借这个机会感谢一路教导、帮助和安慰我的师友。

感谢何勤华教授多年的教导和帮助，原本我希望做出一些更好的法史研究报答师恩，如今大概只能止步于此；感谢我的博士导师赵立行教授，现在想来，您收了一个本硕都不是史学专业、工作了六年的博士生，悉心教导他，是一件很不容易的事；感谢徐以骅教授，谢谢您的莫大鼓励，如果没有您的帮助我大概比较难从复旦毕业；感谢华东政法大学科学研究院和政府管理学院的领导和同事，谢谢你们的友善爱护，谢谢宽容我做不了什么事；感谢所有认真听课以及跟我互动的同学，各位可能并不知道，你们是我在艰难中支撑下去的重要动力。

谢谢马金芳老师和肖宇老师给我的安慰；谢谢我的朋友夏阳、林凡、项苏芳和周军红在最艰难的时候给我们的帮助；谢谢纯义的康复老师汪聪和胡献琼尽心尽力帮助他。

感谢我的朋友黄涛和王涛，很怀念我们在一起读书、聊天、商量做点小事情的时光，谢谢你们给我的支持。

感谢我的父母这几年尽力的支持。感谢我的妻子唐一方，我们一同面对和经历所有这一切。感谢纯义，你让我明白许多道理，帮助我的美德增长，你的笑容是我最大的安慰。

感谢仁慈的上帝，使我在绝望中仍然有盼望。

我们都是脆弱的凡人，在世间努力去做一点点美好和正义的事，有时成功，有时失败。

再会，我的朋友们。

徐震宇
2023 年 7 月 31 日